KB235325

# 내 인생에서 위너가 되는 법

## TRY 트라이 에브리씽 EVERYTHING

내 인생에서 위너가 되는 법

# TRY

트라이 에브리씽

# EVERYTHING

안성우 지음

청년정신

　누구나 멋진 성공을 꿈꾸며 계획한다. 하지만 성공에 대한 진정한 의미를 이해하는 사람은 많지 않다. 성공을 향한 올바른 계획을 세우고 준비하면서 자신의 꿈에 생명력을 부여하는 사람은 더 적다.

　진정한 성공은 많은 부를 쌓고 명예를 얻어 출세를 하는 것이 아니다. 그럼에도 많은 사람들은 이와 같은 잘못된 오해와 편견으로 성공의 가치에 대해 말하고 있다.

　진정한 성공은 높이로부터의 가치가 아닌 넓이와 깊이에 있는 것이며, 개인의 만족을 뛰어넘어 함께 하는 모든 이들과 기쁨을 나눌 수 있어야 하며, 아름다운 열매를 나눌 수 있는 여유로움에 있는 것이다.

　우리가 기억하고 있는 수많은 성공한 인물들은 나눔을 통해 진정한 성공의 기쁨을 말하고 있다. 그들은 모두 진정한 성공의 의미와 가치를 단순한 부의 축적과 출세에 두고 있지 않다. 개인의 만족만을 선물하는 성공은 반쪽짜리 성공이다. 그것은 성공이라기보다 단순히 개인적인 삶의 목적을 이루는 것이라 할 수 있겠다.

　이러한 진정한 인생의 성공은 꿈을 통해 이루어진다. 꿈이 없는 자에게 아름다운 변화의 열매는 결코 주어지지 않는다. 끊임없이 성공을 바라고 그러한 자신의 꿈을 말할 때 비로소 그토록 갈망하는 인생의 성공을 이룰 수 있는 것이다.

하지만 가끔은 자신의 꿈을 실행함에 있어 불확실한 미래에 대한 부정적 생각들에 지배당함으로써 그 꿈을 포기해 버리는 경우도 있으며 때로는 일상의 무게에 짓눌려 성공에 대해 꿈을 꾸는 것조차 엄두도 내지 못하는 이들을 우리는 만나게 된다. 그들은 삶의 현장에서 수없이 만나게 되는 실패와 좌절의 거센 풍랑 앞에서 힘없이 무너져 버린 자신의 쓰라린 과거에 얽매여 이제는 꿈이란 단어조차 말하지 못하며 하루하루를 무의미하게 살아가고 있다.

이 책은 그러한 무의미하게 하루하루를 보내는 이 시대의 '언더독'들에게 진정한 성공의 가치를 일깨워주며 아름다운 실패로부터 일어서 성공을 꿈꾸도록 응원하고자 했다. 그래서 자신만의 방법들로 '탑독'들을 이기고 멋진 성공을 이루어낼 수 있도록 힘을 실어주고자 했다.

이 책은 모두 7장으로 이루어져 있다. 첫 장은 성공을 위해 우리가 준비해야 할 삶의 자세를 먼저 제시한다. 미래의 아름다운 성공을 위해서는 무엇보다 우리는 실패의 아픔을 이겨내는 강한 정신력과 긍정의 힘이 필요하다. 실패를 단순히 실패로만 인식하는 것이 아니라 아픈 실패의 경험을 바탕으로 멋진 성공의 열매를 얻을 수 있어야 하는 것이기에 성공 이전에 실패의 아픔을 딛고 일어나는 것을 먼저 제시하고 있다.

두 번째 장은 성공을 위한 첫 걸음으로써 목표 설정과 자신의 목표에 따른 계획서 작성법을 제시하고 있다. 그로 인해 이제 사회 구성원으로 새로운 삶의 출발을 앞두고 있는 학생들과 미래의 자신의 성공을 준비하는 세대인 20대 중 후반의 직장인들에게 자신의 미래를 계획하고 준비함에 있어 필요한 다양한 정보를 제시

한다.

　그리고 또 다른 자신의 미래 가치를 만들고자 인생의 아름다운 도전을 시작하는 모든 이들에게 성공을 위한 구체적인 삶의 방향과 자기관리법을 객관적이고 현실적으로 제시하여 성공의 원리와 기술을 독자들에게 체계적으로 전하고 있다.

　세 번째 장은 성공을 위한 자기훈련법을 제시한다. 수많은 자기계발서들이 언급하고 있는 너무나도 평범한 이론적인 성공 원리를 제시하는 대신 필자가 살아오는 동안 절실한 깨달음을 얻을 수 있었던 삶의 경험, 기업 경영과 상담을 통한 노하우를 기록함으로써 보다 성공을 이루기 위한 현실적인 방법에 접근하고자 했다. 이 책을 읽는 시간 동안 다양한 간접 경험들을 통해 짧은 시간 내에 많은 성장을 이룰 수 있으리라고 믿는다.

　4장과 5장에서는 성공을 위해서 먼저 전제되어야 할 조건들을 제시한다. 그것은 바로 끊임없는 배움의 자세와 포기하지 않는 강한 의지, 자신을 향한 긍정의 메시지를 전하는 삶의 자세이다. 이 책은 이런 성공에 대한 전제

　조건들을 낱낱이 제시해 원하는 미래의 삶을 현실로 만들 수 있도록 조언한다. 이 책을 읽는 시간들은 당신의 성공을 위해 투자되는 가장 중요한 시간이며, 새로운 삶의 가치를 깨닫게 되는 삶의 귀한 터닝 포인트가 되는 귀중한 시간이 될 것이라고 믿는다.

　대부분의 성공한 이들에게는 평범했던 그들의 삶을 아름다운 성공으로 역전시키는 인생의 전환점이 있다. 어떠한 이들은 실패를 그런 전환점으로 삼았고 어떠한 이들은 가난을 또는 자신의 무능력한 현실을 터닝 포인트로 삼았다. 이 책이 당신의 삶에 있어 귀한 터닝 포인트가 될 것이라고 확신한다.

　　6장에서는 성공을 위한 구체적인 자기관리법을 제시한다. 성공을 위해서는 무엇보다 철저한 자기관리가 전제된다. 성공한 이들은 모두 시간, 습관, 행동, 외모 등에 있어서 철저한 자기관리를 통하여 미래를 설계했으며, 끊임없이 자신의 삶을 돌아보며 성공을 준비한다. 이 책은 성공을 위한 자기관리법을 보다 현실적으로 제시하고 독자들로 하여금 성공의 자기관리법의 방향을 바로 정립하도록 돕는다.

　　마지막 7장은 백세의 삶을 살아가는 시대 조류에 따라 다양한 삶의 목표를 제시하고, 은퇴 이후에 보다 건강하고 활기찬 인생을 살아가기 위한 방법들을 제시한다.

　　우리가 살아가는 시대는 고령화 시대라는 사회적인 문제가 대두되고 있는 사회이다. 이제는 노후의 삶을 미리 준비하지 않는다면 은퇴 이후 20~30년의 삶을 건강하고 유익하게 살아갈 수 없다. 과거의 학습과 취업 그리고 은퇴의 삶이 이제는 은퇴 이후의 재학습을 통하여 노후 취업과 창업 또는 자신의 건강한 생활을 위한 사회활동 등을 준비해야 한다. 이러한 은퇴 이후의 삶을 준비해 건강한 노후의 삶을 잘 설계하도록 하며, 또 다른 성공의 삶의 방향을 제시한다.

　　책이 출간되기까지 오랜 시간을 기다려 주고 응원해 주신 모든 분들께 감사를 전하며 특별히 불치의 병을 이겨내고 내 삶에서 가장 큰 응원자가 되어준 아내와 나의 아들 지민, 혁, 율 삼형제에게 깊은 사랑을 전한다.

2016. 7 안성우

**chapter 5**

현실이 되는 성공의 비결

# 성공을
# 위한 준비,
# 실패

대다수의 사람들은 인생을 설계한다고 하면 멋진 성공을 이룬 아름다운 삶을 기대하고 그린다. 아니 그보다 남들은 다 실패하더라도 자신만은 반드시 성공하리라는 착각에 빠져 있는 경우를 많이 본다. 물론 자신의 꿈을 이루기 위해, 그리고 성공의 사다리 꼭대기에 오르고 말겠다는 각오를 다지기 위해, 가끔씩 성공을 이뤘을 때의 달콤함을 맛보는 기분 좋은 상상을 해보는 것은 분명히 긍정적인 일이다. 하지만 문제는 성공에 대한 지나친 확신으로 심취하는 일이다. 그들은 종종 현실 세계를 도외시하고 자신이 성공 신화를 써내려 갈 준비가 되어 있는 사람, 반드시 성공할 수밖에 없도록 선택된 사람이라는 착각에 빠져 있는 경우가 많다. 그리고 비극은 바로 성공을 움켜쥔 화려한 인생만을 기대하고 꿈을 키워가는 그 자리에서 싹이 트기 마련이다.

진정한 성공은 거듭되는 실패를 통해 아름답게 피어나는 것이다. "좌절은 성공을 위해 지불해야 하는 대가다."라는 카네기의 말은 그래서 진리에 가깝다. 실패에 대한 두려움 때문에 멋진 도전을 시도할 생각을 아예 포기해 버리는 사람들이 많은 것도 큰 문제이기는 하지만 자신에게 '실패'란 있을 수 없는 단어로 규정하고, 실패에 대해서는 아예 생각도 해보려고 들지 않는 이들의 교만함이야말로 안타깝기 그지없는 일이 아닐 수 없다. 어쩌면 그들은 실패에 대한 두려움 때문에 애써 그 가능성으로부터 눈을 돌리고자 하는 무의식의 발현에 철저히 속고 있는지도 모를 일이다.

성공을 준비하기 위해선, 아니 성공하기 위해서는 반드시 실패를 각오하고, 그로 인한 두려움을 이겨내야 한다. 아니 실패를 해보아야 한다. 실패의 쓰디쓴 맛을 보았던 사람만이 진정한 성공의 가치를 말할 수 있기 때문이다. 그런 사람만이 멋진 삶을 누릴 자격이 있는 것이다.


### ●●● 넘어지는 것이 먼저다

유도는 자신보다 힘이 센 상대를 상대의 힘을 이용해 넘김으로써 제압하는 호신술이다. 유도는 다른 운동과 달리 상대를 제압하는 기술을 익히기 전에, 상대에게 당해서 바닥으로 떨어질 때의 기술을 먼저 배운다. 즉 제대로 넘어지는 방법을 먼저 배우는 것이다. 상대를 멋지게 제압해 한판으로 승리하는 기술을 배우기 이전에 오히려 상대의 기술에 제압당해 넘어질 때를 대비해 수도 없이 차가운 매트 바닥에 자신의 몸을 던진다. 유도를 배워본 사람이라면 상대를 넘기는 것보다 잘 넘어지는 것이 얼마나 어려운 것인지 잘 알 것이다.

인생 또한 다르지 않다. 성공보다 중요한 것은 실패를 어떻게 잘 맛보느냐이다. 차가운 매트 바닥에 세게 메쳐진다고 해도 낙법 훈련이 잘 되어 있는 선수는 부상을 입지 않고 바로 일어나 다시 경기를 시작할 수 있듯이 인생 경기도 다르지 않다. 실패를 잘 준비한 사람은 실패 앞에 무릎 꿇지 않고 다시 일어나 인생의 경기를 시작할 수 있다. 넘어지는 것에 대한 두려움을 극복해야 제대로 낙법 기술을 해내고 다시 일어나 상대를 제압할 수 있듯이 실패를 두려워하지 않을 때 용감하게 성공을 향한 도전에 나설 수 있는 것이다.

당신은 지금까지 많은 일들에서 실패와 좌절을 맛보았는가? 그렇다고 해도 낙심할 필요가 전혀 없다. 만약 지금까지 거듭된 실패로 인해 좌절하고 있다면 그것은 인생 경기에서 낙법을 배우고 있는 중이다. 중요한 것은 다시 일어서는 것이다. 넘어졌던 사실은 전혀 중요하지 않다. 오히려 과거의 실패가 당신을 더욱 강하게 만들 것이기 때문이다.

사무엘 베케트는 이렇게 말했다. "또 실패했는가? 괜찮다. 다시 실행하라. 그리고 더 나은 실패를 하라!" 이 말이 그저 생명이 없는 금언에 불과하다고 생각하는가? 아니다. 진리는 늘 가깝게 있고, 기발하지 않다. 이제 베케트의 말을 믿어보자. 이제 우리는 더 나은 실패를 위해 달려가야 한다. 그것이 곧 성공으로 가는 길이기 때문이다.

## ●●● 실패는 두렵지 않다

성공하고 싶은가? 전제조건은 실패에 대한 두려움을 극복하는 것이다. 우리가 일상생활을 하면서 만나는 사람들에 대해 생각해보자. 흔히 만날 수 있는 유형 중 하나가 '매사가 걱정거리'인 사람들이다. 그들의 공통점은 자신의 삶에서 실제로 일어날 가능성이 거의 없는 모든 일들에게 대해서까지 염려하고 불안해한다는 것이다. 실제로 과거에는 북한이 '서울 불바다'와 같은 발언을 하면 슈퍼마켓으로 달려가 라면을 사재기하던 사람들이 많았다. 지금도 뉴스에 어떤 사건이 보도되거나 이슈가 터지면 생활 패턴을 바꿀 정도로 지나치게 반응하는 사람들이 많다. 문제는 그런 걱정과 불안으로 인해 안정된 사회생활이나 가정생활을 하지 못하는 경우까지 있다는 것이다. 그렇다면 이들이 가지고 있는 걱정과 염려의 실체는 무엇일까? 대부분 실패가 가져오는 상황에 대한 두려움이다.

두려움은 늘 친구와 함께 온다. 바로 염려, 근심, 걱정이다. 두려움을 털어내지 못하게 되면 어김없이 염려와 근심, 걱정이 우리를 찾는다. 이것은 자주 실패를 경험하다 보니 자존감이 떨어져 생기는 일이기도 하지만 반대로 성공가도만을 달리다가 단 한 번 찾아온 실패로 인해 절망에 빠져 헤어나지 못하게 되는 경우도 많다.

성공가도를 달리다가 단 한 번의 실패로 인한 좌절에서 일어서지 못하는 사람, 이들이 바로 인생 경기에서 낙법을 배우지 못한 사람이다. 간혹 타고나기를 매사 걱정과 염려부터 하는 소심한 성향을 가진 사람이 있을 수도 있다. 하지만 명심해야 하는 것은 두려움으로 인한 염려, 근심, 걱정은 아무런 해결책도 제시해 주지 못한다는 것이다.

지금도 예전에 내가 직장생활을 할 때 정말 너무나 신기하게 생각하곤 했던 과장님 한 분이 생각난다. 그분은 도대체 무슨 생각으로 인생을 사는 것인지 알 수 없을 정도로 모든 것들을 즐겁게 받아들였고 걱정이라곤 없는 사람처럼 보였다. 정말로 이해가 되지 않는 상황에서도 늘 웃음을 잃지 않았다.

한 번은 2주 간의 해외출장을 다녀오니 회사의 합병이 진행되면서 다들 구조조정에 대한 소문에 대해 수군거리고 있었다. 가는 곳마다, 만나는 사람들마다 인원 감축에 대한 걱정으로 시무룩한 얼굴들뿐이었다. 하지만 그런 상황에서도 그분에게서는 별다른 걱정도 두려움도 찾아볼 수가 없었다.

너무나 신기했다. 그래서 조심스럽게 물어보았다. "도대체 아무런 걱정도 되지 않으십니까?" 그분이 내놓은 대답은 어이없을 정도로 단순했다. 그리고 그 단순한 대답을 통해 나는 명쾌한 해답을, 세상의 진리를 깨닫게 되었다.

"걱정한다고 해서 달라지는 것은 없어. 그냥 즐겨. 어차피 주사위는 던져진 거야! 그리고 당시에는 늘 죽을 것처럼 힘든 일들이었다고 하겠지만, 일 년 전 오늘 네가 무슨 걱정을 했었는지 기억나? 그것 봐. 지나고 나면 다 별거 아니야. 이 또한 잘 지나갈 거야. 긍정적으로 생각해야 나에게 긍정적인 결과가 온다!"

우리 모두가 알고 있는 사실, 바로 이것이 해답이었다. 즉 어차피 주사위는 던져졌다는 것이다. 그리고 나 스스로가 내게 긍정적인 생각과 말로 축복을 해 줘야 내게 긍정적인 결과가 찾아오게 된다는 것이다.

우리 의식 깊이 뿌리를 내리고 있는 실패에 대한 두려움으로부터 벗어나기 위한 방법은 바로 이것이다. 두려워한다고, 염려한다고, 근심한다고 해서 현실은 절대로 바뀌지 않는다.

군대시절 유격장 조교는 이렇게 고함을 질렀다. "피할 수 없으면 즐겨라!" 그렇다. 피할 수 없는 현실이라면 이제는 두려워하지 말자.

실패는 성공의 문을 열기 위해서는 언젠가 반드시 겪어야 할 통과의례일 뿐이다. 실패에 대한 두려움에 짓눌려 염려하고 근심하는 대신 이제는 내가 먼저 나를 축복하는 긍정의 에너지를 채워야 한다.

## ●●● 추락이냐 점프냐

힘든 순간은 누구에게나 찾아온다. 누구에게나 아픔의 순간들은 찾아오게 된다. 하지만 동일한 상황, 동일한 좌절을 맛보게 된다고 해도 어떤 이에게는 그것이 실패가 아닌 성공의 계기가 되는가 하면 어떤 이에게는 다시는 일어나지 못하게 만들 영원한 절망의 시간이 되어버리기도 한다. 같은 상황, 비슷한 어려움에 처하면서도, 아니 어쩌면 더 혹독하고 냉혹한 결과 속에서도 힘겨운 걸음을 멈추지 않고 일어나는 이들은 분명히 있다는 것이다. 그것이 바로 추락과 점프의 차이일 것이다.

추락과 점프에는 공통점이 있다. 두 가지의 경우 모두 아래로 떨어져 내리는 '낙하'라는 것이다. 얼마 전 한 유원지에서 번지점프를 하는 연예인들의 모습을 방송에서 보았다. 그들은 겁먹은 얼굴로 번지점프대 위에 서서 사시나무처럼 떨고 있었다. 금방이라도 주저앉을 것처럼 겁먹은 그림으로 화면에 비쳐졌다. 하지만 얼마 뒤 그들은 용기를 짜내 허공으로 몸을 날린 뒤 자신도 모르게 환호성을 질렀다. 그렇다. 허공으로 몸을 던지는 점프는 또 다른 자신감을 회복시키는 계기가 된다. 추락에 대한 두려움을 극복하는 기회가 되고, 그런 점프를 통해 두려움을 극복하게 된 사람은 이제 더 이상 낙하에 대한 공포와 두려움을 갖지 않게 된다.

그렇다면 추락이란 것은 무엇인가? 추락은 곧 죽음을 의미한다. 예전, 병원 영업 부서를 맡아 이끌던 시절에 나는 아주 끔찍한 일을 경험했다. 그날따라 병원 영업 담당자의 다급한 전화를 받은 물류팀이 급박하게 움직이는 모습을 보고 상황을 파악해보니 얼마 전 아이를 출산하고 우울증을 겪던 산모가 아파트 9층에서 뛰어내려 전신 골절상을 입고 수술을 준비 중이라는 것이었다. 다행히 산모는 생명을 건졌지만 다시는 걸을 수도, 일어나 앉을 수도 없는 중증 장애를 얻게 되었다.

그렇다. 추락은 죽음을 의미하는 것이다. 추락은 영원히 일어설 수 없는 상처를 가져온다. 보는 이들까지도 통쾌하고 짜릿한 느낌을 전하는 번지점프와 달리 추락은 그를 지켜본 모든 이들에게까지 두려움과 절망을 준다.

우리의 실패는 분명 추락이 아니라 점프가 되어야 한다. 추락과 점프는 사실상 시작부터 큰 차이가 있다. 가장 결정적인 차이는 목숨을 지켜 줄 생명줄을 묶고 있는가, 아닌가 하는 것이다.

그러면 우리 인생의 점프에 있어 생명줄은 무엇인가? 바로 '희망'이다. 희망이란 줄을 놓지 않는다면, 분명 우리의 실패는 추락이 아니라 새로운 도전인 점프가 될 수 있을 것이다. 성공을 꿈꾼다면 절대, 희망을 놓치지 말아야 한다.

실패는 또 다른 성공을 위한 '인생의 알람'이 울리는 것이다.

## ●●● 실패로부터 일어나는 법

우리는 이제 실패에 대해 그 맛을 느껴보았다. 그리고 실패가 가져오는 두려움으로부터 자유를 얻어야 할 당위에 대해서, 어떻게 그로부터 자유를 얻어야 하는지에 대해서도 알 수 있었다.

그렇다면 이제는 실패로부터 일어나는 법을 배워야 한다. 사실, 한 번 실패를 경험하게 되면 실패 이전의 삶으로 돌아가기가 매우 어렵다. 긍정의 에너지로 실패의 경험에 대한 두려움을 극복한다고 해도 현실 속에서 우리가 뚫고 나가야 하는 벽들은 또 다른 문제이고, 그런 문제를 해결하는 것 또한 만만치 않은 일이다.

우리가 극복해야 할 수많은 난제들, 그 중에서도 첫 번째로 우리가 넘어야 할 것은 지금의 나를 버리고 초심으로 돌아가는 것이다. 그것이 실패 가운데서 나를 일어날 수 있게 해 주는 힘이 되며, 그것이 바로 일어섬의 시작이다. 성공을 위해서는 다시 자신의 자리에서 일어나는 방법을 배워야만 한다.

‘실패의 자리’로부터 가장 일어나기가 힘든 사람은 누구일까? 실패로 인해 가장 많은 것을 잃어버린 사람이다. 가장 높은 곳에서 내려온 사람이다.

예전에 여의도 증권가에서 직장생활을 할 때였다. 정말 잘나가던 모 증권사 차장님이 있었는데, 증권사들의 실적이 부진해지면서 조기퇴직을 해 한순간에 직장을 잃게 되었다. 불과 몇 주 전까지만 해도 언론 매체를 통해 성공 스토리가 소개될 정도로 잘나가던 분이 한순간 모든 것을 잃고 바닥으로 떨어지는 모습을 바라보면서 인생의 허무함까지 느꼈었다.

그렇게 기억에서 멀어지고 있었던 그분이 불과 몇 달이 지나지 않아 다시 우리 앞에 모습을 나타냈다. 자신이 근무하던 증권사 건물 앞에서 작은 리어카를 끌고 ‘손만두집’을 오픈한 것이다. 그는 리어카에 증권맨 시절 자신의 기사들과 사진들을 실사로 출력해 붙이고 손만두 배달 노점을 시작하였다. 그리고 일순간 실패자에서 성공한 만두집 CEO로 소문이 나면서 방송국에서 인생 역전 스토리로 방영하기까지 하였다.

그렇다. 갑작스럽게 찾아온 실패로부터 다시 일어서기 위한 그의 첫걸음은 초심이었다. 아니 오히려 성공하기 전보다도 자신을 더 낮은 곳에 내려놓는 마음의 준비를 하는 것이 그 시작이다. 사실 어떤 이들은 자신의 자존심 때문에, 타인의 시선 때문에 이와 같은 초심을 가지고 일어서지 못한다.

하지만 멋진 성공보다 중요한 것은 멋진 실패자가 되는 것이다. 멋진 실패자는 자신의 실수를 인정하고 현실에 놓인 자신의 위치를 겸허하게 받아들인다. 그리고 그리 오래지 않아 다시 일어설 준비를 한다. 그가 바로 멋진 실패자인 것이다.

"실패는 하나의 교훈이며 상황을 호전시킬 수 있는 첫걸음이다." 필립스가 한 말이다. 그렇다. 실패는 오히려 우리의 상황을 호전시킬 역전의 기회가 될 수 있다. 이러한 절호의 기회 앞에 다시 초심으로 돌아가 성공을 준비한다면 분명 당신은 인생의 아름다운 성공을 이루게 될 것이다.

### ●●● 툭툭 털고 일어나 다시 뛰어보자

우리는 인생이라는 마라톤 경기를 하고 있는 선수들이다. 마라톤에서는 우승을 차지해 월계관을 쓰는 것도 물론 중요하지만 그보다 더 중요한 가치는 완주에 의미를 둔다는 점이다. 49.195킬로미터를 완주한다는 게 얼마나 힘든지는 그 거리를 달려본 사람만이 알 수 있을 것이다.

마라톤은 긴 시간 동안 달려야 하는 매우 힘든 경기라는 면에서 종종 우리 인생과 비교되곤 한다. 한번 생각해보자. 마라톤 경기에 출전하는 선수가 완주를 하기 위해 자신의 페이스를 조절하지 않고 출발선에서부터 마치 100미터 단거리 육상선수처럼 달린다고 가정해보자. 분명한 것은 불과 얼마 달리지도 못하고 탈진해 쓰러질 것이라는 점이다.

인생 또한 다르지 않다. 인생이라는 마라톤 역시 조급한 마음으로 무작정 전력 질주를 한다면 목표에 닿기도 전에 쓰러지고 말 것이다. 어떤 이들은 인생을 살아가면서 늘 전력으로 질주하는 것을 선으로 여기는데, 정작 어느 곳을 향해 그렇게 전력으로 달리는 것인지는 중요하다고 생각하지 않는 것 같다. 그렇다. 우리는 어느 곳으로 가기 위해, 그렇게 조급한 마음으로, 젖 먹던 힘까지 짜내 달리고 또 달리는 것일까? 빨리, 한방에, 남들이 선망하는 성공이라고 말하는 가치를 움켜쥐고자 하기 때문일 것이다. 하지만 이렇게 좌고우면하지 않고 성공을 향해 무작정 달리기만 한다면 문제가 불거지는 것은 필연이다. 나 자신, 나와 함께 하는 가족, 내가 속한 공동체, 그 어느 곳에선가는 반드시 복잡한 문제들이 불거져 나오게 된다.

인생이라는 마라톤 경기는 길다. 힘에 부칠 때는 시원한 바람을 맞으며 천천히 걷거나 잠시 쉬었다 다시 뛰면 된다. 갈증으로 목이 탈 때는 잠시 주로에서 벗어나 시원한 물을 마시고 다시 출발하면 된다. 발을 헛디뎌 넘어지더라도 툭툭 털고 일어나 다시 뛰면 된다. 주로를 달리던 선수가 실수로 넘어졌을 때, 그를 비웃는 관중들은 아무도 없다. 오히려 그가 다시 일어나 달리는 모습에서 감동을 받고, 응원하고, 격려한다. 인생이라는 마라톤 역시 마찬가지다. 친구와 이웃들은 나의 실패를 비웃고 무시하는 대신 실패를 딛고 다시 일어나 달리도록 응원하고 돕고 싶어 할 것이다.

가끔 실패로부터 씩씩하게 일어서는 대신 절대로 해서는 안되는 결정을 내리는 사람들의 소식을 접할 때가 있다. 그들은 자신의 실패를 절대로 용납하지 않는 사람들이 선택하는 모습을 보인다. 자신의 실패와 실수를 끝없이 자책하면서, 때로는 주위의 원망이 두려운 나머지 돌이킬 수 없는 실수를 저지르고 마는 것이다.

인생은 실패를 딛고 일어나 만회할 수 있을 만큼 충분히 길다. 기나긴 여정을 가는 동안 뜻하지 않은 실패를 만났다면 다시 일어나 달리는 마라톤 선수처럼 그렇게 일어나서 천천히 호흡을 가다듬으며 다시 달리면 된다. 누구도 당신을 원망하거나 누구도 당신의 실패를 문제 삼지 않는다. 그냥 다시 일어나 천천히 달려가면, 혹은 걸어가면 된다. 분명한 것은 인생이란 마라톤의 승자는 끝까지 완주하는 것이기 때문이다. 잠시 다른 길로 벗어났더라도, 다른 이들보다 조금 뒤쳐졌다 해도 큰 상관이 없다. 그냥 묵묵히 자리를 털고 일어나면 된다.

교도소에 수감된 분들을 만나 상담을 하다보면, 표현은 잘하지 않지만 비슷한 생각들과, 비슷한 고민을 하고 있다는 것을 알게 된다. 바로, '다시 세상 한 가운데로 나갔을 때 어떻게, 어디서부터 시작해야 하는가?' 하는 고민들이다. 이제 어떻게 세상 사람들에게 다가가야 할지, 어떻게 공동체 속으로 다시 들어가야 할지, 어떻게 나의 가족에게 돌아가야 할지 등등의 고민들을 하게 된다.

그때마다 나는 그들을 위로하고 격려한다. "과거에 했던 자신의 실수를 솔직하게 돌아보고 진심으로 삶의 방향을 바꾸어 이제 새로운 인생의 여정을 개척하고자 한다면, 분명히 전보다 훨씬 더 많은 삶의 동역자同役者들이 위로와 격려와 응원을 보내 줄 것이라고." 그리고 무엇보다 가장 중요한 것은 "나 스스로의 한계를 단정지어 제한하는 대신 환경의 영향에 굴복하지 않고 묵묵히 자신의 길을 다시 가다보면 반드시 세상은 박수와 환호를 보내게 될 것이라고."


### ●●● 목표의 재설정


어떠한 분야에서든 정확하고 분명한 목표 설정은 성공을 위한 기본 전제에 해당한다. 간혹 아무런 목표도 없이 인생을 살아가는 것처럼 보이는 사람들을 만나기도 하는데, 목표가 없는 사람은 대양에서

표류하는 배처럼 절대로 성공할 수가 없다. 더구나 우리는 지금 실패로부터 다시 일어나 성공을 위해 달려가고자 하는 중이다. 한 번 실패를 경험했던 사람에게 무엇보다 중요한 것이 바로 목표의 재설정이다.

목표의 재설정은 처음 자신이 가지고 있던 목표를 설정하는 것보다 몇 배로 더 어렵고 힘들다. 아니 어쩌면 수 년 동안 꿈꿔왔던 목적지로부터 이탈하여 길을 잃은 상태에서 자신의 목적지를 다시 설정한다는 것은 쉽지만은 않을 것이다.

이럴 때에 우리에게 필요한 한 가지가 있다. 자신의 목표를 재설정함에 있어 그 목표를 최종 목적지에 도달할 하나의 수단으로 바꾸어 생각하는 것이다. 앞에서 이야기했던 '손만두집' 사장님의 경우가 바로 여기에 해당한다.

분명히 증권사 차장님의 꿈은 '손만두집' 사장님은 아니었을 것이다. 그의 꿈은 억대 연봉의 증권가를 주름잡는 직장인이었다고 하였다. 하지만 방법의 차이만 있었을 뿐 얼마 되지 않아 '손만두집' 사장님은 억대 연봉의 직장인도 부러워할 안정된 자신의 사업체인 프랜차이즈 만두 회사 사장이 되었다. 그는 오히려 증권사에 근무할 때보다 더 유명한, 증권가를 주름잡는 전설이 되었다.

생각의 전환이 전혀 다른 결과를 가져올 수 있다. 우리가 처음 가졌던 목표에 도달하지 못하고 실패하였다고 해서 그것이 끝난 것은 절대 아니다. 목표를 이루기 위한 여러 방법 중 하나가 실패한 것일 뿐 목표 자체를 포기할 필요는 없는 것이다. 하지만 많은 이들은 방법의 실패를 마치 자신의 목표와 인생의 실패로 여겨 자포자기하고는 모든 것을 내려놓는다. 그것은 너무나 잘못된 생각이며 삶에 있어서 너무나 큰 오류를 범하는 것이다.

우리는 무언가에 걸려 넘어질 수 있다. 때로는 지쳐 쓰러질 수도 있을 것이다. 하지만 넘어졌다고 해서, 지쳐 쓰러졌다고 해서 인생의 마라톤이 끝난 것은 아니지 않는가. 넘어졌다면 일어서면 된다. 잠시 지쳐 쓰러졌다면, 아니 잘못된 판단으로 정상 궤도에서 벗어나 다른 길을 가고 있었다면, 다시 일어나 자신의 자리로 돌아와 또 다른 자신의 목표를 다시 설정하면 되는 것이다. 아무것도 보이지 않는 캄캄한 어둠속에서도 잠시 멈추어 적응하면 길이 보이고 어느 순간 빛이 비치게 되는 법이다.

### ●●● 목표 재설정을 위한 전략

늘 그렇듯이 목표 설정을 위해서는 세심하고 철저하게 정보를 수집하고 분석해야 한다. 가장 먼저 필요한 정보는 바로 나 자신에 대한 것이다. 여러분이 혹시 목표를 재설정하는 단계에 있다고 한다면 가장 먼저 해야 할 것은 스스로의 장점을 먼저 파악해보는 일이다.

모든 일들에는 원칙이 있다. 그것은 내가 가장 잘하는 것을 찾는 것이다. 내가 가장 잘하는 것, 내가 다른 사람보다 잘 할 수 있는 것을 찾는 것이 우선이다.

가끔은 자신이 잘하는 것과 자신이 하고 싶은 것을 착각하는 이들이 있다. 분명한 것은 어떠한 일이든 자신이 잘하는 것을 찾아야 한다는 것이다. 자신의 장점을 발견해야 한다. 그래야만 성공에 대한 확률을 높일 수가 있다.

얼마 전에 나와 인연을 맺게 된 한 회사의 CEO가 있다. 그는 긴 세월 동안 좌절감과 패배감에 사로잡힌 채 살아가고 있었다. 한때 냉면 브랜드회사 대표로서 거칠 것 없이 잘나갔던 그는 마카오 도박장에서 수십억 원을 탕진한 뒤였다. 그는 절망감을 술로 마취하면서 다시는 아무것도 시작할 수 없는 사람처럼 보였다. 아니 무엇을 어떻게 시작해야 할지조차 길을 잃고 방황하고 있었다. 어떻게 하면 크게 한탕을 해서 과거의 영광을 한꺼번에 되찾을 수 있을까 하는 데만 온통 모든 정신을 빼앗기고 있었다.

수차례의 일상적 만남과 상담 시간들을 통해 그는 다시 한 가정의 아버지로, 따뜻한 남편으로 바로 설 수 있게 되었다. 상담을 하면서, 그는 다시 사업을 시작하겠다는 이야기를 하였는데, 솔직한 내 생각은 직장을 얻어 안정된 생활을 유지해 나가는 것이었다. 하지만 워낙 오랜 세월 자기 사업을 했던 분이라 결국 사업의 방향을 놓고 상담을 하게 되었다. 그는 여러 가지 사업 아이템을 쏟아놓았는데, 나는 다시 냉면 사업을 시작해보라는 권유를 하였다. 이유는 너무나 간단했다. 바로 그가 잘하는 것, 그가 가진 장점을 다시 이용하는 것이 성공할 확률이 가장 높다고 생각했기 때문이다. 그는 고민 끝에 결국 주꾸미와 냉면을 결합한 외식사업을 시작해 분당에 2호점까지 오픈하면서 이제 다시 프랜차이즈 사업으로 연결하고자 일을 진행하고 있는 중이다.

반면에 나를 찾아온 내담자 중에는 아쉽게도 끝내 자신이 잘하는 것이 아니라 자신이 하고 싶은 것만을 고집해 결국엔 자신과 가족 그리고 주변 사람들을 안타깝게 만든 이들도 있다.

인생에 있어서 특히, 자신의 미래가치를 결정할 진로를 찾기 위해서는 객관적이고 올바른 시선으로 자신을 분석하고, 자신의 장점을 찾아, 자신이 잘 할 수 있는 분야에 새로운 목표를 설정하는 것이 최우선이다.

가능한 성공의 확률이 높은 그리고 내가 기쁨으로 여기며 잘하는 것이 무엇인지를 찾아보자! 분명한 것은 신은 누구에게나 각자가 가지고 있는 달란트를 허락하셨다는 것이다.

성공하고 싶은가? 그렇다면 무엇보다 멋지게 실패할 준비가 되어 있어야 한다. 멋지게 실패한다는 것은 바로 실패를 깨끗이 인정하고 실패로 인한 좌절감으로부터 벗어나 몸과 마음이 자유로워질 수 있어야 함을 말한다.

성공하고 싶은가? 그렇다면 먼저 넘어질 준비를 충분히 하여야 한다. "강한 자가 살아남는 것이 아니다. 마지막까지 살아남는 자가 강한 자가 되는 것이다." 우리는 강한 자가 되기 위해서, 성공한 인생을 살아가기 위해서 넘어지는 것에 대한 두려움을 이겨야 한다. 그 두려움을 떨쳐내지 못한다면 결코 그 어떠한 것에도 도전할 수 없을 것이다. 그리고 당신의 인생에서 이미 실패를 맛보았다고 하면 그것에 감사하라! 당신은 이제 다시 정상을 향해 올라갈 기회를 얻은 것이다.

실패란 잠시 넘어진 것이다. 그저 다시 일어나면 되는 것이다!

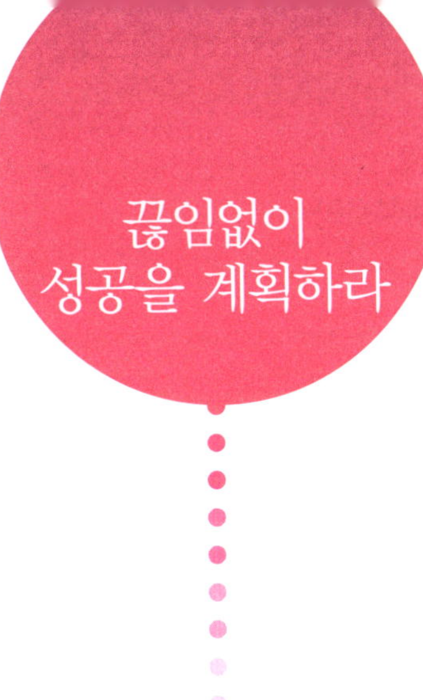


어느 분야에서든 성공한 이들에게는 중요한 공통점이 있다. 그것은 목표를 이루기 위해 끊임없이 자기만의 계획을 세운다는 것이다.

많은 사람들이 자신의 꿈을 이루기 위해서 목표를 설정한다. 하지만 그 목표를 위해 먼저 자신이 어떠한 준비를 먼저 해야 하는지를 놓고 고민하다 보면 종종 어느 것을 실행해야 할지를 모를 때가 너무나 많다.

어떤 목표를 수립하였다고 하면 목표를 이루기 위한 자기 계획을 체계적으로 철저하게 수립하여야 한다. 인생은 선택의 연속이다. 태어나면서부터 무덤에 이르기까지 학교도 직장도 결혼도 삶의 모든 것들에서 선택을 하여야 한다. 그러한 선택의 순간들 가운데 우리는 어떠한 것을 선택하느냐에 따라서 인생의 방향과 삶의 질이 매우 크게 달라진다. 선택에 따라 때로는 돌이킬 수 없는 결과를 받아들여야 하므로 우리가 세운 목표를 달성하기 위해 어떠한 길을 선택하고 계획하는가 하는 문제는 너무나도 중요한 시작인 것이다.

대부분의 사람들은 계획을 수립하는 단계에서 어떻게 하면 자신이 세운 목표를 쉽고 빠르게 달성할 수 있을까 하는 데 초점을 맞춘다. 그리고 그 길을 선택한다. 조금 더 시간을 절약하고, 조금 더 자신을 덜 희생하는 효율적인 계획을 수립하고자 한다. 하지만 성공을 하고 싶다면 효율성이 아니라 효과적인 계획을 수립해야 한다. 우리는 효율과 효과에 대하여 간혹 혼동하는 경향이 있다.

경영학을 공부한 뒤 내가 기업을 운영하면서 늘 외쳐오던 것은 바로 효율과 효과라는 두 가지 전략이다. 이 두 가지 전략을 어떻게 사용하는가에 따라서 실패와 성공이라는 하늘과 땅처럼 큰 차이가 생겨난다.

먼저 효율적인 경영은 목표로 잡은 매출을 달성하기 위해 가능한 최소 투자금으로 최대의 이익을 추구하는 경영 방법이다. 이러한 방법은 생산원가 또는 영업비용 등을 최소화함으로써 회사의 이익구조를 개선해 영업이익을 극대화시킨다.

반대로 효과적인 경영 방법은 후발 주자로 시장에 뛰어들었을 경우 이윤보다는 시장을 점유하고자 고객에게 이윤 이상의 대가를 치르더라도 경쟁사를 퇴출시키는 데 목적이 있다. 효과적인 경영과 영업 전략은 자본금의 여유가 있을 때 상대적으로 자본이 넉넉하지 않은 경쟁사를 아예 시장에서 퇴출시킬 수 있는 공격적인 방법이다. 일정 기간 동안에는 회사의 이익 구조가 나빠지고 때로는 매출 성과보다 더 많은 마케팅비용과 영업비용 등의 지출로 이윤 창출이 어렵게 보이지만 장기적으로 경쟁사를 퇴출시킨 후 자신의 입맛에 길들여진 고객을 상대로는 얼마든지 정상적인 영업 이윤을 회복할 수 있는 것이다.

물론 우리의 목표 달성을 위한 계획 수립이 기업의 경영과는 차이가 있겠지만 계획을 수립하는 단계에 있어서는, 나 자신이라는 막강한 방해꾼을 넘어트리기 위해서는 효과적인 계획을 수립하는 것이 절대적으로 필요하다.

목표를 조금 더 편하게 달성하고자 하는 계획은 이미 실패를 선택하는 것과 마찬가지다. 목표를 조금 더 빠르게 달성하고자 하는 계획은 성공이라는 목적을 달성하는 데 가장 막강한 방해꾼인 이기적인, '요행수를 바라는 마음'을 극복하지 못했다는 증거가 된다. 우리는 조금은 늦더라도 조금 더 걸어가더라도 기본부터, 기초부터, 한 단계 한 단계 철저히 자신의 희생을 바탕으로 하는 계획을 수립해야 한다. 바로 그것이 성공을 계획하는 것이다.

예전에 보쌈 프랜차이즈 사업을 계획했던 지인이 있다. 그는 거창한 사업계획서를 들고 나를 찾아왔다. 그는 이미 전국적인 프랜차이즈 영업망을 갖추고 수십억 원의 매출 규모를 자랑하는 기업 CEO가 되기라도 한 듯한 꿈을 꾸면서 온통 신나는 상상으로 들떠 있었다. 이미 성공이 자신에게 찾아온 것으로 그는 착각하고 있었다. 그는 기쁨에 들뜬 얼굴로 내게 두툼한 서류 뭉치를 내려놓았는데, 파워 포인트로 멋지게 짜놓은 그 사업계획서를 보기 전에 나는 먼저 딱 세 가지에 대한 질문을 했다.

"보쌈을 만들어 본적이 있는가?" "보쌈김치를 직접 만들어 본적이 있는가?" "보쌈집에서 일을 해본 경험이 있는가?" 그의 답은 전부 아니었다. 보쌈에 대한 경험도 지식도 전혀 없었다. 그가 내놓은 논지는, 목표를 세웠으니 이제부터 배우면 된다는 것이었다. 그는 "누가 처음부터 다 알고 시작하겠는가?"라고 당당하게 이야기했다. "이제부터 열심히 배우면 된다."는 그의 말도 물론 맞다. 세상 어느 누가 처음부터 모든 걸 잘 알고 시작하겠는가. 하지만 그는 큰 오류를 범하고 있었다.

목표를 세우고, 그 목표를 달성하기 위한 계획을 수립하는 단계에서, 첫 번째 단계를 그냥 뛰어 넘었다는 것이다. 그는 해당 분야의 전문가가 되기 위해 철저히 바닥부터 경험하며 성장하고자 하는 마음이 전혀 없었다. 수 년 동안을 배우고 익혀 자신의 노하우를 가지고 성장하려는 계획이 전혀 없었다. 그는 성공을 위한 '일만 시간의 법칙'에 대한 의미를 전혀 알지 못하였다. 말콤 글래드웰은 자신의 저서 『아웃라이어<sup>OutLiers</sup>』에서 '일만 시간의 법칙'을 이야기한다. "아무리 평범한 사람이라도 일만 시간만 투자하면 그 분야의 전문가가 될 수 있다."는 것이다.

하지만 그는 철저히 준비해야 할 '성공을 위한 필요 시간인 자신의 노력과 땀의 시간'을 인정하지 않았다. 더구나 모든 주요 기술과 노하우를 스스로의 경험과 노력으로 만들지 않고 외부의 힘에 의존하였다. 난 사업에 대한 조언을 구하는 지인에게 단호히 반대 의사를 표시할 수밖에 없었다.

세상 모든 일에는 대가가 필요하다. 간혹 어떠한 일은 수 년 아니 수십 년 간의 눈물과 땀이 필요한 일들도 있다. 멋진 의사가 되기 위해서는 남들이 모두 잠든 그 시간에 시간을 쪼개어 공부해야 하는 대가를 지불하고 의대를 가야 한다. 의대를 가서도 잠과의 전쟁에서 이겨가며 인턴, 레지던트라는 수련의 생활을 하면서 혹독한 대가를 치러야 한다.

삶의 모든 영역에서 편하게, 공짜로 이루어지는 것은 단 하나도 없다. 성공을 계획하는 단계에서는 자기 스스로가 남들보다 더 혹독한 대가를 치러야 하는 계획서를 제출해야 한다. 바로 그런 계획서만이 훗날 자신이 꿈꾸는 삶을 가져다 줄 것이다.


### ●●● 성공 정보를 수집하라


우리는 계획 수립 단계에서 종종 착각하는 것이 있다. 목표 달성을 위한 자신의 아이디어와 방법들을 나열하는 것을 계획이라고 생각하기 쉽다는 것이다. 하지만 계획을 수립하는 단계에서의 첫 번째 시도는 바로 폭넓고 정확한 정보를 수집하는 것이다. 그리고 그런 정보 수집의 첫 번째 대상은 나 자신이다.

정보를 수집하라고 하면, 사업을 준비하는 사람들은 대부분 마케팅 정보나 고객에 대한 정보를 수집한다. 진학을 계획하고 있는 학생이라면 학교나 원하는 학과에 대한 정보를 수집하는 것으로 생각한다. 또 취업준비생들은 원하는 직업에 대한 객관적인 정보만을 수집하려 하거나 관련 회사, 기관들에 대한 정보를 수집한다. 사실 이런 정보들은 꼭 필요하다.

하지만 무엇보다 선행되어야 할 정보가 바로 나 자신에 대한 것이다. 근래에는 자신의 성향이나 자신의 참모습을 찾기 위한 여러 평가 기관들과 방법들이 많아졌는데, 가능하다면 이러한 방법들을 동원해 먼저 나 자신을 냉정하게 이해해야 한다. 절대로 자존심을 굽히지 못하는 성향을 가진 사람이 어찌 고객을 상대하는 서비스업의 사업을 준비할 수 있겠는가? 이웃을 사랑하고 구제하고자 하는 마음이 없는 이들이 어찌 종교 지도자를 꿈꾸며, 기꺼이 자신이 가진 것들을 내줄 마음이 전혀 없는 이들이 자선 사업가를 꿈꿀 수 있겠는가? 환자의 상처를 보기가 두렵고, 카데바(해부학 실습) 실습을 하지 못하는 사람이 어찌 외과 의사를 꿈꿀 수 있겠는가?

너무나 극단적인 예라고 생각할지 모르지만 이것은 피할 수 없는 현실이다. 자신에 대해 먼저 정확하게 이해하고 있을 때 자신이 세운 목표를 이룰 수 있을지 없을지 알 수 있는 것이다.

단, 여기서 말하는 자신에 대한 정보는 외적인 조건이나 자신이 가지고 있는 배경을 뜻하는 것이 아니다. 자신의 내면을 정확히 이해하여 자신에게 맞는 최선의 목표와 계획을 수립하기 위해서이다. 이렇게 자신에 대한 정보를 수집하는 시간을 통해 진정한 자아를 발견하였다면 그 다음 단계인 정보 수집 과정으로 넘어가야 한다.

사업계획을 수립할 때는 먼저 시장에 대한 정확한 마케팅 정보의 수집과 주 고객층에 대한 정보 분석이 먼저 선행되어야 한다. 비즈니스 모델에 따라 자신의 고객 대상이 불특정 다수의 고객이 아니라 특정 소수 고객층을 대상으로 하는 사업이라고 한다면 더 더욱이나 고객에 대한 기초정보 수집이 필수이다. 정말 가능하다면 고객의 기본정보뿐만이 아니라 고객의 가족사항, 고객의 성향과 취미까지도 수집해야 한다. 만약 당신이 진학을 목표로 하는 학생이라면 자신의 최종목표를 위해 어떠한 과정을 이수해야 하는지를 먼저 생각하고 해당 분야에 대한 정보를 수집하여야 한다.

또한 모든 정보는 우리가 동원 가능한 모든 오감을 동원하여 진정으로 살아 있는 정보를 취합하여야 한다. 이러한 정보를 취합하기 위해서는 우리의 주위에 있는 그 어느 것 하나 무심코 지나쳐서는 안되는 것이다.

정보 수집에 실패하는 사람들은 사실 자기 자신을 발견하는 단계부터 실패한다. 또한 자신의 열정과 땀의 결과로 수집되지 않은, 매스컴이나 주위에서 쉽게 얻을 수 있는 정보들만 수집함으로써 살아 있는 정보 취합에 실패하였을 것이다. 어쨌든 성공을 위한 계획서를 작성할 단계로 나아가기 위해서는 정확한 자기 발견과 정보 수집이 필수이다.

## ●●● 삶의 스토리를 계획하라

이제는 더 이상 스펙이 성공을 담보하지 않는 시대다. 껍데기에 해당하는 스펙이 성공을 좌우하던 시대에서 '과정'이 중요한 시대로 진입했다는 걸 우리는 깊이 인식해야 한다. 얼마 전 김정태 작가의 『스토리가 스펙을 이긴다』는 책을 읽으면서 공감하는 면이 많았다. 그 요체는 '삶의 스토리가 스펙을 이기는 시대가 온다'는 것이었다.

요즘 주위에서 흔하게 만날 수 있는 수많은 청년 실업자들의 모습을 보라. 자신의 꿈을 이루기 위한 선택이 아니라 계획 단계부터 실패를 계획하고 있는 사람들이 많다. 자신이 살아가고자 하는 삶의 스토리를 생각하고 그 스토리를 써나가기 위한 과정을 준비하는 대신 겉으로만 드러나는 스펙을 만들기 위해 대학을 선택했다가 자신이 원하는 삶과 전혀 다른 인생을 살아가는 이들을 쉽게 만날 수 있다.

물론 조금 늦었더라도 이를 깨닫고 자신의 진정한 삶의 스토리를 만들기 위해 삶의 궤도를 완전히 수정하고 다시 시작함으로써 성공한 이들도 분명히 있다. 하지만 길지 않은 시간이었더라도 어긋난 길을 선택했던 대가는 분명히 돌아온다. 아마도 두 배 세 배로 어려운 인생의 행로가 기다릴 것이다.

정보 수집에 실패한 대부분의 사람들은 사실 자신을 발견하는 단계부터 실패하였을 것이라고 이야기했다. 어쩌면 주변의 시선 또는 욕망이 눈을 가려 자신의 솔직한 본질을 찾아내고자 하는 시도조차 하지 못하였을 것이다.

　성공을 위해서는 끊임없이 자신의 성공을 계획하고, 자신의 삶을 계획하는 것이 중요하다. 성공은 그저 아무런 준비도 없이 찾아오는 로또가 아니다. 아니, 로또조차도 복권을 사는 사람에게만 기회가 있다.

　성공은 자신을 계획하고 자신의 미래를 위해 준비하는 이에게만 찾아오는 것이다. 성공하고 싶다면 당신이 꿈꾸는 당신의 삶의 스토리를 치밀하게 계획해야 한다.

역지사지<sup>易地思之</sup>라는 말이 있다. 상대의 처지나 형편, 입장에서 먼저 생각을 해보고 이해하라는 뜻이다. 맹자의 「이루」에 나오는 '역지즉개연'에서 유래된 말로, '역지개연<sup>易地皆然</sup>'이란 말은 "사람의 처지를 바꿔 놓으면 그 처지에 맞게 행동하고 상대를 이해하게 된다."는 의미다. 그렇다. 세상의 모든 인간관계에 일어나는 불화와 다툼은 상대방의 입장을 이해하지 못하는 데서 생긴다. 특히, 사업을 준비하거나 중요한 계약을 이뤄내기 위한 중요한 시기에 있는 사람이라면 가장 먼저 역지사지하는 마음을 가져야 한다.

### ●●● 대박과 쪽박을 가르는 역지사지

내가 만든 제품, 내가 내놓는 음식을 고객의 입장에서 냉정하게 평가함으로써 그들의 니즈<sup>needs</sup>에 맞추기 위해 노력한다면 당연히 팔리지 않고 창고만 차지하고 있을 제품은 없다. '맛집'으로 소문이 나게 되는 것도 당연하다. 대부분의 대박 집을 생각해보라. 대박 식당의 공통점은 고객의 입장에서 시설을 관리하고, 고객의 입장에서 음식을 준비한다. 당연히 나와 내 가족이 먹을 것이라는 생각으로 모든 것을 준비하기에 맛과 서비스가 보장되는 것이다.

반대로 쪽박 집의 경우를 보면 그들은 고객의 입장을 전혀 배려하지 않는다. 나와 내 가족이 먹을 것이라고 생각하지 않는다. 늘 원가 절감에만 신경을 쓴다. 모든 시설물 역시도 자신과 자신의 가족이 이용하는 것이 아니므로 대부분 비위생적이고 지저분하게 관리되기 마련이다.

중요한 비즈니스 계약을 준비하는 이들 또한 늘 명심해야 할 단어가 역지사지이다. 그런 마음 자세를 가지고 있다면 계약은 이미 성사된 것이나 마찬가지이다. 당신이 상대방 회사의 경영주이거나 해당 사업부의 계약 담당자라고 가정해보라. 그리고 객관적이고 정확한 자신의 조건들을 경쟁사와 비교하여 판단해보자. 스스로 어떠한 메리트를 느끼는가? 자신이 준비한 계약 조건을 상대방의 입장이 되어 판단해보면 해답은 이미 나와 있을 것이다.

하지만 많은 이들이 자신의 논에만 물을 대는, '아전인수'의 입장에서만 생각을 하면서 살아간다. 이제 나만의 생각, 나만을 만족시키는 성공 계획서를 바꿔야 한다. 즉 '아전인수'의 시각으로부터 '역지사지'의 시각으로 다시 평가하고 수정해야 한다. 일본 최고의 광고 에이전시인 (주) 덴츠(電通)의 카피라이터인 우메다 사토시는 『최고의 기획자는 세 번 전략을 짠다』에서 "기획서는 상대의 언어로 작성하라."고 말했다.

우리는 늘 어떠한 계획안을 바라볼 때 "성공할 수 있는가, 없는가?"에 대한 결과론적인 시각만을 가지고 접근하려 한다. 하지만 인생에 있어 그 어느 순간보다 중요한 시점인 성공 계획서를 바라볼 때는 결과주의적인 시선으로 목표를 보는 대신 올바르고 객관적인 시선으로 상대의 입장에서 준비하였는가를 먼저 판단해보도록 해야 한다.

### ●●● 부끄러워 말고 멘토를 찾아가라

간혹 자신의 인생 계획서가 바르게 수립되었는지를 냉정하게 확인해보고자 해도 사회경험과 지식이 부족해서 제대로 판단하기 어려운 사람들도 있다. 내 참모습을 찾아내는 데 어려움을 겪고 제대로 찾아낸 것인지 확신할 수 없다면, 따라서 내 계획을 온전히 바라볼 수 없다면, 꼭 멘토를 찾아야 한다. 집을 짓기 위해서는 당연히 해당 분야의 전문가에게 설계를 의뢰하듯 인생의 설계도를 가지고 전문가를 찾아가야 한다.

그렇다면, 그런 멘토는 누구이고, 어디에서 찾을 수 있을까? 가능한 나와 같은 입장, 나와 같은 시선을 가진 또래 집단은 배제하는 것이 좋다. 사회경험, 인생경험이 부족한 이들 또한 대상에서 배제하는 것이 좋다. 나와 비슷한 문제를 가지고 나와 비슷한 고민을 하고 있는 사람들이 어찌 인생의 멘토가 될 수 있겠는가. 이것은 분명하고도 객관적인 사실이다.

내 주위에 그러한 경험을 가진 이들이 없다면 전문가를 찾아 상담을 요청하는 것이 바람직하다. 종교가 있다면 자신이 속한 종교 지도자를 찾아가 상담하는 것도 좋다. 그들은 해당 분야의 경험은 없지만 수많은 신도들과 사회 인사들을 만나면서 나름대로 삶의 여정을 학문적으로나 경험적 윤리적으로 잘 준비하여 온 사람들이므로 그들의 조언을 구하는 것도 바람직하다. 단, 여기서 전제되어야 할 조건은 인격적으로나 현재 그들의 삶의 영역에서 신망을 얻은 종교 지도자여야 한다는 것이다. 실제로 자신의 삶의 방향조차 계획하지 못하고 가족과 신자들에게 짐이 되고 있을 뿐인 잔소리꾼 종교 지도자들도 너무나 많기 때문이다.

내 생각으로는 두 명 이상의 멘토와 상담을 해보는 게 좋을 것 같다. 여기에서 주의할 것은 멘토의 조언에 전적으로 휘둘려서 인생 계획을 전면적으로 수정하라는 말이 아니다. 가끔 어떤 사람들은 누군가와 상의를 해보라고 조언을 하면 그들의 말에 휘둘려 자신의 주체적인 생각은 온데간데없이 사라지고 이리저리 갈피를 잡지 못하는 이들도 볼 수 있는데, 상담 목적은 멘토로 하여금 내 삶을 결정짓게 하라는 게 아니다. 그들을 통해 내가 미처 생각하지 못했던 것들을 발견하고 처음 계획을 수정함으로써 더 멋지고 완벽한 계획을 세워 꿈을 실현할 가능성을 높이라는 것이다.

## ●●● 호랑이처럼 사납게

성공 계획서를 수정하는 단계에서 역지사지의 마음과 객관적인 시선을 통해 성공 계획서를 다시 수정하였거나 혹은 멘토의 도움을 받아 자신의 계획 일부를 수정하였다면, 그리고 자신의 계획안에 확신을 가지게 되었다면, 이제 작은 것부터 실행하는 단계로 진입해야 한다.

실행 단계가 계획 단계보다 더 어렵고 힘겨울 것이라는 사실은 우리 모두가 잘 알고 있다. 누구나 말로는 호랑이도 때려잡을 수 있다! 하지만 진짜 호랑이를 상대로 싸워 이기기 위해서는 담대해져야 한다. 아니 호랑이처럼 사나워져야 호랑이와 싸워 이길 수 있다.

인생 여정은 호랑이와 싸우는, 육체적인 싸움처럼 단순하지 않다. 현실의 싸움은 호랑이와 싸우는 것보다도 더 힘들다. 치열한 경쟁과 냉혹한 현실의 싸움터에서 알몸으로 맞설 준비가 되어 있어야 한다. 계획을 잘 세우는 것은 매우 중요하지만 그 계획에 따라 행동에 나서는 것은 무엇보다 굳은 결단과 의지를 필요로 한다.

초등학교 시절을 떠올려 보자! 대부분의 아이들은 방학이 시작되면 멋진 생활계획표를 그려 벽에 붙여놓는다. 하지만 단지 생활계획표는 책상 앞에 장식으로 붙어 있기만 할 뿐 생활 자체는 전혀 다르게 흘러간다. 일기와 숙제는 밀리고 밀리다가 방학이 끝날 때쯤이 되어야 부랴부랴 한꺼번에 대충 해결한다. 사실 대부분의 아이들이 짜놓은 생활계획표대로 생활하지 않는 것은 아동기의 심리 특성상 의지가 약할 뿐 아니라 주위에 넘쳐나는 재미난 유혹들을 이겨내기 어려운 탓이다. 사실 어른이 되어도 이런 아동기의 심리 상태는 그대로 남아 있다. 아마도 이것은 인간의 본성이기에 상대적으로 이런 유혹을 이겨내기란 여간 어려운 일이 아닐 것이다. 성경에서 최초의 인류였던 아담과 하와가 유혹에 넘어가는 현장을 보아도 이해할 수 있는 문제다. 그들 또한 뱀의 유혹을 이겨내지 못하지 않았는가? 모든 인간은 그 조상부터 유혹을 이겨내기 어려운 연약한 존재로 창조되었던 것이다.

그렇다면 우리는 이처럼 연약한 우리의 단점을 어떻게 보완하여 목표를 향해 나아갈 수 있을 것인가? 그 첫 번째 해답은 나 자신에게 호랑이와 같이 사나워져야 한다는 것이다. 대부분의 사람들은 타인에겐 칼과 같은 잣대를 들이대지만 정작 자신에게는 한없이 너그럽다. 아니 너그러운 정도가 아니라 자신에게 있어서는 그 어떠한 원칙도 잘못에 대한 질타도 없다.

인생의 성공 계획을 실행하기 위해서는 자신에게 엄격하고 타인에 겐 너그러운 사람이 되어야 한다. 자신을 혹독하게 관리할수록 우리 는 더욱 내적으로 강한 성장을 할 수 있을 것이다.


## ●●● 가능한 많은 이들에게 복음을 전하라

복음을 전하라고 하면 우리는 늘 예수 그리스도의 종교적인 복음 을 떠올린다. 하지만 복음이란 말은 기쁜 소식이란 의미다. 우리의 삶 에서 멋진 목표를 설정하고 계획하며 삶의 결단을 내리는 것, 그것은 얼마나 아름답고 기쁜 소식인가? 내 인생의 목표를 성취하기 위해서 는 가능한 많은 이들에게 나의 계획을 알릴 필요가 있다.

금연에 성공하는 이들을 모습을 관찰해보라. 그들은 가능한 많은 사람들에게 자신의 금연 결단을 알린다. 그럴 경우에 성공 확률이 훨 씬 높다. 그렇다. 나의 결정과 결단에 반해 내가 유혹에 흔들리며 쉽 게 포기하지 못하도록 스스로 감시자들을 만드는 것이다.

가끔 물고기를 운반하는 트럭을 보곤 한다. 성질이 급한 물고기 를 운반할 때는 수조에 문어를 한 마리 넣거나 천적이 될 만한 물고기 를 함께 넣어서 수송한다고 한다. 물고기에게 적당한 긴장감을 줘 수 송하는 동안 성질이 급한 물고기가 죽지 않도록 방지하기 위해서라 고 한다. 그렇다. 우리의 삶에서도 우리를 지켜볼 눈이 필요하다. 물 론 우리의 행동을 감시하는 목적을 가진 눈을 말하는 게 아니다. 누군 가의 기대감 때문에 다시 일어서는 경우도 있으며, 누군가의 응원으로 스스로가 지쳐 갈 때 다시 파이팅을 외칠 수 있기 때문이다.

가능한 많은 이들에게 나의 멋진 인생 계획들을 알려라. 그들은 분명 내게 좋은 감독이 되고 응원자가 되어 멋진 인생의 성공을 향해 달리도록 할 것이다.

성공을 선택하고 싶은가? 그렇다면 역지사지하는 마음으로 삶의 계획서를 다시 재설정하고 스스로에게 더 엄격한 기준과 원칙을 적용해 철저한 자기관리를 해야 한다. 또한 성공 계획서를 세워 인생의 여정을 열어갈 때는 무엇보다 태산처럼 무거운 의지를 가지고 호랑이처럼 용맹하게 유혹에 맞서 싸워야 한다.

# 영점사격

　'영점사격.' 군대에 갔다 온 남자들이라면 익숙한 단어일 것이다. 군대에서 개인 소총을 지급받아 사격을 하기 전에 반드시 거쳐야 하는 단계가 바로 영점사격이다. 즉 소총의 조준점이 자신의 눈과 자세에 일치되도록 가늠자를 조정하는 과정이다. 아무리 조준점을 정확하게 조준해서 사격을 한다고 해도 제대로 영점이 잡혀 있지 않으면 절대로 실제 사격에서 과녁을 명중시킬 수가 없는 것이다.

　실제로 나의 군대 경험을 비쳐보자면 훈련소에서는 물론이고 자대에 배치된 뒤에도 사격 훈련에서 열 발 중 두 발 이상을 맞추기가 어려웠다. 지금 생각해보면, 사격에 앞서 정확하고 신중하게 해야 할 영점 조정 훈련에 집중을 잘하지 못했던 것 같다.

　사실 인생 계획에서 성공을 이룬다는 것은 내가 꿈꾸었던 목표에 정확하게 도달하는 것을 의미한다. 즉 타깃을 정확하게 명중시키기 위해 먼저 영점사격을 통해 가늠자를 조정하듯이 성공적인 삶을 꾸려가기 위해서는 인생 계획서를 나에게 맞도록 수정하고 그 계획서에 맞춰 실행에 나서야 한다. 그렇다면 우리 삶에서의 영점조정은 무엇을 의미할까?

## ●●● 위기대처 습관을 조정하라

누구라도, 인간이라면 자신만의 독특한 습관을 가지고 있다. 물론 좋은 습관도 있고, 좋지 않은 습관도 있다. 우리를 부지런하게, 깔끔하게, 멋지고 매력 있는 사람으로 만들어 주는 습관도 있고, 우리를 지혜롭게 만드는 독서와 같은 습관, 건강하게 만드는 운동 습관도 있다. 좋은 습관이라고 할 수 있다. 반대로 나쁜 습관, 좋지 않은 습관들은 우리를 게으르게 만들거나 지저분한 모습으로 만들기도 하고 사회생활과 공동체에서 뒤처진 존재로 만들기도 한다.

이처럼 습관은 우리 삶의 방향을 결정하는 데 있어서 매우 중요한 요소가 된다. 무의식적으로 몸에 밴 습관이라고 해도 좋은 습관들은 문제가 없다. 하지만 이제 우리는 새로운 시작을 준비하는 과정에 있고, 따라서 좋지 않은 습관들은 버리고 교정해야 한다. 이것은 마치 사격을 하기 전에 영점조정을 하는 것과 같다.

그렇다면, 우리에게 있는 좋지 않은 습관들은 무엇이 있을까? 성공을 가로막는 습관 중 가장 먼저 제거해야 할 적은 '거짓'이다. 물론 언제나 바르고 정직한 사람은 상관이 없겠지만, 솔직하게 말하자면, 대부분의 사람들은 위기의 순간 앞에 서면 자신도 모르게 거짓말을 하게 된다. 이것은 평소의 대화와는 차이가 있다. 자신도 모르게 위기의 순간이 닥치면 거짓을 말하는 것이다. 사실 이것은 두려움을 담대하게 이겨내지 못하고 어떻게 하든 그 순간을 모면해보려는 어리석음으로부터 생겨난다.

성공하는 사람들이 위기에 대처할 때 보이는 공통점이 있다. 바로 정면 돌파이다. 사실 그대로를 인정하고, 사실 그대로 사과하며, 자신의 실수에 그 어떤 변명도 거짓도 늘어놓지 않는다. 그들은 어떠한 문제 앞에서도 당당하게 자신의 잘못을 뉘우치고 진실한 모습으로 상대를 대한다. 하지만 실패자들이 보이는 모습 가운데는 문제 앞에서 자신을 숨기기에 바쁜 이들을 볼 수 있다. 문제 앞에서 당당히 나서지 못하면 절대 문제는 해결되지 않는다.

인생이라는 긴 여정을 걸어가다 보면 뜻하지 않게 수없이 많은 각양각색의 문제들과 만나게 된다. 자의건 타의건 간에 문제가 발생될 수밖에 없는 것이 우리 삶의 숙명이다. 아무런 문제가 없다면 그것은 이미 살아 있는 것이 아니리라.

하지만 가장 중요한 사실은 이렇듯 수많은 문제, 위기의 순간과 당당히 맞서면서 거짓말로 회피하려 하지 않는 사람은 세상도 인정하고 신뢰한다는 것이다. 정직함이 습관으로 몸에 밴 사람에게는 성공의 참된 기회가 허락된다. 정직은 성공을 부르는 힘이 되며, 가장 확실한 성공의 지름길이 된다.


## ●●● 게으름의 습관을 조정하라

또 하나의 영점조정은 게으름이라는 습관의 가늠자를 조정해야 한다는 것이다. 아무리 정직하다고 해도 매번 중요한 순간마다 지각을 하거나 게으른 모습을 보인다면 그 어느 누구도 그를 온전한 파트너로 인정하지 않을 것이다. 공부를 하는 학생에게도 마찬가지이다. 오늘의 일을 내일로 미루는 등 생활 패턴이 게으르고 불규칙한 생활을 하고 있다면 결코 자신이 원하는 성적을 얻지 못할 것이다. 게으른 사람들의 대부분은 잠을 자는 시간이 많다.

왜 그들은 항상 피곤에 찌들어 있고 잠에서 깨어나지 못하는 것일까? 물론 건강이 좋지 않아 쉽게 피곤을 느끼는 사람들도 있지만, 누가 보아도 신체가 건강한 사람이 아무런 이유 없이 피곤해 하고 늘 잠에 취해 일상을 보낸다는 것은 이해하기 어렵다.

그들의 생활 패턴을 보면 한 가지 공통점이 있다. 밤늦게 야식을 즐기며 음주와 같은 세상 즐거움에 취해 있거나 집에 있다고 해도 늦은 시간까지 텔레비전을 보거나 비생산적인 일들로 자신의 패턴을 스스로 망가트리는 생활을 하고 있다는 것이다. 전혀 자기관리가 되지 않는, 게으름이 습관이 되어 몸에 밴 전형적인 유형의 사람들이다. 가끔 불면증이 있어 밤에 잠을 잘 수가 없다고도 하는데, 당연하다. 낮 시간에 잠에 취해 있거나 일을 하면서도 비몽사몽으로 시간을 보냈는데 밤에 무슨 잠이 오겠는가?

하루는 한 지인이 내게 이런 말을 했다. "나는 별로 먹는 것도 없는데 살이 왜 이리 찌는지 모르겠다." 자신은 물만 먹어도 살이 찌고 숨만 쉬어도 살이 찌는 집안의 체질이라는 것이다. 이게 무슨 소리인가? 그의 하루 일상을 유심히 살펴보았다. 하루 종일 먹는다. 아침을 먹고, 커피를 마시고, 커피를 마시는 동안 휴게실에서 비스킷을 먹는다. 컴퓨터 앞에 앉아 일을 좀 하나 싶으면 목이 마르다며 물 대신 과일 주스를 꺼내 마신다. 그러곤 점심을 먹고 다시 커피를 마시고, 커피숍에 앉아 수다를 떠는 동안 조각 케이크를 순식간 해치운다. 그 후 사무실로 돌아오면서 걷는 동안 동료들과 아이스크림을 나눠 먹고 오후 4시경이 되면 출출하다며 분식을 시켜 잔뜩 먹는다. 아직도 끝나지 않았다. 퇴근을 한 뒤에는 동료들과 식사를 하고 곧바로 치킨에 맥주를 한잔 즐기러 몰려간다. 호프집에서는 계란말이 한 접시와 닭 한 마리를 거뜬하게 해치웠다. 그리고는 이내 당구장으로 가서 또 음료수와 함께 주전부리를 입에 넣는다. 다시 11시쯤 되었을 때는 컵라면이 당긴다며 라면 물을 받고 있었다. 기가 막힌 노릇이다. 그렇게 먹고도 별로 먹는 것도 없는데 살이 찐다고 호들갑이다.

왜 이런 이야기를 장황하게 늘어놓고 있을까? 세상에서 일어나는 모든 일의 결과에는 반드시 원인이 있다는 것을 다시금 일깨워 주기 위함이다.

내 인생에서는 도대체 왜 알 수 없는 실패와 좌절들이 생겨나는가? 분명히 말할 수 있는 건 내가 가지고 있는 좋지 않은 습관들이 그런 결과를 만들어냈다는 것이다. 매번 지각을 한다면 그것은 교통 체증이 아니라 게으름이라는 습관 때문인 것이다. 건강 문제 또한 마찬가지다. 중년에 접어들면 하나 둘씩 건강에 적신호가 켜진다. 그 신호의 대부분은 잘못된 식습관과 생활 패턴, 그로 인한 여러 가지 스트레스가 원인이다.

몸에 밴 게으름이라는 잘못된 습관들, 나태해지게 하는 수많은 습관들을 먼저 제거하는 교정이 필요하다.

## ●●● 가치관을 조정하라

타깃을 맞추기 위해 우리가 조정해야 할 가늠자 조정 중에는 가치관이라는 문제도 포함된다. 가치관이란 무엇일까? 사전적으로 말하자면, "인간이 자기 자신을 포함한 모든 세계나 영역 속에서 어떠한 대상에게 가지는 평가의 근본적인 태도나 관점"이다. 즉 옳은 것, 바람직한 것, 우리가 해야 할 것과 하지 말아야 할 것을 분별하여 생각하는 것을 말한다.

사람을 사람답게 만드는 부분에서 '가치관'은 매우 중요하다. 어떠한 가치관을 가지고 살아가는가의 차이가 삶의 만족을 선물하기도 하고 실패하는 삶으로 끌고 들어가기도 한다. 잘못된 가치관을 가진 사람은 올바르게 사리를 분별할 수 없을 뿐더러 주위에서 일어나는 모든 현상과 상황들을 보는 시각에서도 잘못된 판단 기준을 가지고 있기에 절대로 올바른 성공의 길을 걸어갈 수 없다.

그렇다면, 가치관의 변화는 어떻게 얻을 수 있는 것인가? 어떠한 사람들은 자신의 혹독한 경험을 통해 가치관의 변화를 얻는다. 1984년에 발표된 찰스 디킨스의 소설 『크리스마스 캐롤』의 주인공 스크루지가 여기에 해당된다. 악몽을 통해 자신을 되돌아보게 된 스크루지는 가치관이 완전히 바뀌어 전혀 다른 인간으로 재탄생한다. 간혹 큰 병에 걸렸다가 기사회생하거나 다른 어려움을 겪으면서 가치관이 바뀌는 경우도 볼 수 있다.

하지만 이러한 경험을 통해 얻는 가치관의 변화는 드물고 한계가 있을 수밖에 없다. 특수한 경험을 하지 못하는 대부분의 사람들은 이런 식으로 가치관의 변화를 이끌어내는 게 쉽지 않다. 그래서 우리는 교육을 통해 올바른 가치관을 세우도록 하고 확립시키고자 노력한다. 이런 면에서 새로운 시작을 향해 가고자 하는 지금, 올바른 가치관을 세우고자 하는 영점조정을 위해서는 끊임없는 독서와 배움을 얻을 수 있는 곳을 찾아야 한다. 책을 통해서든 전문가들을 통해서든 올바른 가치관을 세우기 위한 학습 기회를 끊임없이 만들어야 한다. 우리의 내면에 가치관이 바르게 세워진다면 새로운 출발과 함께 만족하는 인생을 위해 힘차게 달려갈 수 있을 것이다.

나의 영점을 바로 잡는 것, 그것은 성공 계획서를 실천함에 있어 가장 중요한 실천 사항이라고 할 수 있다.

어떤 자극을 주었을 때 사람에 따라 반응하는 속도가 다르다. 자신과 주변에서 일어나는 변화에 즉각적인 반응을 보이는 사람이 있는가 하면 어떤 이들은 그런 변화에 별다른 반응을 보이지 않는다.

우리가 가지고 있는 여러 요소들 중에서 발전을 가로 막는 것은 무엇일까? 바로 변화에 대해 제대로, 신속하게 반응하지 못하는 것이다. 아니 어쩌면 반응하지 않으려는 게 우리의 진정한 모습인지도 모른다. 우리는 지금 너무나도 빠르게, 모든 것들이 바뀌는 격변의 시대를 살아가고 있다. 전자제품이든, 패션이든, 사람들이 가지고 있는 가치관이든, 과거와는 비교가 불가능할 정도로 빠르게 바뀐다. 마치 급류처럼 흘러간다는 표현이 맞겠다 싶을 정도다.

이렇게 빠르게 변하는 시대의 흐름 속에서 우리는 과연 어떻게 대처해 나가야 할 것인가? 간혹 실패를 경험한 사람들의 이야기를 듣다 보면 "나는 시대를 잘못 만났다."는 식의 원망이 아닌 원망을 듣게 되는 경우가 종종 있다. 그저 농담처럼 웃으면서 흘려듣고 말지만 사실 그 이야기 속에는 실패에 대한 깊은 진리가 담겨 있다. 그렇다. 성공을 위해서는 시대의 흐름을 읽을 줄 알아야 한다는 의미에서다. 『승자의 기획』에서 저자인 김희영은 "변화의 본질을 이해하기 위해 중요한 것은 스스로 노력하고 변화해야 한다."고 말한다. 성공을 위해 우리는 오히려 시대의 변화보다 더 빠르게 변화에 적응해야 하고 행동해야 한다. 자신을 변화시키기 위한 적극적인 노력이야 말로 '변화라는 파도'를 타고 더 빠르게 성공이라는 아름다운 섬에 도달할 수 있게 할 것이다.


## ●●● 당신의 변신은 무죄

한때, 텔레비전 광고를 통해 "여자의 변신은 무죄"라는 말이 유행한 적이 있다. 그렇다. 아름다워지고 싶은 여자의 변신은 무죄이다. 아니 죄를 말하기 이전에 그런 마음은 너무나 당연한 인간의 욕구이며, 지극히 정상적인 행동이다. 우리의 삶의 변신 또한 당연한 것이다. 너무나 빠르게 변화하는 시대를 살아가는 우리는 그런 변화에 신속한 대응이 필요하다. 우리는 무엇인가 기획하고 계획하는 그 순간부터 곧바로 변화해야 하는 것이다.

그러나 간혹 우리는 달라진 우리의 모습에 쑥스러워하며 주춤거릴 때가 많다. 세상은 가끔 "왜, 이래? 네가 언제부터 그랬다고?"라는 말로 우리를 시험에 들게 할 때가 많다. 이제 마음을 먹고 공부를 좀 할라 치면 이내 짓궂은 친구 녀석이 전화를 걸어 똑같은 말들을 쏟아낸다. 이런 별것 아닌 말 한마디가 우리의 의지를 꺾고 결단을 무산시킬 때가 너무나 많다.

새해가 되면 금연을 선언하는 사람들이 많다. 하지만 굳은 의지도 "언제부터 담배를 끊었다고 그래, 그냥 한 대 피워."라는 주변 지인들의 유혹에 이내 무너지고 만다. 변하고자 하는 굳은 결의도 이런 식의 장난스런 말들과 함께 내일부터, 다음 주부터, 아니 다음 달부터라는 위안을 통해 무너지고 마는 것이다.

우리는 명심해야 한다. 지금 말하고 있는 변신은 그들이 그렇게 쉽게, 장난처럼 이야기할 수 있는 '단순히 일상적인 변화'가 아니다. 지금 일상에서의 작은 변화는 몇 년이 지난 뒤에 가져올 커다란 변화를 가져오는 서막이다. 주변의 장난처럼 던지는 유혹의 언어에 쑥스럽게 대처하지 말아야 한다. 그런 농담 어린 말들에 현혹돼 자신의 결심을 가볍게 만들지 말아야 한다. "언제부터 그랬다고?" 이런 질문에 당당하게 상대로 하여금 침묵할 것을 요구함으로써 자신의 달라진 모습을 확인시켜 주도록 해야 한다. 격류처럼 흐르는 변화의 시대에서 당신의 빠르고 유연한 변신은 아름다운 것이다.


## ●●● 문제가 아닌 변화를 꿰뚫어 보라


사람들은 자신이 계획한 일들이 뜻대로 풀리지 않으면, 늘 "무엇이 문제인가?"라는 질문지를 꺼내드는 것으로부터 원인을 찾으려 한다. 과거에 잘못한 그 '무엇'에서 원인을 찾으려고 눈을 부릅뜨는 것이다. "내가 무엇을 잘못한 것일까?" "계획이 잘못된 것일까?" 온통 과거에 집중하고 있다. 단언컨대 이러한 원인 분석과 문제 인식은 절대 우리의 성공에 아무런 도움이 되지 못한다.

우리의 계획에 문제가 생겼다면 가장 먼저 어떤 변화가 있었는지를 꿰뚫어 보아야 한다. 나의 발상과 아이디어가 시대의 흐름을 읽지 못한 것은 아닌지를 분석해야 한다는 뜻이다. 계획이 이미 과거로 흘러가버린 과제를 푸는 것이었다면 필연적으로 실패를 끌어안을 수밖에 없다.

우리를 둘러싸고 있는 현실은 끊임없이 진화를 거듭한다. 이러한 빠른 진화의 시대, 복잡하고 다양한 변화가 난무하는 시대에 우리는 삶의 경로, 비즈니스의 경로를 개선해야만 하는 운명을 가지고 있다. 일본의 작가 우메다 사토시는 『최고의 기획자는 세 번 계략을 짠다』에서 "기획안을 착안할 때 중요한 것은 세상이 돌아가는 것에 대한 의구심을 갖는 시선과 마음가짐이다."라고 하였다. 우메다 사토시뿐 아니라 모든 전문가들은 세상의 변화에 집중하라고 말한다. 변화에 민감한 사람이 성공할 확률이 높기 때문이다. 아무리 기획력이 뛰어나고 조직력이 뛰어나도 시대의 흐름을 읽지 못한다면 결코 원하는 최고의 결과를 이끌어낼 수 없는 것이다.


### ●●● 변화된 목적지에 집중하라

앞에서 성공을 위해 멋지게 실패하는 방법들에 대해 함께 생각을 해봤었다. 실패로부터 일어나 다시 시작할 용기도 생겼다. 그리고 멋진 성공으로 이끌 계획서도 짰다. 그렇다면 우리는 무엇을 해야 할까? 우리의 목적에 집중할 준비를 해야 한다. 자신이 가고자 하는 목적지를 향해 떠날 때 무엇보다 중요한 것은 제대로 된 방향을 먼저 찾는 것이다.

만약 과거의 잘못된 방향을 수정해 목적지를 재설정한 사람이 수정된 궤도를 따라 제대로 출발하기 위해서는 무엇보다 목적지에만 집중해야 한다. 사소한 행동이 만드는 물결들이 제대로 된 방향으로 흘러가지 않는다면 언젠가는 돌이킬 수 없는 실패의 자리에 당신을 앉힐 것이다.

집중이란 점에서 99%의 집중은 없다. 결코 부족한 1%의 가능성을 두고 별것이 아니라고 생각지 않길 바란다. 그 작은 경우의 수가 우리를 무너트릴 거대한 확률이 된다는 것을 명심해야 한다. 꿈꾸는 것을 손에 넣기 위해 가장 필요한 능력 중 하나는 바로 목표에 집중하는 것이다.

활을 쏘는 궁수의 모습을 떠올려 보자. 화살을 과녁에 명중시키기 위해서 궁수는 모든 신경을 한 점을 향해 집중시킨다. 자신의 모든 잠재력을 목표에 집중시킨다. 과녁 한가운데 화살을 꽂기 위해 집중하는 궁수처럼 우리 또한 성공이라는 과녁을 향해, 그 열망을 현실로 이루기 위해 100%의 집중력을 모아야 한다.

실패와 성공은 얼마나 자신의 목적에 집중하는가의 싸움이다. 수없이 많은 유혹을 뿌리치고 일탈로부터 벗어나 자신의 목표에 전적으로 집중할 때 비로소 성공의 달콤한 열매를 맛볼 수 있는 것이다.


### ●●● 변화를 향해 떠나라


하루는 건물 옥상의 배수로가 막혀 사다리를 놓고 높은 지붕 위로 올라갔었다. 사실 얼마나 무서웠던지 발을 조금 움직이는 것조차 조심하면서 간신히 배수로 청소를 마치고 내려왔던 기억이 난다. 사다리를 오를 때의 모습을 상상해보자! 높이 올라가야 할수록 아마 한 번에 한 계단 이상 오를 수가 없을 것이다.

우리가 성공이라는 사다리를 오를 때에도 마찬가지다. 너무 성급하게 계단을 오르게 되면 분명히 문제가 생기게 된다. 목적지에 도달하기 위한 첫 실행 단계를 시작하고 있는 지금, 절대로 성급한 행동으로 일을 그르치지 않도록 해야 한다. 매일 매일의 계획된 일들을 성실하게 실행하면서 한 계단 한 계단 차근차근 실천하는 것이 중요하다. 그러기 위해서는 각 단계에 대한 목록을 글로 작성하여 하루하루를 정리하는 계획을 세워야 한다.

성공을 위해서는 지금 반드시 해야 하는 일들과 언젠가 해야 하는 일들이 있다. 일을 진행함에 있어서는 순서가 매우 중요하다. 우리는 계획된 일에 우선순위를 정해 중요도에 따라 먼저 실행하여야 한다. 그리고 무엇보다 앞서 그날의 계획된 일들을 미루는 오류를 범하지 않도록 당부하고자 한다. 그것은 훗날 또 다른 상처로 당신의 인생의 장애가 될 것이기 때문이다.

우리는 빠른 변화에 맞춰 발 빠르게 대처해야 하는 시대를 살고 있다. 행동하라! 성공은 행동하는 자에게 찾아오는 것이다.

# Chapter 2

## 성공을 향해 걸음을 내딛다

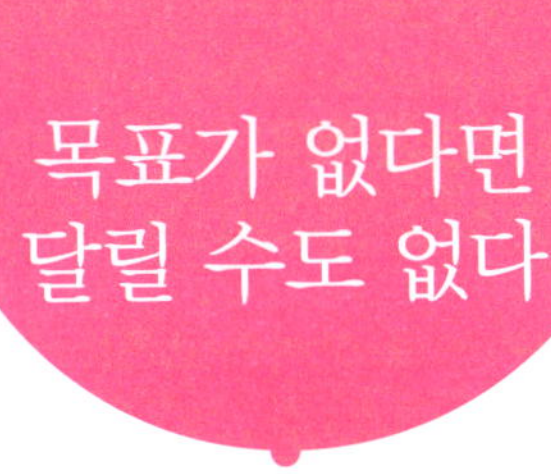


성공적인, 가치 있는 삶을 살아가기 위해서는 무엇보다 어디에 목표를 두느냐가 중요하다. 아니 목표 없이는 도전도 없고, 성공이란 결과도 없다. 어떤 목표를 가지고 삶을 만들어 가느냐에 따라 우리 인생의 방향 자체가 결정된다. 목표는 성공을 위한 동기를 부여하고, 그 과정을 이끌어 나가는 힘의 원천이 된다.

삶의 목표를 수립하는 데는 먼저 전제되는 조건들이 있다. 그것은 자신이 세운 목표가 원하는 삶의 방향과 얼마나 부합하는지, 또한 자신의 적성과 가치관에 부합하는지의 문제이다. 삶을 살아가는 동안 가장 중요하게 생각하는 가치, 살아가는 이유가 되는 가치와 잘 부합되는 목표라면, 그 목표를 이뤄가는 도전에서 부딪히는 힘겨운 역경에서도 결코 포기하지 않는 힘이 되어 준다. 오히려 매 순간 기쁨을 느끼게 될 것이다. 요기 베라는 말했다. "네가 어디로 갈 것인지를 모른다면 대충 어딘가에서 멈추게 될 것이다."

인생 여정에서는 정확한 목표를 세워 실행하는 것이 바로 성공으로 가는 출발점이다.

## ●●● 목표 수립은 가능한 빨리

당신은 어떤 목표를 가지고 살아가고 있는가? 뚜렷한 목표를 가지고 살아가는 사람은 주어진 시간을 낭비하지 않는다. 낭비할 수가 없다. 하지만 무엇을 이루기 위해 살아가는지 목표가 명확하지 않은 이들은 우왕좌왕하다가 정작 삶의 중요한 시간들을 허비해 버리고 마는 오류를 범하게 된다.

목표를 이루기 위해 도전하는 삶의 과정을 활쏘기에 비유하기도 한다. 과녁 정중앙에 화살을 꽂기 위해 고도의 집중력을 발휘해 활을 당기는 것과 온 에너지를 목표에 집중함으로써 성공이라는 열매를 거두는 모습이 닮아 있다는 의미일 것이다. 시위를 당기는 절대적인 목적이 과녁에 화살을 꽂아 넣는 데 있는 것처럼 우리 또한 성공적인 삶을 이루기 위해 목표에 집중해야 하는 것이다.

지그 지글러는 말했다. "분명한 사실은, 눈으로 볼 수 없는 목표물은 절대로 맞출 수 없다는 것이다." 이는 성공의 조건에서도 동일하다. 성공은 자신이 세운 삶의 목표에 집중하며 달려가는 것이다. 동쪽인가, 서쪽인가? 목표가 없다면 당신은 어느 길을 따라 달려가야 할지 알 수 없다. 과녁이 어디에 있는지도 모르고 시위를 당긴다면, 당연히 과녁을 맞출 수 없다. 마찬가지다. 삶의 목표가 정확하게 세워져 있지 않다면 성공을 꿈꿀 수도 계획할 수도 없다.

오래 전 일이다. 한 후배가 있었다. 장래 희망, 그러니까 인생의 목표를 자고 일어나면 바꾸곤 하던 친구였다. 이를테면, 어제는 판사가 되겠다고 하던 친구가 오늘은 사업가가 되겠다는 식이다. 왜 이렇게 되는 것일까? 사실 그는 자신이 무엇을 하고 싶은지, 무엇을 잘하는지를 전혀 모르고 있었기 때문이다.

다른 친구들에 비해 특별히 좋아하는 것, 이렇다 할 특기도 없었던 후배는 늘 이것을 할까 저것을 해야 하나 하고 고민만 했다. 어느 날인가, 그는 어디서 무슨 이야기를 들었던지 "요즘에는 항공기 정비사가 대세"라며 정비학원에 등록했다면서 꿈에 들떠 이야기를 늘어놓았다. 하지만 신은 그 후배에게 암기력만은 선물하지 않으셨던지 정비사 자격시험을 통과하지 못해 부푼 꿈을 포기하고 말았다.

그는 20대가 되어 군대를 다녀온 뒤에도 장기판 훈수꾼들의 이런저런 조언을 들으며 목표를 세웠다가 포기하기를 거듭했다. 때로는 그동안의 삶과 완전히 동떨어진 꿈들을 꾸기도 했는데, 그런 그를 보며 나를 비롯한 지인들은 농담처럼 "영원히 고통 받는 아름다운 청년"이라고 부르곤 했었다.

30대 중반이 된 그는 이제 오랜 방황을 끝내고 목수라는 직업을 가지고 일한다. 직업훈련원을 통해 자신의 적성을 발견하고 자신의 공방에서 목수 일을 하며 만족스러운 삶을 살아가고 있다. 하지만 그가 좀 더 자신의 진로에 대하여 깊이 고민하고 빠른 결정을 내렸다면 어땠을까? 아마 그토록 많은 시간을 허비하며 방황하지는 않았을 것이다.

이처럼 인생의 목표는 얼마나 빨리 결정되어지느냐 하는 문제가 매우 중요하다. 10대에 자신의 목표를 명확하게 설정하는 이들은 그렇지 않은 사람들보다 인생의 중요한 시간들을 허비하지 않고 자신의 목표를 위해 전력으로 질주할 수 있으며 보다 빠른 성공을 준비할 수 있다.

## ●●● 목표 수립 즉시 행동으로 연결하기

어떤 사람들은 "인생의 목표를 수립하라."고 하면 '먼 미래의 큰 목표'만을 생각한다. 하지만 목표는 내일의 목표로부터 먼 미래의 목표까지 단계적, 구체적으로 세워져야 한다. 목표는 막연한 '미래의 기대'가 아니다. 명확하고 구체적이어야 한다. 또한 명확하고 분명한 목표만큼이나 목표를 이루기 위한 구체적인 삶의 계획도 촘촘하게 세워져야 한다. 즉 목표를 달성하기 위한 자신의 능력, 장점, 단점을 충분히 고려해 세밀한 계획이 수립되어야 하는 것이다.

자신의 가치관과 적성을 고려해 먼 미래의 목표를 이루기 위해 시작하는 단계가 첫 번째다. 현재 나의 삶에서 가장 먼저 무엇을 실천해야 하는가를 생각하고, 그것을 구체화하여 행동으로 옮기는 단계이다.

미래의 성공은 현재의 작은 삶의 계획과 변화로부터 시작된다. 성공은 미래형이 아니라 현재진행형이다. 그러므로 지금 당장 가장 먼저 실천해야 할 것들을 찾아 첫 번째 삶의 목표로 정해야 한다.

성공한 사람들이 한결같이 말하는 것이 있다. 매일매일의 삶에서의 작은 실천이 인생의 큰 변화를 가져왔다는 것이다. 스티븐 기즈는 『지금의 조건에서 시작하는 힘』에서 이렇게 말한다. "우리 인간에게는 감정을 이겨내고 행동하게 해 주는 의지력이 있다. 우리가 의지력을 발휘해 어떤 행동을 꾸준히 할 수 있다면, 그것은 행동이 가장 큰 동기를 안겨 주고 더 많이 행동하게 해 주는 훌륭한 출발점이 되어준다." 그렇다. 행동의 시작은 삶의 변화를 만들며 당신이 꿈꾸는 목표를 이루기 위한 도약대가 된다.

중요한 것은, 목표를 이루기 위해 행동할 때, 언제 시작해서 언제까지 계획한 목표를 달성하도록 하겠다는 기한을 정해야 한다는 것이다. 이러한 기한을 정하지 않은 채로 일을 진행하다 보면 느슨하게 풀어지기 십상이다.

회사를 경영하다 보면 간혹 업무의 계획을 세워 놓고도 기간을 정해 놓지 않고 일하는 사람들을 보게 된다. 그들이 일하는 것을 보면 늘 분주하지만 이 일 저 일이 온통 뒤섞여 효율이 없다. 일에 따라 기간을 정해 한 가지씩 처리하지 않기 때문에 때로는 일처리가 늦어지기도 하고 하나의 일이 끝나기도 전에 다시 다른 일을 시작하기도 한다.

목표 설정에 있어서도 기한을 정하는 게 매우 중요하다. 스스로 자신이 정한 행동 단계별로 기간을 정해 실천함으로써 스스로 느슨해지지 않도록 하며 보다 빠르게 목표를 달성하는 결과를 얻을 수 있다.

그리고 이렇게 목표 달성을 위한 기간을 정함으로써 이루어낸 작은 성공 사례들을 이제 글로 기록하도록 한다! 사람은 시각적인 효과에 가장 큰 동기를 얻기 때문이다. 목표를 설정하고 난 뒤 한 단계 한 단계 목표를 달성할 때마다 성공의 기록을 글로 적어보는 것은 자신이 이루어낸 결과들을 직접 눈으로 확인하게 됨으로써 스스로에게 큰 힘을 줄 수 있을 것이다.

성공을 위한 첫 걸음은 성공 계획서를 쓰고 수집한 정보를 재정리하는 것이다. 성공을 현실화 하는 데 정보는 매우 중요한 요소이다. 정보는 아이디어를 구상하는 재료가 되고 계획을 실행해 나갈 때 소중한 전략을 만들어 주기도 한다.

아무리 좋은 계획안을 수립하였다고 해도 막상 실행에 옮기려고 하면 어디에서부터 어떻게 시작해야 할지 고민을 하느라 시간을 허비해버릴 때가 많다. 따라서 성공 계획서와 수집한 정보 등을 토대로 먼저 좋은 기획안을 수립해야 한다. 수많은 계획들을 어떻게 실행으로 옮겨야 하는지, 그리고 머릿속에만 있는 막연한 전략들을 어떻게 정리해야 하는지 기획을 통해 구체화해야 하는 것이다.

기획 단계에서는 계획안과 생각으로만 가지고 있던 여러 가지 경우의 수, 갑작스레 떠오른 아이디어, 다른 전문가들의 조언 등을 체계적으로 결집시킨다. 곧 좋은 기획은 자신의 생각을 논리적으로 잘 정리하는 것이라고 할 수 있다.

그렇다면 우리의 삶을 바꿀 기획은 어떻게 탄생하게 될까? 첫 번째로 인간의 의지와 행동을 자극시킬 수 있는 기획이어야 한다. 최고의 기획이란 사람의 마음을 움직이는 기획, 사람의 생각을 움직이게 하는 기획이어야 한다. 즉 내가 수집했던 정보와 성공 계획들이 사람의 마음을 움직일 수 있는 기획인지를 먼저 '생각'해봐야 한다. 분명 '생각'하는 것이어야 한다. 우리는 '생각'과 '고민'에 대해 잘 분별을 하지 못할 때가 있기 때문이다.

생산적인 결과물을 만들기 위해서는 깊이 있는 사고와 통찰이 필요하다. 특히 직장이나 또 다른 공동체에서라면, 상대에게 호감을 줄 수 있는, 나의 진심이 전달되는 기획안을 내놓아야 한다. 특히, 자신의 기획안이 무조건 옳다고 단정을 지어서는 안된다. 늘 타인의 입장과 상황에서 생각하고 사고해야 하며, 그것을 바탕으로 아이디어와 정보를 조합함으로써 다른 사람들에게 강한 메시지를 줄 수 있어야 한다.

### ●●● 변화를 기획하라

성공을 담보하는 기획은 세상의 변화를 통찰한다. 우리가 목표를 세워 성취하기 위해 온 힘을 다해 질주하는 그 순간에도 세상은 빠르게 변화되어 간다. 우리의 목표가 긴 시간을 필요로 하는 것이라면 더욱 큰 변화의 영향을 받게 될 것이며, 앞으로는 점점 더 변화의 흐름 또한 점점 더 빨라질 것이다.

유명 입시학원을 경영하고 있는 한 선배는 수도 없이 바뀌는 대학 입시요강에 대해 종종 불만을 토로하곤 했다. 그는 소수로 모집한 아이들을 하나의 작품을 만드는 예술가처럼 다듬어 대학 입시를 준비시키는데, 입시요강이 바뀌는 주기가 너무나 빨라서 변화에 민감하게 반응하며 대처해야 하는 그로서는 힘겨운 상황일 것이다.

그렇다. 성공이라는 목적지에 도착하기 위해서는 늘 깨어서 세상의 흐름을 세심하게 읽어야 하고 변화에 맞춰 발 빠른 대처가 필요한 것이다. 다시 말하자면, 자신의 성공 목표 설정과 성공 계획안을 바탕으로 세운 최초의 기획안에만 집중해서는 안된다는 것이다. 즉 기획을 착안할 때 가장 중요한 것은 빠르게 바뀌는 세상의 변화에 맞춰 기획안을 재조정해야 한다. 변화의 급물살에 수동적으로 떠밀려 다녀서는 안된다. 능동적으로 시대의 변화에 맞춘 기획을 세우기 위해서는 늘 생각을 열어 세상과 그 속에서 살아가는 사람들의 변화를 읽어야 하는 것이다.

그렇다면 변화를 수용하는 기획안은 어떻게 만들 수 있을까? 시대의 변화를 읽는 기획은 바로 사람들의 의식과 행동의 변화를 살피는 데서부터 시작된다. 내 주변에서부터, 아주 작은 흐름일지라도 그냥 흘려보내서는 안된다. 특히, 변화의 흐름에 민감하고 그 흐름에 민감하게 대처해야 하는 분야에 종사하는 이들이라면 더욱더 세상의 흐름에 집중해야 한다. 그리고 어떤 변화를 읽어냈다면 반드시 기록으로 남기는 습관을 가져야 한다.

성공한 사람들의 공통점 중 하나가 바로 메모하는 습관이다. 그들은 자신의 일상이든 일에서든 늘 메모지를 꺼내 기록한다. 나 역시 영업 직원들을 교육할 때 필수적으로 가르치는 것이 있다. 그것은 〈성공의 노트〉라는 다이어리에 '성공이라는 목적지로 나를 인도해 줄 삶의 스토리'를 담으라는 것이다.

다이어리를 잘 정리하는 이들을 보면 매우 꼼꼼하다. 그러한 습관 덕분에 그들은 고객과의 약속이나 자신이 처리해야 하는 일들을 잊어버리는 경우가 절대로 없다. 그리고 날마다 누적된 다이어리는 갑작스러운 상사의 업무 보고에도 아주 훌륭한 가이드라인이 된다.

직원들을 살펴보면, 언제나, 어김없이, 다이어리 작성을 잘하지 못하는 직원들의 보고서가 부실하다는 것을 알 수 있다. 심지어 자신이 지난 주, 아니 어제 무엇을 하였는지조차 기억하지 못하는 경우도 종종 발견한다. 그런 직원에게 자신의 매출이나 목표 달성률에 대한 정보를 기대하기는 어려운 노릇이다. 결국 그들은 늘 그저 그런 자리를 맴돌다가 번지점프가 아니라 추락의 운명을 맞아 결국 퇴물이 되어 추억 속으로 사라지고 만다. 정말 '하나를 보면 열을 안다'는 속담이 기대를 저버린 적은 없었던 것 같다. 자기관리에 실패한 사람은 결코 성공할 수 없다는 그 진리는 불변한다.


### ●●● 머릿속의 생각을 제안으로 바꾸기

무언가를 생각하는 사람은 많다. 머릿속으로 무언가를 계획하고 성공을 꿈꾸는 사람은 개미떼만큼이나 많다. 하지만 실제 그 생각을 글로 표현하고 현실화시키기 위해 체계적으로 구체하고, 자신만의 아름다운 창조물로 탄생시켜 열매를 맺도록 만들어가는 이들은 매우 적다. 아마도 머릿속에 떠오른 아이디어를 현실의 세계에서 잘 표현해 내고 창조하는 이들은 발명가라고 불리는 사람들인 것 같다. 이제 우리 또한 아이디어를 현실화해 새로운 창조물을 세상에 내놓는 발명가처럼 성공을 창조하는 발명가가 되어야 한다. 발명가들이 머릿속의 아이디어를 도면으로 옮겨 설계를 하듯이 우리 또한 자신의 기획을 구체화하여 제안이라는 과정을 통해 표현해야 한다. 기획은 곧 제안이다. 아무리 획기적인 기획도 제안으로 연결되지 않으면 아무런 의미를 갖지 못한다.

좋은 제안서는 좋은 기획을 만들며 좋은 기획은 성공의 역사를 만든다. 그렇다면 성공의 역사를 쓰기 위해 우리는 제안서에 무엇을 담아야 하는가? 가장 먼저 자신의 마음을 담아야 한다. 성공한 기획자들은 자신의 제안서를 통해 다른 사람들의 동의를 얻어낸다. 동의를 얻는다는 것은 그들의 마음을 움직인다는 것을 의미한다. 그렇다. 좋은 제안서는 상대의 마음을 담아낼 줄 알아야 하는 것이다. 상대의 마음을 움직이지 못하는 사람은 절대 성공이라는 결과를 얻어낼 수 없다. 상대의 마음이 움직여야 거래가 성사되는 것이고, 상대의 마음이 움직여야 역사가 시작되는 것이다.

제안서를 작성하기 전에, 상대가 동의할 수밖에 없는 이유들을 적어보자. 그러한 이유들이 객관성을 담보로 적어도 세 가지 이상이 되어야 한다. 자기 스스로 객관적인 시선으로 판단을 내릴 때, 내 마음을 움직여 동의할 만한 가치들을 찾지 못한다면 그 제안은 반드시 실패로 연결된다.

가장 현실적인 제안을 예로 들어보자! 바로 연봉 제안이다. 사람들은 늘 연봉 인상을 두고 상사와 끝없는 줄다리기를 한다. 하지만 "회사가 왜 당신의 연봉을 인상해 주어야 하는가?"라는 질문에는 상대의 동의를 이끌어낼 만한 근거를 제대로 제시하지 못한다. 고작 한다는 말이 '물가인상이 어쩌고, 대출금 이자가 저쩌고' 할 뿐이다. 자녀 출산이나 자녀 교육 같은 이유를 들기도 한다. 하지만 우리는 정확히 알아야 한다. 내가 연봉을 올려 받아야 한다고 드는 이유들이 모두 지극히 개인적인 문제라는 것이다.

세상을 살다보면 저마다 사연이 없는 사람은 아무도 없다는 걸 알게 된다. 다들 소설 책 한 권은 넘치게 채울 인생살이 이야기, 깊은 상처, 삶의 짐들을 지고 있다. 왜 공적인 자리에서 자신의 암울한 처지를 늘어놓으며 동정을 구하고 있는가. 우리는 동정이 아니라 동의를 구해야 한다. 동정심을 끌어내 자신의 목적을 달성하려 해서는 안된다. 상대가 내 연봉 제안을 받아들이도록 하려면 내 개인적인 삶의 문제를 거론해서는 안된다. 한 해 동안 자신이 이루어낸 많은 업적과 성과를 보여주는 숫자를 보여 줘야 한다. 회사의 매출에 얼마만큼 기여했는지를 산출해 상대가 동의하도록 해야 한다. 이것이 바로 동의를 얻는 제안인 것이다.

물론 숫자로 이러한 산출을 보여 주지 못하는 사람들도 있다. 그들은 둘 중 하나일 것이다. 숫자로 상대의 동의를 끌어낼 정도로 성과를 내지 못했거나 아니면 성과를 숫자로 표현하기 어려운 직종이다. 만약 숫자로 회사에 대한 기여도를 보여주기 어렵다면 직무를 분석해 인사관리의 특성에 맞게 세분화하여 기술된 잡 디스크립션<sup>job description</sup>을 제출하여야 한다. 그저 연차가 오래되었으니, 경력이 더 쌓였으니, 집안이 어려우니 등의 구차한 말들로 더 이상 동정을 구해서는 안된다는 것이다.

아름다운 제안은 동의를 얻어내는 것이다. 이것을 분명히 명심하여야 한다. 성공을 꿈꾼다면 자신 생각을 멋지게 제안해야 한다.


## ●●● 성공 계획서를 제출하라

계획을 세우라고 하면 머릿속으로 대략적인 계획을 세우고 곧바로 실천으로 들어가는 사람들이 많다. 대부분 이런 사람들의 공통점은 자신의 목표에 대해 너무 쉽게 생각한다는 것이다. 그들의 머릿속에는 늘 '대충'이라는 두 글자가 자리를 잡고 있다. "대충 이렇게 하면 되겠구나!" 또는 "대충 이 정도면 성공할 거야!"라는 식의 어리석은 긍정으로 자신을 실패자의 자리에 앉히게 된다. '대충'은 없다. 앞으로 '대충'이라는 단어는 머릿속에서 완전히 없애야 한다.

성공 계획을 세울 때는 폭넓고 정확한 정보를 수집해야 하고, 반드시 취합한 정보와 아이디어를 바탕으로 '기획서'를 만들어야 한다. 사업을 할 때는 사업 계획서라는 것이 필요하고 목사에게는 목회 계획서라는 것이 필요하다. 영업을 하는 이들에게는 영업 계획서라는 것이 필요하다. 학생에게는 진로 계획서가 필요하다. 여행을 하려고 하는 사람일지라도 미리 정확한 여행지 정보를 수집해 여행 계획서를 짜야 정말 알차고 재미있게 여행을 즐길 수 있는 것이다.

하지만 어느 누구에게나 서류 작업은, 그것도 자율적으로 하는 것이라면, 그것이 얼마나 어렵고 실행하기 힘든 과정인지 잘 안다. 사실 직장인들 특히, 영업부서의 직원들은 상사로부터 영업 계획서를 제출하라는 지시를 받아 어쩔 수 없이 일일 계획서, 주간 계획서, 월간 계획서 등의 서류를 만들어 제출하지만 성공 계획서는 다르다. 혼자 모든 것을 계획하고 실행해야 할 뿐만 아니라 강제성이 없기에 실천하기가 어렵다. 아니 자신에게 이런 계획서를 제출해야 한다는 생각조차 하지 못하고 있는 사람들이 대부분이다.

하지만 성공 계획을 실행해 나가고자 결심한 사람이라면 반드시 세부적인 부분까지 계획서를 작성하여 자신에게 제출하여야 한다. 기간은 얼마든지 자유롭게 정해도 상관이 없지만 가능한 계획을 수립할 때는 시간활용 계획서, 일일 계획서, 주간 계획서, 월간 계획서, 연간 계획서 등으로 나눠 보다 세밀하게 계획을 세우는 것이 좋다.

어떤 형식이든 아무 상관없지만 계획서를 작성하는 단계에서 꼭

들어가야 할 것이 있다. 육하원칙이다. 사회 초년생인 직장인들의 기안서나 직장 경험이나 경영의 기초가 부족한 초보적인 사업가들의 계획서를 보면 공통점이 있다. 늘 언제, 어디서, 무엇을, 어떻게, 왜, 그래야 하는지 육하원칙이 빠져 있다는 것이다. 아마 지금 이 부분을 읽는 독자들 중에서도 공감을 하는 분들이 꽤 있을 것이다.

제대로 된 기안서는 시행 날짜 또는 기간, 시행 장소, 무엇을 주제로, 어떻게 주어진 일들을 진행하며, 이것을 왜 진행하고 계획하며, 회사 또는 투자자는 왜 해당 프로젝트에 투자를 해야 하는지를 명확하게 명시하여야 한다. 그리고 그 뒤에 따르는 한 가지가 반드시 더 명시되어야 한다. 그것들을 실천함으로써 나와 공동체 또는 투자자가 얻는 이득이 무엇이냐는 것이다.

내가 내게 제출하는 성공 계획서 속에는 그 계획을 수립해 실천함으로써 내가 얻을 수 있는 미래의 보상이 반드시 명시되어야 한다. 왜냐하면, 계획서에 '미래의 보상'과 성공한 모습을 명시함으로써 언제 우리를 찾아올지 모를 좌절과 고통의 순간에 다시 일어날 힘을 얻을 수 있기 때문이다. 그것은 앞에서 이야기했던 실패로 이끄는 자기 긍정이 아니라 목표를 이루게 해 줄 희망인 것이다.

성공을 꿈꾸는가? 그러면 끊임없이 성공을 계획하여야 한다. 어떤 순간에도 좌절과 실패의 상황 가운데에서도 끊임없이 성공을 계획하여야 한다. 그리고 그 계획서는 다른 누군가에게가 아니라 나 자신에게 제출해야 한다. 그리고 그 계획서를 날마다 반복해서 읽고 머릿속에 집어넣어야 한다. 그것은 우리가 흔히 말하는, "말하는 대로 이루어진다."는 마법 때문이다.

실패한 사람들의 공통점을 보라. 그들은 모든 말의 열매가 아름답지 않다. 나 스스로가 나를 축복하지 못하는데 누가 나를 축복해 주고 성공한 인생으로 이끌어 주겠는가? 내가 먼저 나를 축복하며 나의 말로 나의 성공을 계획하고 준비할 때 성공의 첫 문은 열리기 시작하는 것이다.

성공을 생각하라. 그리고 멋지게 작성하라. 그리고 그것을 나의 입으로 외쳐야 한다.

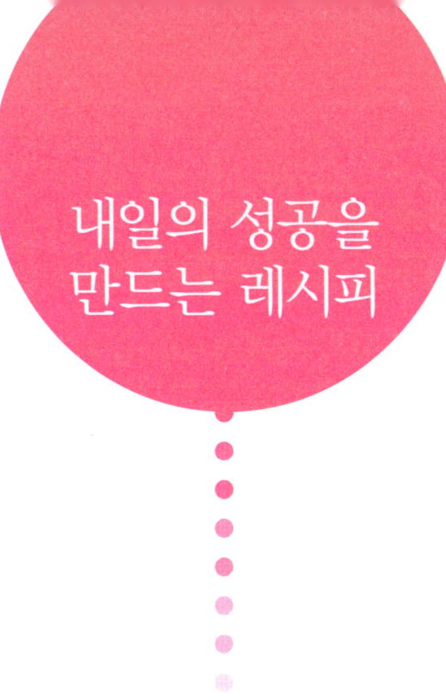


## ●●● 나만의 성공 십계명을 작성하라

아름다운 성공을 위해서는 꼭 지켜야 할 몇 가지 삶의 수칙이 있다. 흔히 이런 수칙들에 '성공 십계명'이라는 제목을 붙인다. 당장 인터넷을 검색해보라. 아마도 성공에 대한 십계명들이 수도 없이 쏟아져 나올 것이다. 이런 저런 문장들을 계명이란 이름으로 나열하여, 성공 가도를 달려가라는 아주 멋지게 보이는 방법들이 눈앞에 펼쳐질 것이다.

물론 그 수많은 방법들을 놓고 이리저리 저울질을 하고 싶은 생각은 없다. 단 한 가지 우리가 알아야 할 것이 있다면, 다른 사람들이 제시하는 이런 십계명을 성공을 담보하는 확실한 방법이라고 착각해서는 안된다는 것이다. 즉 나만의 성공 십계명을 만드는 게 중요하다는 뜻이다. 이제 스스로 나만의 성공의 십계명을 만들어 그 십계명을 지킴으로써 자신을 구원하여야 한다.

그렇다면 당신은 무엇을 십계명으로 정하겠는가? 어떠한 율법으로 자신을 믿고 따르도록 할 것인가?

성공을 위한 십계명을 작성하기 전에 우선 자신의 단점들을 하나하나 적어보도록 한다. 나를 성공으로부터 멀어지도록 만들 그 무엇들을 하나하나 생각하며 나만의 성공 십계명을 나열하도록 한다. 단점들을 나열한 뒤에는 '그것을 하지 않기'라고 써보자! 예를 들면 인내심이 부족하다고 생각한다면 이러한 문구가 나올 것이다. "어느 순간에도 포기하지 않기!"

이렇듯 자신만이 알고 있는 자신의 나약한 모습들을 적어 십계명을 만들고 그 다음에는 자신이 꿈꾸는 성공한 모습들을 적어 또 다른 성공 십계명을 만들어보자! 성공 십계명 중 자신의 미래에 대한 모습을 기록할 때는 사진으로 보여주는 것도 좋다.

14년 전이었다. 나는 늘 CEO가 되는 꿈을 꾸었다. 하지만 당시의 나로서는 누가 보아도 말도 되지 않는 꿈에 불과했다. 친구들과 동료들은 그런 생각을 할 시간에 공무원 시험 준비라도 해보는 것이 어떻겠느냐고 충고했다.

당시 월드컵 경기에서 화제가 되었던 붉은 악마 응원단의 짧지만 강렬한 문구가 있다. "꿈은 이루어진다." 경기 중 대형 현수막에 쓰여 펼쳐졌던 문구였다. 경기를 보는 도중 거대한 현수막에 적힌 글귀를 본 나는 온통 마음이 벅차오르는 걸 느꼈다. 그 순간 대한민국의 새로운 월드컵 4강 신화의 역사가 동시에 시작되었고, 경기가 끝난 뒤에도 그 짧은 문구는 내 인생의 꿈을 이루어 줄 마법의 주문처럼 머릿속에서 지워지지 않았다. 정말이지 내가 원하는 것을 현실 속에서 이루도록 허락해 준 그 희망의 문구가 내 삶의 원동력이 되어 지금의 나를 만들어 온 것이다.

꿈을 이루기 위해 가장 중요한 것은 나의 미래를 상상하고 그것을 준비하며 실행에 옮기는 것이다. 나는 그 첫 시작으로 당장 사무실로 달려갔다. 주말이라서 사무실에는 아무도 없었다. 나는 조심스럽게 대표님의 방을 찾았다. 그러곤 대표인 것처럼 앉아서 기안서에 멋지게 사인을 하는 모습을 사진으로 남겼다.

그 사진은 내가 법인의 대표가 되기까지 늘 나의 핸드폰과 노트북 메인 사진으로 "CEO가 되는 그날까지…."라는 글과 함께 올려놓았다. 그리고 단 한순간도 그 꿈을 잊지 않기 위해 업무 때문에 힘겨울 때마다, 자존심을 상하게 하는 상사의 잔소리를 들을 때마다, 고객으로부터 비인격적인 모멸감을 받을 때마다 그것을 보며 한순간 한순간의 치밀어 오르는 감정을 누르고, 기분 좋은 상상 속의 나를 꿈꾸며 스스로를 위로했었다. 그 외에도 내가 되고 싶은 수많은 모습으로 나를 사진에 담고 그것을 내 다이어리와 나만의 공간들에 붙였다. 나는 내가 원했던 꿈을 단 한순간도 잊지 않기 위해 노력했다.

이제 당신의 성공의 십계명을 만들어보자! 그리고 그렇게 만든 성공 십계명을 통해 자신을 기획하고 성공을 준비하도록 해보자! 꿈은 준비하는 자에게 미소를 짓는다.


### ●●● 제1계명 : 맛을 내는 사람이 되자

세상에는 수많은 유형의 사람들이 있다. 그렇다면, 나는 어떤 부류의 사람일까? 성경 〈마태복음서〉에서 예수는 자신의 제자들을 향해 이렇게 말했다. "너희는 세상의 빛과 소금이라…." 그렇다. 우리는 우리가 처한 삶의 현장에서 '세상의 빛과 소금'이 되어야 한다. 그런데 많은 이들이 '빛과 소금이 되라'고 하면 꼭 자신이 어둡고 부패한 세상을 밝힐 빛이요, 썩는 것을 방지하는 방부제로의 소금만을 생각한다. 정말 너무나 편협한 발상이다. 아니 편협하다기보다는 교만과 착각이라고 생각한다.

나는 방부제로서의 소금에 집착하지 않았으면 한다. 특히 나와 같은 기독교인들은 방부제가 아니라 맛을 내는 소금이 되었으면 하고 생각한다. 맛은 커녕 밥맛이 떨어지는 사람도 있다. 어떤 이는 만나면 죽을상을 하고 다니면서 늘 부정적인 말만 늘어놓는데, 그런 사람을 보면 세상 살맛이 떨어지는 것 같다.

우리는 곁에 있는 사람들이 살맛이 나도록 하는 존재가 되어야 한다. 나와 함께 하는 것만으로도 즐겁고, 일할 맛이 나고, 무엇인가에 도전할 맛이 나고, 희망의 메시지를 얻어 삶의 에너지를 채우게 하는 소금이 되어야 하는 것이다.

성공을 하기 위한 조건들 중에서 매우 중요한 요소 중 하나가 바로 대인관계다. 분명하게 말할 수 있는 건 성공의 바탕은 바로 사람이라는 것이다. 그리고 좋은 대인관계를 유지할 수 있게 해 주는 것은 나 스스로가 매력 있는 존재가 되어야 한다는 것이다. 누군가에게 희망의 빛이 되고, 세상을 살맛나게 해 주는 존재가 되어야 한다. 물에 녹아 풀어지는 소금처럼 공동체 속의 다른 모든 사람들과 함께 녹아들어야 하며, 그 안에서 선한 영향력을 전하는 사람이 되어야 한다. 그렇게 세상을 살맛나게 만드는 이의 주변은 늘 사람들로 북적인다. 나를 향해 늘 환하게 웃어주는 많은 동료들이 있다면, 그 어떤 것으로도 대신할 수 없는 진정한 성공을 이루게 될 것이다.

아무리 많은 물질의 대가를 지불한다고 해도 세상 끝까지 함께 가는 동지, 친구를 만들 수는 없다. 그런 동지를 얻는 유일한 길은 오랜 시간 함께 뒤엉켜 일상에서의 소소한 기쁨과 슬픔을 나누며 적금을 붓듯 신뢰와 우정을 쌓아가는 것뿐이다. 즉 진실한 모습으로 다가갈 때 비로소 그들의 마음 문이 열리는 것이다.

## ●●● 제2계명 : 자신의 가치를 높여라

성공을 위해 목표와 계획을 세워 한 걸음 한 걸음 걸어가는 사람에게 필수적인 것은 자신의 가치를 높여나가는 것이다. 그렇다면, 자신의 가치를 높이기 위해 우리는 무엇을 준비하여야 하는가? 객관적 검증이 가능한 자격들을 만들거나 자신의 이력을 쌓아가는 것을 말한다. 예를 들어보자! 육아나 혹은 다른 가정 내의 상황 등으로 인해 직장생활을 접고 경력이 단절된 여성들이 있다. 그녀들은 아이들을 모두 키운 뒤 다시 사회로 나가 다시 무언가 생산적인 도전에 나서고 싶어도 갈 곳이 없다. 과거의 이력, 경력을 인정받아 자신이 원하는 직업으로 복귀하고 싶어도 거의 불가능하다.

만약 다니던 직장을 잠시 정리하고 가정을 지키다가 다시 사회로 복귀하고자 한다면, 집에서 자녀를 돌보는 와중이라도 자신의 가치를 높일 무엇인가를 계속해서 준비해야 한다. 아무런 준비도 하지 않고 있다가 어느 날 갑작스레 무엇인가를 시작하려 한다면 어떻게 될까? 나이도 나이지만 쉬는 동안 녹슬어버린 실력도 문제가 될 것이다.

이런 문제는 여성들에게만 있는 게 아니다. 직장생활을 하고 있는 남성들 역시 고용불안과 불투명한 미래에 대한 고민으로 불안한 일상을 보내고 있다. 이들에게 절대적으로 필요한 것이 자신의 가치를 높일 시간이다. 아니 '필수적'이라는 수식어가 모자랄 정도의 생존 조건이다. 없는 시간을 쪼개서라도 자신의 가치를 높이는 일에 투자해야 한다. 자격증이든 외국어든 자신의 가치를 높일 수 있는 것이라면 무엇에라도 투자를 해야 한다. 조금만 관심을 쏟아도 손에 들고 있는 스마트 폰과 컴퓨터 인터넷 강의 등을 통해 자신의 가치를 향상시킬 수 있다.

가만히 앉아서, 아무런 계획도 희생도 없이 성공을 꿈꾸고, 새로운 삶을 계획한다는 것은 너무나 이기적인 발상이다. 당장 자신의 가치를 높이기 위한 노력을 해야 한다. 어느 날 갑작스레 찾아올지도 모를 기회를 놓치고 싶지 않다면 끊임없이 자신을 단련하면서 가치를 높여야 할 것이다.


### ●●● 제3계명 : 진정한 성공은 불굴의 의지와 정직한 노력이다


"진정한 성공은 노력이다." 얼마 전 사이먼 켈튼 감독의 '이글 에디'라는 영화를 보았다. 마이클 에드워즈라는 이름보다 '에디'라는 애칭으로 더 잘 알려진 한 스키점프 선수에 대한 영화다. 에디는 1988년 캐나다 캘거리 동계올림픽에 출전한 영국 국가대표 스키점프 선수로, 메달은커녕 경기 기록도 신통치 않은 무명 선수였지만 열정과 노력으로 그 어떤 스타 선수보다 훌륭한 영국의 영웅이 되었다. 에디의 열정적인 모습이야 말로 진정한 올림픽의 정신이기에 세계는 그를 향해 환호를 보냈던 것이다.

영화를 보는 내내, 누구도 전혀 예상치 못했던 신화를 써 가는 주인공의 모습을 보면서, 성공이란 게 얼마나 정직한 노력을 필요로 하는 것인지를 다시금 깨달았다. 성공과 노력은 정확하게 비례한다는 것이다. 타고난 두뇌도, 그 어떤 재능도, 세상살이를 통해 얻은 수많은 경험과 학습도, 정직한 노력은 이길 수 없다. 비록 어떤 객관적 평가기준에 의해 우열을 가리게 될 수는 있겠지만, 그 이상의 가치 기준에서는 절대 포기하지 않는 불굴의 의지와 정직한 노력보다 앞설 수 없다.

성공을 위해 도전하는 그 길에는 수많은 난관과 예측할 수 없는 수많은 난제들이 벽이 되어 가로막는다. 때로는 온 힘을 다해 정직한 노력을 해도 넘지 못할 현실의 벽이 가로막기도 하고, 때로는 세상의 온갖 야유들이 파도처럼 나를 덮칠 수도 있을 것이다. 어니스트 헤밍웨이는 『노인과 바다』에서 이렇게 말했다. "인간은 파멸할지언정 패배당하지 않는다." 어떤 난관이 닥칠지라도 결코 무릎을 꿇지 않겠다는 의지로 당당한 미소를 지으며 '노력'이라는 배의 노를 젓는다면 분명 정직한 성공이라는 항구가 우리를 맞이하게 될 것이다.

성공하기 위해서는 자신만의 성공의 수칙들이 필요하다. 수많은 사람들이 성공에 대한 다양한 계명들을 늘어놓고 있지만 무엇보다 내 몸에 딱 맞는, 살아 있는 성공 수칙이 필요하다. 세상에서 나에 대해 가장 잘 아는 사람은 바로 나 자신이기 때문이다. 그렇게, 성공을 위한 '행동 수칙'들을 세우고, 세워진 수칙을 일상의 삶 속에서 살아 움직이도록 함으로써 그토록 원하던 '자신의 모습'으로 한걸음 더 다가갈 수 있을 것이다.

성공하는 삶을 성취하기 위한 수도 없는 '삶의 수칙'들이 존재한다. 하지만 나는 앞에서 특별히 세 가지 성공 수칙만을 강조했다. 정

리하자면, 첫 번째는 사람과 사람과의 관계를 소중하게 여겨야 한다
는 것이며, 두 번째는 늘 자신의 가치를 높여야 한다는 것, 그리고 불
굴의 의지를 가지고 정직한 노력하는 것만이 성공을 손에 쥐게 해 준
다는 점이다. 성공은 치밀한 인생 계획과 노력을 통해 얻는 아름다운
결실이다.

사람들은 누구나 자신의 꿈을 이루고 싶고, 성공을 누리며 살고 싶어 한다. 하지만 성공하기까지 먼저 현재의 삶에서 해야 할 많은 우선순위에 있는 조건들이 있다. 어떤 일이든 진행을 할 때에는 늘 우선순위를 정하는 것이 중요하다. 로타르 J. 자이브레트는 "비록 사용할 수 있는 시간이 10분밖에 안되더라도 우선순위를 설정하라."고 말했다. 삶에서 무엇을 우선순위에 두느냐에 따라 삶의 목적과 방향이 크게 달라진다. 사람마다에 우선순위를 두는 대상이 다르기 때문에 각기 다른 인생을 선택하게 되는 결과를 낳는 것이다.

인생의 성공을 준비함에 있어서도 우선순위가 존재한다. 성공을 맛보기 위해 당신은 삶에서 어떤 우선순위를 정해두고 있는가? 스스로 자신이 우선순위에 두고 있는 것들에 대해 생각해보자.

## ●●● 성공의 우선순위, 성공을 심는 것!

당신은 성공을 향해 가는 디딤돌로서 가장 우선순위에 놓아야 할 조건은 무엇이라고 생각하는가? 아마도 사람에 따라 각자의 여러 조건들을 제시할 수 있을 것이다. 하지만 무엇보다도 우선순위에 두어야 할 조건이라면 인간관계를 들 수 있다. 만약 당신이 창업을 하거나 주로 고객을 상대하는 일이 업무인 영업 분야를 통해 성공을 꿈꾸고 있다면 사람과의 관계 맺음은 무엇보다도 중요한 요소가 될 것이다.

그렇다면, 다른 사람과 좋은 관계를 맺는 최상의 방법은 무엇일까? 먼저 무엇인가를 주는 사람이 되는 것이다. 세상에는 공짜란 게 없다. 무엇인가를 얻기 위해서는 반드시 무엇인가를 먼저 주는 사람이 되어야 한다. 그것이 무엇이든 먼저 다른 사람에게 도움을 줄 수 있는 사람이 되어야 한다. 누군가에게 늘 도움만 받는 사람에겐 매력을 느끼지 못한다. 영업부 직원들을 교육할 때 내가 항상 강조하는 것이 있다. 고객에게 도와달라는 말을 하지 말라는 것이다. 도움을 청하는 초라한 말들로 고객에 앞에 서지 말라고 나는 말한다. 비록 작은 매출을 올려 준 고객일지라도 "고객님 덕분에 저의 실적이 좋아졌습니다. 고맙습니다."라는 인사를 건네고 식사 대접이라도 하는 것이 더 효과적인 영업 방법이다.

고객도 그런 인사를 받았을 때, 자신이 많은 매출을 올려 주어서가 아님을 잘 안다. 하지만 그 순간 그는 자신이 더 많은 도움을 주고 있는 경쟁사의 영업사원과 비교해보게 될 게 분명하다. 작은 것에도 감사하게 생각하는 사람의 미소를 보면서, 그는 늘 많은 도움을 받으면서도 "어렵다! 힘들다!" 라는 말을 들고 찾아오는 경쟁사 영업사원으로부터 마음을 돌리게 될 것이다.

거두기 전에는 먼저 심어야 한다. 성공 역시 마찬가지다. 어리석은 사람은 무엇이든 거두는 데만 관심을 두고, 노력을 기울인다. 하지만 씨를 뿌려야 추수할 곡식을 얻는 것은 자연의 이치다. 세상의 가장 기본적인 진리다.

아무것도 심지 않고 아무것도 주지 않으면서 원하는 것만을 얻어내려고 하는 사람에게 매력을 느낄 사람은 아무도 없다. 아니 매력을 느끼기는커녕 혐오를 느끼고 싫어하게 될 것이다. 그래서 성공을 하고 싶다면 먼저 성공을 심으라고 말하는 것이다.

하워드 슐츠는 말했다. "많은 사람을 아는 것이 상대를 이끌어가는 리더십이고 기술이다. 하지만 좋은 사람과 인연을 맺으려면 무엇보다 내가 먼저 좋은 사람이 되어야 한다."

생각에 따라서는 세상이란 게 아주 넓을 것 같지만 절대로 그렇지 않다. 우리가 살고 있는 이 세상은 너무나 좁다. 언제, 어디에서, 누구를, 어떻게, 다시 만나게 될지는 아무도 모른다. 사업을 준비하는 사람이라면 더욱 아름다운 만남과 아름다운 이별을 중요하게 여겨야 한다. 나에 대한 멋진 기억을 가지고 있는 그 누군가가 전혀 예측하지 못한 중요한 파트너로 등장하게 될 수도 있다.

## ●●● 나를 판매하라

처음 세상으로 나와 영업 전선에 뛰어드는 새내기 영업사원들을 관찰하노라면 늘 공통적인 모습을 볼 수 있다. 늘 자신이 판매하고 있는 제품에만 집중하는 모습이다. 그리고 고객과 만나면 마치 잘 훈련된 앵무새처럼 수없이 교육을 받았던 제품 지식을 완벽하게 재생하느라 정신이 없다. 이어서 준비된 대본을 다 읽고 나면 성급하게 계약서를 내밀거나 매출을 올리고자 조바심을 낸다. 그들에게서 인간적인 관계를 맺고자 하는 모습은 찾아보기 어렵다. 온통 고객과 영업사원이라는 관계만 생각하고 존재할 뿐이다.

하지만 성공하는 영업사원들은 다르다. 그들은 실상 제품에 대한 이야기는 별로 하지 않는다. 서로의 가정에 대한 안부를 묻거나 자녀 교육, 골프, 정치 등 평범한 일상에서의 대화로 상대를 맞이한다. 그 저 오랜 친구를 만난 듯 편안한 분위기에서 이런 저런 소소한 일상을 털어놓으며 인간적인 만남을 시도한다. 때로는 제품 판매에 관심이 없는 것처럼 보일 정도로 일에 대한 이야기는 자제한다. 그렇다고 해 서 업무에 관한 이야기를 일절 하지 않는 것은 아니다. 고객에게 필요 한 제품에 대한 중요한 정보를 노련하게 전달한다. 다만 장사꾼이란 느낌이 들지 않도록 자연스럽게 고객을 만나고 이야기를 주도한다는 것이다.

그렇다. 성공한 영업은 바로 나를 판매하는 것이다. 제품을 설명하 는 게 아니라 나를 판매하고, 나를 먼저 알리고, 만나면 반가운 존재 가 될 때 더불어 내가 팔고 싶은 제품도 고객 스스로가 찾게 된다. 만 약 고객이 제품 또는 회사의 브랜드 때문에 나를 만나 줄 뿐이라면 내 가 그 회사를 떠나게 되었을 때 더 이상 나와 만날 이유가 없어진다.

하지만 당신이 나를 판매하는 사람이라면, 당신이 어느 곳에 속하 든지 고객은 당신을 찾을 것이고, 변함없는 당신의 귀한 재산이 되어 줄 것이다. 자신을 판매하는 것은 미래를 준비하는 또 다른 가치를 준 비하는 것이다.

우리는 자기 PR의 시대를 살아가고 있다. 얼마나 나를 잘 알리고 홍보하는가, 얼마나 자신의 가치를 인정받을 수 있는가에 따라서 실 패와 성공을 판가름하는 결과를 가져온다. 이제 자신을 상품화할 때 이다. 제품을 팔기 전에 먼저 자신을 판매하여 성공을 준비하길 바 란다.

## ●●● 신뢰는 성공을 창조하는 원동력

"실패는 성공의 어머니"라는 말은 진부할 정도로 많이 인용되는 말 중 하나다. 말은 진부해졌지만 그렇다고 그 의미가 퇴색하는 것은 아니다. 문장이 품고 있는 함의는 여전히 진리다. 그렇다. 실패를 맛보았던 사람만이 성공을 준비할 수 있으며, 성공을 향해 거침없이 달려갈 수 있는 것이다.

성공의 수많은 조건들 가운데는 실패의 경험 이외에도 한 가지가 더 있다. 그것은 바로 신뢰이다. 우리는 살아가는 동안 수많은 사람들을 만나고 그 중에 간혹 '말만 많은 사람들'도 만나게 된다. 그들은 모든 일에서 말뿐인 사람들이다. 아니 자기 스스로가 결정한 것조차 장사꾼처럼 득실을 따져 변덕을 부리기도 한다. 이런 사람들에게 신뢰라는 말은 사치에 불과하다.

약속을 소중하게 생각하지 않는, 믿을 수 없는 이들과 중요한 일들을 함께 진행할 사람은 아무도 없다. 하물며 사업상 중요한 거래를 할 때, 아무리 좋은 조건을 내세운다고 해도 신뢰하기 어려운 기업이나 개인과는 절대 계약을 하지 않을 것이다. 신뢰는 성공을 창조하는 원동력이 된다. 신뢰는 작은 일에서부터 쌓이게 되므로 주위의 수많은 관계, 작은 것 하나라도 별것 아니라고 생각하지 말아야 한다.

성공은 철저하게 진실을 요구한다. 순간순간을 모면하기 위한 거짓이나 자신의 이익을 취하기 위해 약속을 저버리고 말을 바꾸는 것은 상대로 하여금 나에 대한 신뢰를 거두게 하며, 그렇게 한 번 무너진 신뢰는 다시 회복할 수 없다. 특히나 신뢰는 고객과의 관계에 있어 무엇보다 중요한 가치다. 아무리 작은 약속이라도 반드시 지켜야 한다. 작은 약속들로 인한 신뢰가 항공 마일리지처럼 자신의 삶에 차곡차곡 쌓일 때 성공이라는 여행지로 출발하는 티켓이 손에 들어오게 된다. 그렇게 신뢰의 마일리지를 쌓은 사람에게는 인생에서 몇 번 찾아오지 않는 기막힌 기회가 찾아오게 마련이다.

약속을 소중히 여기는 사람은 정직하며 성실하다. 그리고 그러한 사람은 자기 관리와 인맥관리가 철저하다. 업무에서도 자신이 해야 할 스케줄들을 빈틈없이 체크하며 실수하지 않기 위해 노력한다. 사실 그런 사람들이 다른 사람과의 약속도 소중히 여기는 법이다. 명심하자. 약속을 반드시 지키는 좋은 습관, 그것이 당신을 성공으로 이끄는 보증서가 될 것이다.

푸블릴리우스 시루스<sup>Publilius Syrus</sup>는 말했다. "신용을 잃는 사람은 더 이상 잃을 것이 없다." 성공하는 삶은 철저하게 신뢰를 바탕으로 이루어진다. 신뢰할 수 없는 사람과는 아무도 더불어 사귀며 중요한 일을 함께 하려고 하지 않는다. 세상의 모든 관계들은 신뢰를 바탕으로 형성되며, 그렇게 형성된 두터운 관계 속에서 아름다운 결실들이 열매를 맺게 된다.


## ●●● 문제 앞에서 도망치지 말라

실패한 이들에게서는 기막히게 닮은 모습을 관찰할 수 있다. 문제 앞에서 철저하게 자신의 모습을 숨긴다는 것이다. 그보다 문제가 생기면 허겁지겁 도망치기 바쁘다. 어떻게든 위기 상황으로부터 벗어나 도망치기 위해 온갖 술수를 다 동원한다. 거짓말도 서슴지 않으며 스스로 자존심조차 아무렇지 않게 던져버리는 행동도 마다하지 않는다. 심지어 부모도 팔아 먹고 자식도 팔아먹는 이들도 종종 볼 수 있다.

결론부터 말하자면, 문제는 늘 어느 곳에서든 생긴다. 모든 것을 완벽하게 소화하려고 해도 자신의 뜻과 상관없는 곳에서 전혀 이해하기 어려운 상황이 벌어지고 문제는 발생된다. 나는 종종 임원회의를 하면서 종종 이런 말을 꺼내곤 한다. "문제는 발생할 수 있다. 하지만 문제가 일어나는 것보다 중요한 것은 어떻게 해결하는가 하는 것이다." 어떤 공동체든 어떤 관계든 여러 당사자들이 모여 있는 곳에서 문제가 생기지 않는 곳은 없다. 아니 절대로 문제가 생기면 안되는, 치열한 경쟁 사회에서 만난 고객과의 관계 가운데도 종종 크고 작은 문제로 어려움을 겪게 될 때가 있다. 하지만 앞에서 말한 것처럼 중요한 것은 '어떻게 해결하느냐'이다. 이미 벌어진 일들이라면 후회해봐야 아무런 소용이 없는 일이다.

원인에 집중하는 것은 지혜롭지 못하다. 하지만 여기서 성공과 실패가 좌우된다. 현명한 이들은 문제 앞에 정면으로 맞선다. 문제 앞에 즉각 자신을 드러내고 문제를 모면하기 위해 어떠한 이유와 구실도 만들지 않는다. 정면으로, 당당하지만 겸손한 모습으로 정확하게 문제를 인식하고 올바른 대처와 방법을 제시하고자 한다.

하지만 실패자들은 대개 핑계를 대며 문제로부터 벗어날 생각부터 한다. 부하 직원을 앞세우거나 심한 경우 전화기를 꺼놓고 잠적해 버린다. 걸려오는 전화에 자기 이름조차 감추며 비겁한 모습으로 도망을 다닌다.

지금 생각해봐도 너무나 황당했던 일이 하나 있었다. 병원으로부터 대학병원 영업을 맡고 있던 직원에 대한 컴플레인이 들어왔다. 사건이 얼마나 크게 번졌던지 내 귀에까지 그 기막힌 스토리가 들어왔는데, 이유인즉 해당 직원이 병원 수술실에 자신이 납품하고 회수하던 장비의 무게가 매우 무거워 주위에 있던 작은 손수레를 이용하여 차량이 주차된 장소까지 왔다는 것이었다. 거기까지는 크게 문제가 되지 않았다. 하지만 문제의 시작은 그때부터였다. 그 손수레를 다시 돌려주러 가는 길이 멀어 귀찮게 생각한 직원이 손수레를 그냥 차에 싣고 가버린 것이다. 그런데 업체끼리 납품을 하다 잠시 세워둔 손수레가 바뀌거나 분실되는 상황이 종종 발생하면서 병원에서는 수레 분실 문제를 해결하기 위해 CCTV를 확인하게 되었고, 해당 직원에게 수레를 다시 돌려달라고 전화를 하자, 그 직원은 자신이 하지 않았다고 거짓말을 한 것이다. 심지어는 자신이 아니라면서 다른 직원의 이름을 대고는 몰래 병원 수술실 앞에 수레를 놓고 가버렸다. 결국 그 직원은 자기 스스로를 조롱거리로 만들었으며 후배에게 좋은 거래처들을 빼앗겨야 했다.

늘 어리석은 사람들은 거짓으로 상대를 대한다. 그리고 문제 앞에서 당당하게 자신의 실수를 인정하지 않는다. 하지만 그들과는 다르게 성공하는 이들은 타인의 잘못에서조차 자신이 그들을 대변해 문제를 해결한다. 그리고 모든 일들에 정직함을 무기로 승부한다.

오프라 윈프리는 말했다. "솔직함은 수백 마디의 말보다 더욱 진한 감동을 줄 수가 있다." 성공은 자신을 가로막는 문제 앞에서 솔직하게 대처하는 데서 얻을 수 있다. 자신의 삶에서 일어나는 크고 작은 문제 앞에서, 발생되는 수많은 실수로 인해 만들어진 결과물 앞에서 당당해야 한다. 그리고 즉각 문제를 해결하기 위한 행동에 나섬으로써 오히려 전화위복의 소중한 터닝 포인트로 삼아야 한다.

인생을 살아가는 동안, 또는 우리가 꿈꾸는 성공하는 삶을 준비하는 데 있어 무엇보다 우선순위가 되어야 할 것들이 존재한다. 수없이 많은 그런 우선순위 중에서도 무엇보다 중요한 것은 신뢰를 바탕으로 사람들과 좋은 관계를 맺는 것이다. 사업을 하거나 한 조직의 리더를 꿈꾸는 사람이라면 더더욱 사람과의 관계는 중요하다. 적이 많은 사람은 절대로 성공할 수 없다. 주위에 좋은 사람들을 많이 끌어 모으는 사람은 반드시 자신의 인생에 귀중한 도움을 얻을 것이며, 그들은 가장 귀중한 재산이 되어 줄 것이다. 성공에서 가장 중요한 자본은 바로 사람이다.

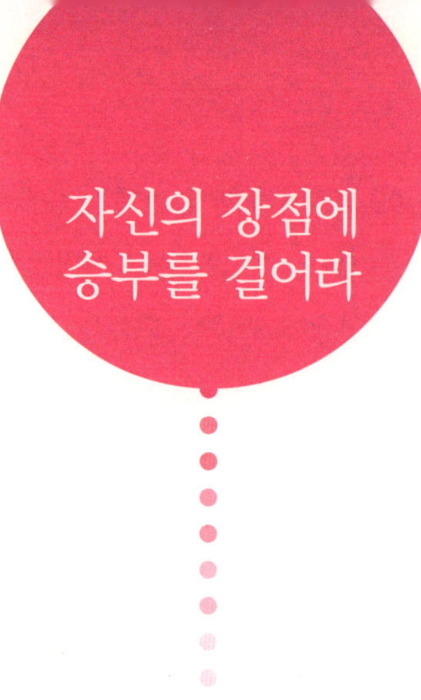


누구나에게 한 가지씩은 남보다 잘한다고 생각되는 것들이 있다. 이것을 우리는 자신의 장점이라고 말하기도 한다. 어떠한 분야에서 성공하기 위해서는 자신이 가지고 있는 독특한 창의력과 장점을 활용해야 한다.

남들보다 특별히 뛰어나다고 생각되는 자신만의 장점이 무엇인지 한번 생각해보자! 가끔 "저는 잘하는 것이 없어요."라고 말하는 사람들이 있다. 그들의 공통점은 대부분 자신감도 없고, 자존감도 결여되어 있다는 것이다. 신은 결코 아무런 재능도 없는 창조물을 세상에 내놓지 않았다. 우리는 적어도 한 가지 정도는 자신만의 장점을 가지고 있다. 자신이 무엇을 잘하는지를 일찍 깨달은 사람은 사실 어느 분야가 되었든 그 분야의 전문가가 되어 있을 것이다.

### ●●● 넌 무얼 잘하니?

아이들을 양육할 때 가장 중요한 요소는 아이가 가지고 있는 재능을 찾아내는 것이다. 자신이 가지고 있는 장점을 안다는 것은 다른 한 편으로 자신의 단점에 대해 잘 알고 있다는 의미이기도 하다. '지피지 기知彼知己 백전불태百戰不殆'라고 했다. 적을 아는 것만큼 중요한 게 나를 아는 것이다. 특히나 내가 가진 재능을 알아내고 내가 다른 사람보다 무엇을 더 잘하는지 안다는 것은 해볼 만한 게임을 시작하는 것이라 할 수 있다. 당신은 어떠한 재능을 가지고 있는가?

내가 어렸을 때의 일이다. 어느 날 친하게 지내던 후배 아버지가 운영하는 인쇄소에 일을 도우러 간 적이 있었다. 인쇄소에 도착해 인사를 드리고 앉아 있으려니 후배 아버지께서 내게 이런 저런 질문들을 던지셨다. 우리가 누군가를 처음 만났을 때 궁금해 하는 그러한 질문들이 대부분이었지만 그 질문들 중에서 유독 한 질문이 마음 깊이 들어왔다. 그것은 바로 "넌 무얼 잘하니?"라는 질문이었다. 글쎄, 누군가를 만났을 때 쉽게 던지고 받았던 질문은 아니었다. 그 순간 나는 두 가지의 감정에 휩싸였다. 생애 처음으로 내가 무얼 잘하는지를 고민하게 되었고, 특히 잘하는 것이 없는 것 같아서 절망감이 들었다. 당시 나는 정말 남보다 잘하는 아무것도 없다는 생각이 들었다. 공부도 잘하지 못했고 마땅히 내세울 만한 것이 없었다. 난 어이가 없게도, "싸움이요!"라고 대답했다. 당시의 나를 떠올리면 충분히 가능한 수준의 대답이었지만 지금 생각해보면 너무나 창피했던 순간, 불혹이 지난 지금도 잊을 수 없는 가장 어려웠던 질문을 받았던 순간으로 기억에 남아 있다. 그리고 그날 받았던 그 질문으로 인해 나는 내가 가장 잘하는 것이 무엇인지 끊임없이 찾게 되었다. 아마도 후배 아버님께서는 전혀 기억하지 못하시겠지만 당시 내게 던졌던 그 질문 덕에 정신을 차리고 사회의 일원으로 당당하게 살아갈 수 있도록 해 주는 동기가 되었다는 감사의 말씀을 드리고 싶다.

아무것도 아닌 것 같은 질문, "넌 잘하는 것이 뭐냐?"라는 그 질문이 바로 성공으로 가는 첫 단추가 된다. 사람은 자신이 잘하는 것을 해야 한다. 그리고 그것을 통해 기쁨으로 할 수 있어야 한다. 자신의 장점을 찾아보고 장점에 관심을 기울이는 사람은 생각보다 많지 않다. 오히려 자신의 약점을 숨기기 위해 집중하는 사람이 많다.

성공을 위해 준비하는가? 그렇다면 "당신은 무엇을 잘할 수 있습니까?" 이 질문에 대한 답을 찾아보기 바란다.

### ●●● 장점으로 승화시키기

내게는 아무것도 잘하는 게 없던 방황의 시절이 있었다. 대학을 졸업하고 IMF 금융위기라는 상황을 맞아 나라 전체가 취업전쟁에 휩싸여 있을 때, 나 역시 그 치열한 생존 경쟁의 틈바구니에 끼여 고통스런 시간을 보내고 있었다. 그 무렵 우연히 병원의 수술 장비를 취급하는 한 외국계 회사를 접하게 되었고, 별 기대도 없이 지원했다가 합격통보를 받고 입사하게 되었다.

하지만 입사한 뒤 내게 맡겨진 일은 상상하던 직장 생활과는 차이가 있었다. 그저 납품과 회수, 영업사원들이 하기 싫어하는 서류 처리와 잔무들이었다. 선배들이 단합 회식을 하러가거나 단체로 영화 관람을 갈 때면 그들 대신 남아 있는 납품을 했고, 선배들이 금요일 밤 일찍 퇴근할 땐 그들을 대신해 접대를 한 후 술에 취한 고객을 태우고 대리기사처럼 운전도 해야 했다. 일 년이 넘게 매일 밤 12시를 넘긴 시간에 퇴근하였고 급기야 어머니로부터 매일 어디서 놀다 들어와 회사 일 때문이라고 거짓말 하느냐며 야단을 맞기까지 했다. 사실 나 역시 그만두고 싶은 생각이 수도 없이 들었지만 한 번도 무언가 일 년 이상을 해보지 않았던 내게 취업 첫 달 돈이 없어 힘들어하던 내게 용돈을 주며 일 년은 꼭 채워보자고 했던 친한 선배와의 약속을 지키기 위해 일 년을 채우게 되었다.

그러던 어느 날 영업부에 사고가 하나 일어났다. 나름 신임을 받고 있었던 한 영업사원이 알고 보니 영업을 제대로 하지 않고 허위보고를 하면서 많은 거래처와 관련된 업무를 처리하지 않아 문제가 발생한 것이다. 급하게 사람을 뽑을 수도 없고 다들 남이 친 사고 뒤처리를 하기 싫어 피하자, 팀장으로부터 영업을 시작해보지 않겠느냐는 제안을 받게 된 것이다.

당시 나는 특수영업에 필요한 의학 지식도 전혀 없었고 전문적인 영업 지식과 교육도 전혀 받지 못한 상태였다. 지금 생각해보면, 그 팀장은 내게 기회를 주고자 하는 마음 한편으로 누군가는 자신의 팀에서 발생된 문제를 처리해야만 하는데, 별다른 대책이 없는데다가 자신에게만 문책이 떨어지게 되자 적임자를 찾을 때까지만 일을 맡기기 위해 나를 추천한 것 같았다. 얼떨결에 거래처의 수많은 문제를 떠안게 된 나는 6개월 이상 밀려 있는 계산서들을 들고 온갖 욕설과 분노를 터트리는 병원 관계자들을 찾아가 문제를 해결했다.

그렇게 문제를 해결하고 고객들의 불만을 잠재우고 나자 어느덧 영업사원으로서 조금씩 성장을 하고 있는 내 모습을 발견할 수 있었다. 산적했던 문제들을 해결하고 나자 이번에는 매출이 없는 대학병원들을 맡겨 줄 테니 영업다운 영업을 해보라는 다른 제안을 해왔다. 말이 대학병원이지 매출이 10만 원도 되지 않는 병원과 쓰기 싫어도 별 다른 대안이 없어 사용하고 있는 불만투성이 고객이 전부였다.

어떻게 영업을 할 것인가? 수많은 고민을 하였다. 그런데 너무나 신기한 것은 내 고객들이 내게 관심을 가져 주었다는 것이다. 그들은 투박하긴 해도 솔직한 말투와 영업과 거리가 멀게 생긴 시골 촌놈 같은 나의 외모에 관심을 가져 주었다. 그리고 늘 병원 밖으로 나올 때까지 버티고 앉아 있는 내 뚝심을 보고 기회가 생길 때마다 우리 제품을 찾아주기 시작했다.

난 영업을 시작한 후 1년만에 영업 성과 전국 1등을 달성했고, 2년째가 되던 그해 겨울엔 전 세계 영업사원들 중 성장률 10위 이내에 들게 되었다. 그로 인해 한국 지사 내에서 빠른 승진도 경험했다.

나는 내가 잘하는 것이 아무것도 없는 줄 알았다. 아무런 재능도 없는 줄 알았다. 하지만 어린 시절 후배 아버님이 내게 하셨던 "무엇을 잘하느냐?"라는 질문에 "싸움을 잘한다."고 대답했던 그것, 승부욕이 나의 가장 큰 장점이었던 것이다. 한번 물면 놓치지 않았다. 한번 정하면 끝을 보았다. 상대가 누구든 나의 목표가 되면 이기고 말아야 했던 끈질긴, 독한 성품이 나의 장점이었던 것이다. 그런 성품이 어려서는 잠시 잘못된 길로 나를 접어들게 하였고, 당시에는 그것이 성품이 나쁘다고 손가락질을 받게 하기도 했지만 지지 않겠다는 독한 기질이 전 세계에 한국을 알리는 1등 영업사원을 만들었던 것이다.

당신의 장점, 그것이 어떤 것이든 간에 그것을 발견하고 이제는 자신만의 강점으로 승화시키도록 하자. 그러면 어느 멋진 날 당신의 눈앞에 성공이 다가와 있을 것이다.


## ●●● 자신만의 싸움 기술로 탑독을 이기는 언더독

최근 '주먹이 운다.'라는 방송을 재미있게 보았다. 전국에서 저마다 한 주먹 한다는 싸움꾼들이란 싸움꾼들은 다 모아 놓은 것 같았다. 하지만 전문적으로 훈련을 받은 프로 선수들을 상대로 한 '지옥의 3분'에서 멋지게 승리할 도전자는 그리 많지 않았다. 그중 유독 내 눈에 들어온 선수가 있었다. '고릴라 아빠'라는 별명을 가진 김명훈 도전자였다. 어떠한 훈련도 받은 적이 없고, 길거리 싸움으로 뼈가 굵은 싸움꾼도 아닌 순수한 아기 아빠인 김명훈 씨의 경기를 보면서 또 다른 언더독의 모습을 보았다. 그는 브라질 갱스터란 별명을 가진 축구 선수 출신의 도전자 최홍준을 상대로 멋진 1대1 경기를 보여 주었는데, 겉으로 보이는 신체 조건이나 운동 경력들을 보았을 때 전혀 불가능한 경기처럼 보였다. 하지만 김명훈 도전자는 특유의 고릴라 테이크다운을 시도하며 멋진 경기를 했다.

그렇다. 김명훈 도전자는 분명 자신의 싸움 방식으로 상대를 제압하였다. 세상의 일명 언더독은 탑독을 상대로 싸워 이길 수가 없다. 하지만 다윗과 골리앗의 전투를 생각해보라. 다윗을 분명 골리앗과 같은 갑옷을 입고 창과 칼과 방패로 싸우지 않았다. 자신의 방법대로 돌멩이를 집어 들어 골리앗을 상대로 멋진 승리를 거뒀다.

아마 다윗이 자신의 방법이 아닌 골리앗과 같은 큰 칼과 방패를 집어 들고 전투에 나섰다고 생각해보자. 아마도 익숙하지 않은 전투의 현장에서 분명 불리한 아니 처참한 결과를 얻을 수밖에 없었을 것이다. 하지만 신은 다윗에게 지혜를 주셨다. 그리고 다윗이 오래 해왔던 그리고 그가 잘하는 돌팔매로 상대를 제압해 승리의 용사가 되었던 것이다.

우리는 세상의 수많은 삶의 전투에서 타인의 방법대로 해서는 절대로 세상을 이길 수 없다. 자신만의 싸움 방법을 터득해야 한다. 그리고 자신만의 방법으로 싸워야만 삶의 전투에서 멋지게 승리할 수 있을 것이다.

절대 언더독은 탑독의 방법으로 싸워서는 그들을 이길 수 없다. 자신만의 싸움 기술을 가지고 도전해야 한다. 그래야 전투에서 승리할 수 있다.

# 성공의 열쇠를 찾아라

제자리에 앉아서 성공이란 달콤한 열매를 맛본 사람은 없다. 그들은 작은 것 하나부터 열까지 끊임없이 노력하고 애씀으로 하나하나 이루어 왔다. 어느 날 갑자기 하늘에서 무언가 떨어지듯 우연히 자신의 목표를 이루게 된 사람은 절대 없다. 간혹 복권에 당첨된 사람을 부러워하는 이들을 보는데, 그들 중 몇몇은 단 한번도 복권을 사지 않으면서 당첨자를 부러워하기도 한다. 지금 복권을 열심히 사야 당첨된다는 말을 하고자 하는 것이 아니다. 최소한의 노력을 말하는 것이다.

이런 말이 있다. "아무것도 하지 않으면 아무 일도 일어나지 않는다." 누가 들어도 박수를 '딱'하고 칠 만큼 명언이라고 생각한다. 그렇다. 아무것도 하지 않으면 아무 일도 일어나지 않는다. 성공을 하고 싶다면, 성공이라는 엄청난 보물 상자를 열고 싶다면 열쇠를 찾아 떠나야 할 것이다.

## ●●● 성공의 첫 열쇠, 자신감

성공으로 들어가는 문을 열 당신의 열쇠는 무엇인가? 바로 그것은 '자신감'이라는 열쇠다. 데일 카네기Dale Carnegie는 『인간관계론』에서 이렇게 말했다. "성공은 당신이 상상하는 것처럼 어렵지 않다. 자신감을 가지고 목표를 향해 끊임없이 시도하고 노력한다면 생각 하나만으로 목표를 이룰 수도 있다." 그렇다. 자신감을 회복하고 자신의 목표를 향해 도전한다면 분명 성공이라는 단맛을 맛볼 수 있다.

성공은 아름다운 도전으로부터 시작된다. 불가능을 가능케 하는 멋진 도전이란 것이 없다면 인생에서 성공은 절대 그냥 주어지지 않는다. 성공을 향한 도전을 가능케 하는 것은 바로 자신감이다. 자신감이 없는 이들은 절대로 아무것에도 도전할 수 없다. 아니 도전이란 말조차 그들은 상상하지 못한다.

자신감이 결여된 이들은 늘 자신에게 주어진 삶의 현실 앞에서 무언가의 뒤에 숨어 있고 싶어 한다. 그들은 인생의 목적도 꿈도 그저 남의 이야기처럼 잊고 살아간다. 그들은 늘 어떠한 상황 앞에서 항상 자신이 가지지 못한 것들만 생각하며, 자신의 단점들을 먼저 떠올린다. 나는 배운 것이 없다! 나는 가진 것이 없다! 나는 경험도 없다! 이렇게 말하며 스스로 자신의 부족함을 인정하며 자신감을 잃어버린다.

이처럼 자신감을 잃은 사람들에게 말해 주고 싶다. 앞에서 나열했던 이 모든 것은 전부 없어도 된다. 학식도, 풍부한 경험도, 인맥도, 물질도, 모두 없어도 된다. 하지만 도전할 용기가 있다면, 그리고 당신에게 꿈이 있다면 그것으로 당신은 나머지 모든 것을 가진 사람보다 더 값진 성공을 이루게 된다. '용기가 있는 자가 미인을 차지한다.'고 했던가? 미인뿐만이 아니다. 용기가 있는 자는 성공도 가질 수 있다. 용기가 없으면 아무것도 할 수 없다. 용기가 없는 자는 그저 앉아서 침몰하는 자신을 바라보기만 하게 된다.

세상이 두려운가? 직장의 고약한 상사가 두려운가? 불확실한 미래 앞에서 밤마다 웅크리고 앉아서 매일 같이 걱정만 늘어놓고 있는가? 이제는 용기를 내보자! 어차피 한번 사는 인생, 정해진 불행, 정해진 운명이라면 밑져야 본전이 아닌가? 세상을 향해 큰소리 한번 질러보고 멋지게 퇴장할 용기를 내자! 자신감을 회복하자! 분명 당신은 후회 없는 세상과의 싸움으로 인생을 멋지게 다시 시작하게 된다.

노먼 빈센트 필은 말했다. "자신을 믿어라, 자신의 능력을 신뢰하라. 겸손하지만 합리적인 자신감 없이는 성공할 수도 행복할 수도 없다." 명심하자! 자신감을 잃으면 당신은 모든 미래를 잃는 것이다.


## ●●● 이게 니 잣인감?

예전에 '덩달이 시리즈'를 유행시켰던 개그맨 홍기훈 씨를 기억하는 사람들이 있을 것이다. 어느 날 운동을 마치고 저녁 늦게 집에 돌아와 식사를 하면서 개그 프로를 보던 중 '덩달이 시리즈'의 한 코너를 본 적이 있었다. 그때 나왔던 "이게 니 잣인감?"이라는 대사에 한바탕 웃었던 기억이 난다. 물론 지금은 이러한 개그를 '아재 개그'라는 말로 평가절하하고 있지만 당시 홍기훈 씨의 개그는 무척 신선하게 들렸었다. 그리고 많은 세월이 지났음에도 수많은 유행어들 중 유독 이 '잣인감?'이란 단어만은 기억하고 있다. 왜냐하면 당시 난 무엇 하나 끝까지 성공해본 적이 없는 사람이었기 때문이다. 공부도, 운동도, 부모님이 없는 돈에 자격증이라도 따라며 보내준 전산학원에서의 강의도,

제대로 해낸 게 없었다. 한때는 소믈리에라는 직업에 빠져 또 다른 목표를 가지고 도전해보겠다고 나섰지만 아무리 와인 맛을 봐도 내 혀에는 다 그 맛이 그 맛이었다. 결국 200만 원이란 학원비만 날리고 꿈을 접어야 했다.

나와 비슷한 친구도 하나 있었다. 병아리 감별사가 되어서 미국으로 가겠다던 그 친구는 아무리 병아리를 보아도 그놈이 다 그놈처럼 감별해내지 못하고 일 년이란 시간을 영등포 병아리 학원가만 돌아다니다 그만 두었다. 친구는 역시 친구인가 보다. 내가 봐도 그 녀석이나 나나 반복되는 실패 속에서 매사에 의욕도 자신감도 없는 상황이었다. 그렇게 한 일 년을 그 친구와 나는 술독에 빠져 살았다. 세상이 원망스러웠다.

사실 나에겐 멋진 꿈이 있었다. 난 어려서부터 군인이 되고 싶었다. 정말 멋있는 군인이 되고 싶었다. 그중에서도 헬리콥터를 조종하는 항공 준위라는 장교가 되고 싶었다. 하지만 내겐 치명적인 문제가 있었다. 나의 눈은 색약이었다. 색약인 눈을 가지고는 절대 헬기 조종사가 될 수 없었다. 그다음엔 경찰이 되기로 마음먹었다.

하지만 경찰도 색약 때문에 신체검사에서 탈락했다. 내가 하고 싶은 일들을 타고난 눈 덕분에 할 수가 없었다. 점점 모든 것에 실패하면서 나는 불우한 내 가정환경도 원망스러웠다. 우리 집은 남들처럼 부유하지도 화목하지도 못했다. 거기에다 눈까지도 좋지 않았던 터라 세상을 원망하는 마음으로 시간을 보냈고, 점점 모든 일에 자신감을 잃어가기 시작했다. 인생을 제대로 살아갈 수도 없을 것 같았다. 자신감이 사라진 마음에 두려움이 대신 자리를 잡았다.

하지만 어느 우연한 순간에 난 자신감을 회복할 수 있게 되었다. 자신감뿐 아니라 삶의 작은 변화와 희망을 꿈꾸게 되었다. 그것은 바로 지금의 아내를 만난 순간이었다. 진지하게 내 이야기를 들어주고 나를 귀하고 후하게 대접해 주는 아내를 만났던 그 순간, 그녀와 결혼을 하고 싶다는 생각을 하였다. 화장기 하나 없는 얼굴로 나를 보면 늘 온화한 미소로 대해 주는 아내를 위해서 처음으로 열심히 살아보겠다는 생각을 하게 되었다.

어두운 현실과 불안한 미래로 인해 자신감마저 잃어가고 있다면, 자신을 사랑하는 이들을 한번 떠올려보자! 나를 믿어 주는 사람들을 떠올려보자! 그리고 그들을 위해 다시 한 번 용기를 내고 자신감을 회복하도록 하자! 자신감을 회복한 당신은 분명 '성공의 기회'라는 좋은 친구를 만나게 될 것이다.


## ●●● 운명運命은 운명殞命하셨습니다


독자들에게 또 다시 아재 개그를 선물해볼까 한다. "운명은 운명하셨습니다."

가끔 우리는 너무 삭막한 세상을 살아가다보니 환한 미소를 잃어버리고 말 때가 많다. 잠시라도 함께 웃어 보자고 한 농담인데, 책을 읽던 독자를 당황스럽게 만든 것은 아닌지 우려가 된다. 하지만 "운명은 운명하셨습니다."라는 아재 개그에는 뼈가 들어 있다.

당신은 운명론을 믿는가? 세상의 종교들 가운데는 운명론을 이야기하는 종교들이 많다. 대표적으로 신당을 차려 놓고 사람들의 점을 보아주는 무당이 그러하다. 그러한 종교는 운명론을 믿는 것이다. '나는 어떻게 될 팔자이고 나의 인생은 이미 이렇게 저렇게 정해져 있다!'라고 믿는 것이다. 심지어는 손금의 생명선이란 것의 길이를 재어가며 자신의 수명을 말하기도 한다. 글쎄, 이 모든 운명론을 믿거나 믿지 않거나 하는 것이야 종교의 자유가 보장된 민주국가에서 내가 말할 부분은 아닌 것 같다. 하지만 이미 정해진 운명대로 살아야 한다면 세상 살맛이 있을까? 어차피 정해진 것을 두고 무엇 때문에 노력을 하며 무슨 영광을 보려고 애를 쓴다는 말인가?

난 그러한 입장에서 기독교란 종교가 마음에 든다. 죄인이든, 세리든, 병자든, 창녀든, 출신 성분이 사마리아인이든, 유대인이든, 그가 거지든, 부자든 간에 예수 그리스도를 믿으며 그를 통해 거듭남으로써 얼마든지 자신의 인생을 개척할 수 있는 인생역전의 삶을 살아갈 수 있다는 희망의 메시지를 전하는 면에서, 난 기독교가 좋다. 뭐, 이것도 한 종교의 자유이니 내 생각을 말하고 있는 것에 불과하다.

하지만 성공을 꿈꾸는 사람은 분명 운명론을 믿으면 안된다. 너는 재물 복이 없어, 너는 사업 운이 없어, 라고 외쳐대는 그런 운명론을 믿는다면, 어찌 성공을 위한 도전을 할 수 있을까. 그냥 그렇게 살다가 자기 스스로가 자신에게 던지는 부정의 말들 속에서 비관이나 하며 살아가면 그만인 것을 왜 성공을 꿈꾸는가? 그것은 너무나 이치에 맞지 않는 억측에 불과하다. 성공을 꿈꾸는 이는 자신의 운명을 개척하는 사람이다. 자신의 운명을 스스로 만들어 가는 사람이다.

그러면 어떤 이들이 운명을 바꿀 수 있는 사람이란 말인가? 작가 웨이슈잉은 그의 저서 『하버드 새벽 4시 반』에서 "운명을 바꾸고 부자가 될 유일한 길은 바로 자신의 일을 사랑하고 언제까지나 배움에 대한 열정을 간직하는 것이었다."라고 기록한다. 그렇다. 운명은 아무나 바꿀 수 있는 것이 아니다. 운명을 바꾸는 것은 바로 끊임없는 배움의 노력이며 열정이다.

누구에게나 정해진 운명은 없다. 포기하지 않고, 자신이 먼저 자신의 가치를 낮게 평가하지 않고, 자신을 제한하지 않는다면 끊임없는 배움과 도전 가운데 새로운 인생을 개척하게 될 것이다. 당신의 운명은 바로 당신 자신에게 주어져 있다는 진리를 인식해야 한다. 진정한 도전이 당신의 운명을 바꿀 것이다.

성공을 위한 우리의 삶의 아름다운 도전 가운데 가장 귀한 원동력은 자신감이다. 스스로 자신의 운명론에 빠지거나 실패로 인하여 좌절하고 낙심하여 자신감을 잃는다면 결코 당신은 당신이 원하는 미래의 성공을 이룰 수 없을 것이다.

성공은 용기 있는 도전으로 시작된다. 합리적이고 객관적인 판단을 근거로 도전한다면 멋진 인생, 아름다운 성공이라는 달콤한 열매를 맛볼 수 있을 것이다. 용기 있는 도전으로 비로소 열리기 시작하는 것이 바로 성공의 문이다.

'컨트롤 한다'는 말에는 무엇인가를 '지배한다'는 강한 의미가 들어 있다. 따라서 우리는 우리 삶의 영역에서 우리가 컨트롤할 수 있는 것들이 거의 없다고 지레 단정을 지어 결론을 내리고 포기하고 만다.

우리 주위에서 보이는 삶의 영역에서도 그런데, 보이지 않는 삶의 영역, 그것도 거대한 무엇처럼 보이는 성공이란 단어 앞에서 "성공을 컨트롤하라"는 조언을 듣게 된다면, 당신은 어떤 반응을 보이겠는가? 아마도 대부분은 그것이 불가능의 영역에 놓인 문제라고 말할 것이고 또 일부는 '성공을 컨트롤하라'는 말 자체를 이해하지 못할 수도 있다.

과연 우리는 성공을 컨트롤할 수 있을까? 아니 성공이라는 이름의 거대하게만 보이는 결과물을 과연 지배할 수 있다는 것인가? 물론 우리 삶의 영역에서 컨트롤이 불가능한, 우리의 능력 밖에 있는 일들도 분명히 많다.

가까운 예를 들어보자면, 부부와 아이들, 가장 가까운 가족 사이에 일어나는 문제에서도 그런 일들이 일어난다. 하지만 우리는 알아야 한다. 인간 사이의 관계는 컨트롤할 수 있는 영역이 아니라는 것이다.

상하 계급이 존재하는 군대 문화에서 명령을 내리고 복종하는 관계가 아니라면 컨트롤이란 단어와는 전혀 어울리지 않는 영역에 속한다.

하지만 결론부터 말해서, 성공을 향해 가는 여정에서는 전혀 불가능의 영역이 아니다. 얼마든지 땀을 흘리며 노력함으로써 성공을 지배할 수 있다. 그리고 삶의 모든 영역에서 자신이 목표로 세운 성공 과정을 컨트롤할 수 있어야 한다. 성공이란 결과물을 우리의 손으로 주무르고 반죽하여 멋진 창작물로 만들 수 있어야 한다. 그것이 피할 수 없는 현실이다.

그렇다면 우리는 어떻게 성공이란 이름의 이 엄청난 녀석을 컨트롤할 수 있을 것인가? 먼저 성공이란 녀석으로부터 영혼이 자유로워져야 한다. 많은 사람들이 성공의 노예가 되어 성공에 끌려다닌다.

내게 성공이란 어떤 것인지, 목적지를 설정해야 한다. 행복해지기 위해 성공을 꿈꾸는 것이다. 목표와 과정이 뒤바뀌어 성공을 해야 한다는 엄청난 압박감의 노예가 되어서는 안된다. 이곳에서부터가 문제의 시작이다. 이제는 성공의 노예가 아니라 먼저 성공의 압박감으로부터 자유로워짐으로써 성공의 주인이 되고, 그 대단한 결과물들을 컨트롤해보자.

### ●●● 일상을 컨트롤하라

가끔 자신의 일상에 대해 이야기하면서 "하루가 어떻게 지나가는지 도무지 알 수 없다"는 넋두리를 하는 사람을 만나곤 한다. 나 역시도 가끔 그런 이야기를 털어놓다가 화들짝 놀라기도 한다. 이런 말을 늘어놓는다는 것은, 사실 나 스스로 내 인생을 컨트롤하지 못하고 있다는 고백과 마찬가지다. 그저 하루하루 살아가기 급급할 뿐 내 일상의 주인공은 정작 내가 아니라는 사실을 고백하고 있는 것이다.

성공을 컨트롤하기에 앞서 작은 내 일상을 먼저 컨트롤해야 한다. 그러기 위해서는 먼저 내가 흘려보내고 있는 시간을 먼저 컨트롤해야 한다. 시간 컨트롤과 인생을 컨트롤은 직접적으로 관련지어져 있는 개념이다.

시간이란 것이 무엇인가? 사전에서는 이렇게 정의하고 있다. "시간이란 과거로부터 현재를 거쳐 미래로 이어지며 일어나는 사건들의 연속체이다." 그렇다. 시간의 기본적인 요소들은 우리 일상에서 벌어지고 있는 크고 작은 사건들의 연속이다. 그리고 일상에서 벌어지는 모든 행동들이 사건인 것이다. 우리는 이러한 일상 속에서 일어나는 모든 사건을 컨트롤해야 한다. 하지만 우리는 일상의 사건을 쉽게 컨트롤할 수가 없다. 잘못된 일상의 계획이 우리의 사건을 제대로 컨트롤하지 못하도록 만들기 때문이다.

세계적인 경영 컨설팅 회사인 프랭클린 코비 사의 최고경영자인 하이럼 스미스Hyrum W. Smith는 『성공하는 시간관리와 인생관리를 위한 10가지 자연법칙』에서 잘못된 계획에 대해 "엉성한 계획이 자기 스스로 만들어 내는 시간 도둑이다."라고 말했다. 그렇다. 엉성하고 잘못된 자기관리 계획이 자신의 시간을 도둑질하는 주범인 것이다.

물론 흘러가는 시간이 문제 영역의 주체가 되어, 시간이 지나면 해결되는 일들도 있다. 하지만 그것들은 어떠한 내적 상처를 치유하는 영역 또는 어떤 특정 영역에 국한되어 있을 뿐이다. 분명한 것은 우리의 일상을 관리하고 컨트롤하기 위해서는 제대로 된 계획서를 바탕으로 일상을 준비해야 한다는 것이다.

　일상을 컨트롤하기 위해서는 우리 스스로가 정해놓은 일상의 계획에 따라 살아가야 한다. 지속적인 행동 유지를 위해, 자신과의 약속을 지키기 위해서는 무기력하고 우유부단한 나 자신을 반드시 컨트롤해야 한다. 성실함과 엄격한 자기관리를 통해 자신이 세운 계획안들을 잘 실행해가는 이들도 분명히 있지만 대부분의 많은 사람들은 중장기적으로 자신이 정해놓은 계획안대로 삶을 컨트롤하는 데 어려움을 느낀다.

　실패를 좋아하는 사람은 아무도 없다. 모든 일에 생산적인 사람들은 인생에서 무기력과 우유부단함이 가져오는 손실이 얼마나 큰지를 잘 안다. 그렇다면 우리는 자꾸 무기력해지고 우유부단해지는 자신을 어떻게 컨트롤할 수 있을까? 나 자신을 움직이게 하는 기본 원칙을 정하는 것이다. 바로 나태해지는 것을 막는 체크시스템을 만드는 것이다. 그리고 그것을 눈에 잘 띄는 곳에 붙여 놓고 체크를 해보자. 가능하다면 나태해지려는 자신을 다잡고 반성하는 독립된 공간을 만들어보는 것도 좋다. 사무실이든, 자신의 집이든, 이른 아침이든, 늦은 저녁이든, 자신의 내면을 바라보고 좀 더 명료하게 사고할 수 있는 상황을 만들어 자신을 점검하는 시간이 꼭 필요하다.

　이러한 행동 패턴은 머릿속에서만 맴돌았던 생각을 실제 자신의 눈을 통해 시각적으로 느낄 수 있도록 한다. 그리고 그러한 시간을 통해 자신을 응시하면서 두 가지의 감정을 얻게 된다. 그것은 내가 얼마나 무기력한 존재인지를 확인하며 나의 우유부단함을 발견할 수 있다는 것이고, 다른 하나는 점점 발전해가는 자신의 모습을 확인하면서 가슴 깊은 곳으로부터 올라오는 기쁨을 맛볼 수 있다는 것이다.

　나 역시 이런 경험이 있었다. 사회생활을 하며 세운 계획대로 실행하는 동안 나는 나 자신이 얼마나 나약한 존재인지를 깨닫곤 했다. 그리고 그럴 때마다 다시 마음을 다잡고 나를 바로 세워 줄 방법을 찾아보았다. 주위 지인들로부터 조언을 들어보는 것도 한 가지 방법이었다. 그리고 나를 바르게 컨트롤할 수 있는 멘토는 바로 나 자신이었음을 깨닫게 되었다.

나 스스로가 감독자가 되어야 한다. 주위 지인들은 나를 응원해 줄 수 있다. 하지만 결국 나를 멈추지 않고 달리도록 하는 것은 나 한 사람뿐이다. 당장 나를 감독하고 체크할 수 있는 리스트를 책상 앞에 붙여라. 그리고 하루하루 명시된 목록에 답을 하면서 체크를 해보기 바란다. 분명 하루하루 빈 여백이 가득 채워지는 순간 또 다른 성공의 깊은 희열을 느끼게 될 것이다.

## ●●● 생각과 마음을 컨트롤하라

성공 신화를 쓴 사람들에게서 발견할 수 있는 것들 중 무엇보다 중요한 한 가지는 바로 발상의 전환이다. 누구나 다들 잘 알고 있는 사실일 것이다.

발상의 전환은 어디서부터 가능한 것일까? 바로 생각의 변화에서부터 시작된다. 아무리 좋은 발상을 해내려고 해도 생각이 바뀌지 않으면 절대 이루어질 수 없는 것이다.

그러면 이러한 변화의 시도를 방해하는 장애 요소들은 무엇인가? 그것은 오랜 과거로부터 학습되어진 우리 자신이다. 즉 과거에 붙들려 있는 부정적인 생각들이 발상의 전환을 가로막고 우리로 하여금 고정관념이란 작은 틀에 가두어 놓는다. 이제는 그 작은 틀로부터 탈출을 시도해야 한다. 아니 무의식 가운데 깊게 자리 잡고 있는 그 부정적인 생각을 뽑아내야 한다.

부정적인 생각들과 잔재들은 우리로 하여금 생산적인 발상을 꿈꾸지 못 하도록 한다. 실패와 좌절과 단념으로 굳어진 부정적인 생각들, 그 안에서 잘못 자리를 잡은 내면의 고정관념들을 이제는 버려야 한다. 아니 그것들을 도저히 버릴 수 없다면 미래와 과거의 기억들을 따로 보관하자! 과거는 과거일 뿐, 그것으로 인해 우리의 미래가 영향을 받지 않도록 철저히 따로 보관하자! 과거의 아픔과 시린 실패의 기억들이 우리 안에 부정이란 씨앗을 키우지 못하도록 하자. 그리고 우리의 생각을 컨트롤해보자. 사람들은 이것을 마인드 컨트롤이라고 표현한다. 심리학적 용어인 마인드 컨트롤mind control이란 "정신통제, 최면이나 자기암시" 등을 뜻하는 말이다. 다른 말로는 감정통제(Emotion Control)라고 한다.

자신의 감정을 통제하기 위해서는 내면의 힘을 기르는 것이 중요하다. 바로 내면에 긍정의 근육을 키워야 한다. 그리고 늘 그것을 반추함으로써 자신의 내면에 자리 잡고 있는 부정의 잔재들을 말끔히 정리해야 한다.

그렇게 내면의 부정적인 생각들을 말끔하게 정리하고 나면 우리는 비로소 긍정의 눈으로 세상을 바라볼 수 있게 될 것이다. 윈스턴 처칠은 말했다. "비관론자는 어떤 기회가 찾아와도 어려움만을 보고, 낙관론자는 어떤 난관이 찾아와도 기회를 바라본다."

이제 생산적인 발상을 꿈꾸도록 하자. 그리고 긍정의 아름다운 열매들로 자신을 기쁘게 하자! 그것이 자신을 인생 역전의 성공의 종착역으로 이끌어 줄 중요한 마스터키가 될 것이다. 성공이란 철저하게 자기 자신을 컨트롤하는 것이다.

# Chapter

# 3

## 성공
## 훈련소

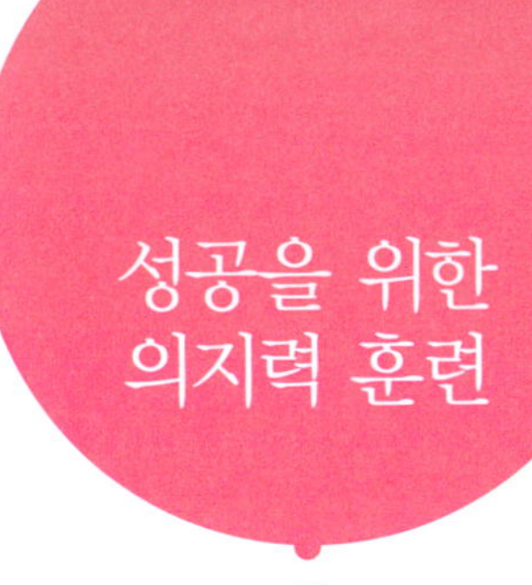


성공과 실패를 좌우하는 중요한 요소 중 하나는 바로 의지력이다. 대개 의지력이 강한 이들은 일단 목표를 세우면 그 목표를 향해 끝까지 포기하지 않고 달려간다. 반대로 의지력이 약한 이들은 '작심삼일'이란 말대로 얼마 가지 못하고 이내 포기하고 만다.

이렇게 연약한 의지력을 과연 어떻게 하면 강하게 키울 수 있을까? 윌리엄 E. 홀은 말했다. "당신이 하기를 원하고, 하려고 하는 의지가 있고, 오랜 시간 동안 충분히 노력한다면 그 일은 날마다 조금씩 함으로써 반드시 성취해낼 수 있다."

그렇다. 우리의 의지가 약하다면 아무것도 성취할 수가 없다. 하지만 윌리엄 E. 홀의 말처럼 굳은 의지를 가지고 날마다 조금씩 실천한다면 우리는 반드시 목표에 도달할 수 있을 것이다.

### ●●● 의지력을 불태워 줄 작은 실천

성공을 만드는 기본 원칙의 핵심은 무엇보다 성실함이다. 아무리 유능한 머리와 훌륭한 계획과 스펙을 자랑한다고 해도 성실하지 않다면 어떠한 목표를 가지고 있든 결국 성공하지 못 한다. 성공을 위한 도약을 하는 과정에서 하루하루 자신의 이야기를 어떻게 써내려 가는지가 성공하고자 하는 의지를 더욱 굳게 해 준다. 사실 아무런 진척이 없을 때 쉽게 포기하게 되는 것이다. 무엇인가를 위해 한 걸음 한 걸음 걸어왔다면 대부분의 사람들은 지금껏 걸어왔던 걸음이 아까워 되돌아가지 않는다.

중학교 시절이었다. 소풍을 갔다가 돌아오는 길이었다. 워커힐 호텔에서 강 건너 천호동은 아주 가깝게 보였다. 고작 강 하나를 건너가면 바로 집에 갈 수 있겠다, 싶은 생각에 친구들과 걸어서 한강 다리를 건너기로 했다. 대충 눈으로 볼 때는 정말 가깝게 보였다. 하지만 착각이었다. 그렇게 짧아 보이던 다리가 얼마나 길던지 아무리 걸어도 끝이 없는 것 같았다. 늘 차로만 건너던 그 한강 다리가 그렇게 긴지 처음 알았다. 우리는 중간쯤 걸어가다가 포기하고 다시 뒤돌아가 버스를 타고 싶은 마음이 들었다. 하지만 포기하고 싶었던 그 순간, 지금까지 걸어온 게 너무 아까웠고 오기가 생겼다.

간단한 에피소드를 이야기했지만 이것이 사람의 마음이다. 성공을 향해 가는 길도 마찬가지이다. 하루하루 성공을 위해서 달려가던 걸음을 멈추고 포기하고 싶다는 생각이 의지를 지배하게 되면 성공을 위한 항해를 끝낼 수 없게 된다.

플랭클린은 말했다. "결단하여 해야 할 일은 실행하겠다고 결심하라. 결심한 것은 반드시 실행하라." 이처럼 우리의 약한 의지력을 키울 수 있는 방법은 바로 작은 실행이다. 무엇이든 좋다. 당신이 목표로 삼은 그 종착점에 닿기 위해서는 끊임없이 실행해야 한다. 그렇게 함으로써 쌓인 노력의 결과물들이 또 다른 의지를 불타오르게 만든다.

어린 시절 누구나 한번쯤은 선생님, 어른들로부터 "이유를 달지 말라"는 말을 들어보았을 것이다. 왜 어른들은 아이들을 훈육할 때, 이유를 달지 말라고 하는가?

사실 아이들의 행동에는 이유가 있지만 어른들은 아이들이 말하는 이유를 들으려 하지 않는다. 그것은 아마도 핑계라고 생각하기 때문일 것이다.

핑계는 "잘못한 일에 대해여 이리저리 돌려 말하는 구차한 변명이다." 하지만 정당한 이유는 변명이 아니다. "어떠한 결론이나 결과가 나오게 된 까닭이나 근거이다."

정당한 이유가 있다면 우리는 들어 주어야 한다. 누구나 자신의 행동에 따른 결과나 어떠한 일에 대한 결과에 대해 정당한 이유를 설명할 수 있어야 한다. 그러한 과정이 생략된다면 원인에 대한 분석도 결과에 대한 해석도 되지 않는다.

왜 자신의 의지가 약하다고 생각하는지 그 원인과 이유를 찾아보자! 무엇이 자신의 의지를 약하게 하는가? 자신의 의지를 약하게 하는 열 가지의 이유를 적어보자. 그리고 적혀진 내용들을 살펴보자. 그리고 적혀진 내용을 경계한다면 의지가 꺾일 일은 없게 될 것이다. 의지가 약한 이들을 보면 몇 가지 공통된 이유를 찾을 수 있다.

첫 번째, 그들은 이번이 마지막이라고 생각하지 않는다. 늘 다음에 또 다른 기회가 자신에게 주어질 거라고 생각한다. 하지만 그것은 어리석은 착각이다. 항상 다음에 다음에를 외치다 보면 결국 아무것도 이루지 못하고 자신의 황금과도 같은 멋진 시절을 끝내게 될 것이다. 분명 그들은 온통 후회와 미련이 남는 노후를 맞이한다. 어느덧 찾아온 인생의 마지막 계절에도 다음 기회를 말할 수 있겠는가? 마지막이라고 생각하지 않는 이들은 사실 절실함이 없다. 절실함은 마지막일 수도 있는 기회의 끝자락에서 나오는 것이다. 자신에게 찾아온 생애 마지막 순간이란 마음을 가진다면 분명 쉽게 포기할 수 없게 된다.

두 번째, 약한 의지력의 뒤엔 그들을 무능력하게 만드는 부모가 있다. 의지가 약한 이들의 공통점은 늘 "괜찮다."라고 말하는 부모들이 있다는 것이다. 물론 자녀의 실패 앞에서 그들에게 "괜찮다."라는 말로 위로하는 부모가 되는 것은 좋다. 하지만 이 "괜찮다."라는 말 뒤에 한 가지 덧붙여야 할 말이 있다. 그것은 바로 "할 수 있다. 다시 최선을 다 해보자!"이다. 그러나 자녀를 나약하게 만드는 부모는 늘 "힘들었지? 괜찮다. 그만해도 된다."라고 말한다.

그저 안쓰러운 마음이 드는 나머지 아이를 대신해서 모든 걸 해 주려고 한다. 어린 시절을 그런 환경에서 보낸 아이들은 인생의 거친 풍파와 맞서야 하는 순간이 오면 힘없이 쓰러지고 만다. 근래 초등학생 학부모들을 보면 하다못해 아이들 친구까지도 자신이 만들어 주려고 한다. 그들은 아마 자녀의 결혼생활까지도 대신 해 줄 기세다. 아니 자녀들의 결혼생활에 지나치게 개입하기도 한다. 그렇게 성장하는 사람들은 사실 어려운 상황을 끝까지 인내하며 문제를 해결해야 할 이유가 없다. 늘 나서서 문제를 해결해 줄 누군가가 있기 때문이다. 이들은 다른 이들의 등 뒤에 숨어 살아가도록 교육받는 것이나 마찬가지다.

나의 오랜 지인 중에도 마마보이가 하나 있다. 늘 엄마가 뒤에 숨어 학교도, 군대도, 직장도, 결혼도, 육아도, 심지어 부부 사이에 일어나는 문제도 나서서 해결해 준다. 내 눈에는 한심스러운 모습이지만 그의 어머니 스스로는 자식에 대한 사랑이 지극한 것일 뿐이라고 생각할지도 모르겠다. 그리고 이제 자신도 늙고 자식도 나이가 먹었다. 다 늦어 여전히 사람구실 못하는 아들을 탓한들 무엇을 어찌 하겠는 가? 그것은 자신이 만든 결과인 것이다. 그는 40이 넘은 나이에도 엄마가 모든 것을 해 주기 바란다. 조금만 힘들면 다 포기하고 엄마의 집으로 달려간다. 그의 아내를 보고 있자면 참 안쓰럽다.

혹시 당신에게도 이러한 부모가 있는가? 언제까지 그렇게 살아갈 수 있겠는가? 이제는 부모로부터 독립하라. 작은 것 하나일지라도 스스로 계획하고 스스로 해결하는 방법을 배워야 한다. 또한 자녀를 키울 때도 이제 자녀 스스로 역경을 이겨낼 방법을 알려주자! 분명한 것은 생존하도록 돕는 것보다 생존을 할 수 있는 가르침을 주는 것이 진정 현명하게 자녀를 키우는 방법이다.

셋째, 강한 목적이 없기 때문이다. 얼마 전 디카프리오가 주연한 '레버넌트, 죽음에서 돌아온 자'라는 영화를 보았다. 디카프리오는 아들의 복수를 위해 끝내 죽음을 이기고 살아남는다. 그렇다. 강한 목적이 있는 사람은 결코 포기하지 않는다. 목표를 달성하기 위해서는 강한 목적이 있어야 한다. 스스로 목적을 잊지 않도록 우리는 우리의 목적의식을 계속해서 리마인드 해야 한다.

늘 보기 쉬운 곳에 자신의 목적을 적어 걸어놓는 것도 좋은 방법이다. 무라카미 하루키는 말했다. "노력이란 좀 더 구체적인 목적을 가지고 하는 걸 말한다." 인간은 목적이 있어야 포기하지 않고 계속해서 실행을 해나갈 수 있다. 강한 목적의식을 가지고 있다면 결코 의지가 나약한 사람으로 전락하지 않는다. 『무조건 살아, 단 한 번의 삶이니까』의 저자인 성악가 최성봉은 "도망갈 곳이 없어, 미치게 도망가고 싶어서, 미치게 노래했어요!"라고 말했다. 그의 절박함이, 거리에서 껌을 팔던 고아 소년을 세계를 감동시킨 한국의 폴 포츠 최성봉으로 만들었던 것이다.

### ●●● 강한 의지를 선물하는 사람

또 다른 이유를 만들어 보자! 그것은 바로 포기하지 않아야 할 이유를 만드는 것이다. 왜 이 도전에 성공해야 하는지를 생각해보자. 영화 '록키'를 기억하는가? OST 음악만 들어도 무언가에 막 도전하고 싶은 충동을 느끼게 하는 영화이다.

실베스타 스탤론이 주연으로 출연한 '록키'는 승패를 떠나 무명의 선수가 세계챔피언에 도전해 15라운드까지 자신과의 싸움에서 끝까지 포기하지 않는 권투영화다. 영화에서 록키는 경기의 마지막 순간 자신이 사랑하는 애드리안을 소리쳐 부른다. 그녀는 그가 끝까지 자신과의 싸움에서 포기할 수 없던 이유였기 때문이다.

당신에게도 분명 자신과의 싸움에서 의지를 불태울 원동력이 되는 존재가 있다. 어떤 이게는 부모님 또는 사랑하는 아내와 아이들일 수도 있고, 애드리안과 같은 연인일 수도 있다. 파울로 코엘료는 말했다. "사랑이란 당신이 지치는 순간에 당신을 웃게 만드는 것이다." 사랑의 힘은 인간의 한계를 극복할 수 있는 힘을 주며 한계를 넘어선 승리의 감동을 선물한다.

그 존재가 무엇이건 간에 자신의 한계를 극복하고 자신의 목표를 향해 달려가도록 만들어 주는 그 대상을 떠올리는 것, 그리고 내가 살아가는 이유가 되는 그들을 잊지 않도록 자신의 마음에 아름다운 사랑의 흔적을 남기는 것은 당신을 나약한 의지로부터 지켜줄 수 있게 한다. 그리고 당신 역시 누군가에게 한계를 극복할 이유가 되기에 절대 자신의 삶의 여정을 포기하여서는 안된다는 사실을 기억하여야 한다.

두 번째는 미래의 자신의 모습에서 그 이유를 찾아보자! 사람들은 보통 행복을 세상에서 일반화된 가치로부터 기준을 잡는다. 하지만 행복에는 객관적인 기준을 가져다 댈 수 없다. 행복은 지극히 주관적인 것이다. 당신은 '록키'를 실패자라 말할 것인가, 아니면 진정한 챔피언이라 말하겠는가? 사람들은 세상의 성공 기준이 아닌 자신과의 싸움에서 승리한 록키에 열광한다. 그를 챔피언이라 말한다.

당시 영화를 본 미국인들은 록키의 모습에서 진정한 미국의 영웅을 찾았다. 사실 '록키'라는 영화 시나리오 자체가 실제 성공신화이다. 무명의 실베스타 스텔론은 어려운 환경 속에서 꿈을 키워가는 자신의 인생과 같은 시나리오를 썼고 자신이 주인공으로 출연한다는 조건을 걸고 출연료 없이 제작사와 계약했다. 제작비는 고작 100만 달러였다. 그는 제작비를 아끼기 위해 자신의 가족을 출연시키고 자신의 집에서 촬영하였다. 영화가 완성된 후 1976년 11월 '록키'의 시사회가 열렸을 때, 극장은 박수와 환호로 가득했다. 결국 영화 '록키'는 1977년 아카데미 시상식에서 최우수 작품상을 수상하였고 영화 역시 전 세계적인 흥행을 거두었다. 끝까지 포기하지 않은 실베스타 스탤론의 의지가 대스타를 만든 것이다.

그는 세상의 기준에서 자신의 성공을 찾지 않았다. 대신 자신의 기쁨을 위해 일하였으며 멋지게 자신과의 싸움에서 승리하는 미래의 모습을 떠올렸을 것이다. 그렇다. 우리로 하여금 다시 한 번 의지를 불태울 또 다른 원동력은 미래의 내 모습이다. 세상의 기준이 아닌 나와의 싸움에서 멋지게 승리하는 자신의 이야기를 상상해보자! 분명 당신을 다시 달리게 하는 소중한 무기가 되어 줄 것이다.

성공을 위해서는 자신의 의지를 불태워야 한다. 그러기 위해서는 무엇보다 삶의 작은 것에서부터 실천하는 것이 중요하다. 성공을 위해 시작한 당신의 작은 몸짓이 당신의 의지를 더욱 강하게 할 것이다. 그리고 당신을 포기하지 않게 만들어 줄 단 한 사람을 위해 당신의 도전을 쉬지 말아야 한다. 누군가에게 당신은 이미 그의 꿈이 되고 있기 때문이다.

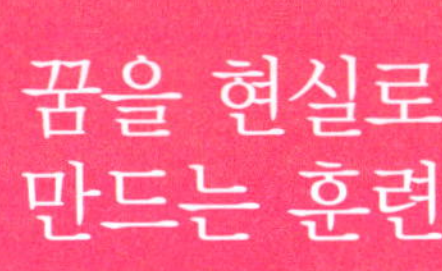


사람은 저마다의 꿈을 꾼다. 하지만 자신이 꾸는 꿈을 현실로 만드는 이들은 드물다. 꿈을 현실로 만들지 못하는 원인은 무엇일까? 그것은 바로 용기가 없거나 아니면 스스로 꿈을 꾸기에 너무 늦어 버렸다는 생각으로 시작조차 하지 못하기 때문이다. 『하버드 새벽 4시 반』의 저자 웨이슈잉은 "나는 꿈을 갖고 용감하게 나아가는 사람만이 성공할 수 있다고 믿는다."라고 말했다. 때론 "그저 그런 꿈이 있었지."라고 어렴풋이 기억으로만 간직하는 이들도 있다. 괴테는 말했다. "꿈을 계속 간직하고 있으면 반드시 실현할 때가 온다."

똑같이 꿈을 간직하지만 과거의 먼 기억으로만 떠올릴 뿐인 사람과 현재진행형으로 마음속에 간직하고 있는 사람 사이에는 분명 확연한 차이가 있다. 전자는 '이룰 수 없는 꿈'이라면서 스스로 포기하는 마음으로 기억할 뿐이지만, 후자는 자신의 꿈을 이루기 위한 실현 가능한 삶의 목적으로 간직하기 때문이다. 후자의 경우는 분명 자신의 꿈을 위해 용감하게 도전하고 도약할 것이다.

영국의 시인 윌리엄 블레이크는 "과거의 상상이 현실로 나타나고 있다."고 말했다. 끊임없이 상상하고 그것을 이루기 위해 자신의 능력을 제한하지 않는 것이 꿈을 현실로 만드는 첫걸음이다.

## ●●● 내면의 또 다른 나와 직면하라

마음의 가난은 자신의 꿈과 선택을 제한한다. 스스로 자신의 능력을 제한하는 사람들이 너무나 많다. 우리는 꿈을 현실로 만들기 위한 훈련이 필요하다. 그러기 위해서는 먼저 생각 훈련을 해야 한다. 나의 내면에서는 지금 내게 어떤 메시지를 전달하고 있는가?

온통 패배주의적인 생각으로 스스로의 능력을 제한하지 말아야 한다. 이제 생각을 바꾸어야 한다. 아니 가능한 자신의 능력을 제한하지 않는 생각을 훈련해야 한다.

스티븐 코비는 『성공하는 사람들의 8번째 습관』에서 "당신의 열정과 재능을 해방시켜라!"라고 말한다. 그렇다. 자신을 제한하지 않기 위해서, 우리는 스스로의 열정과 재능을 자신이 만든 내면의 감옥으로부터 해방시켜야 한다. 필립 메신저는 말했다. "다른 사람을 지배하려는 사람은 먼저 자기 자신을 지배해야 한다." 꿈을 현실화하기 위해 우리는 우리 스스로를 지배해야 한다. 우리 내면에 들끓는 수많은 공허의 목소리를 뒤로 하고 성공에 대한 신념을 바탕으로 삶을 이야기하여야 한다.

당신을 실패자로 만드는 가장 큰 적은 바로 스스로를 제한하는 공허한 내면의 소리이다. 그것으로부터 자유로워지도록 하라. 그리고 그 목소리에 더 이상 귀를 기울이지 않게 되도록 노력과 훈련이 필요하다.

예전에 '너에게 나를 보낸다'라는 영화가 있었다. 혹시 제목을 기억하시는 분이 있는지 모르겠다. 영화 제목처럼, 많은 이들이 누군가에게 자신을 보내는 소모성 삶을 살아간다. 하지만 정녕 자신을 돌아보는 에너지를 충전하는, 자신과 만나는 시간을 갖는 것에는 익숙지 않다.

우리 스스로를 제한하지 않는, 자신의 내면의 소리로부터 자유로워지기 위한 훈련은 바로 진정한 나를 만나는 것을 의미한다. 사람들은 자신을 사랑하는 것에 익숙하지 않다. 당신은 자신의 이름을 부르며, 스스로를 위로하거나 자신을 향한 격려의 메시지를 말로 표현해본 적이 있는가?

사람들은 위로가 필요한 타인을 위해 희망의 메시지를 전하거나 격려하는 것은 너무나 잘한다. 하지만 정작 자신에게는 이름을 불러주며 위로와 격려를 하지 않는다.

어느 날 문득 거울에 비친 자신의 얼굴을 한번 바라보라. 힘든 하루하루를 정말 정직하게 살아온 자신의 모습이 어떻게 보이는가? 얼마 전 우연히 거울에 비친 내 모습을 바라보고는 순간 너무도 숙연한 마음이 들었다. 그동안 많은 사람들을 찾아다니며 그들을 위로하고 다른 이들의 행복을 위해 내 가족도 뒤로한 채 국내외 장소를 마다하지 않고 돌아다녔다.

하지만 정작 나의 상처와 정직하게 만나 위로해본 적은 없었다. 온통 타인을 위해 봉사한다는 마음으로 고민하고 일하면서 생긴 흰 머리칼과 어느덧 중년이 된 거울 속의 나를 만나던 그 순간, 내 자신에게 너무나 미안했다. 누구를 위한 성공인가? 누구를 위한 기쁨인가? 세상에 가장 중요한 것은 바로 나 자신이다.

우리는 자신을 위로하고, 자신과의 조용한 만남을 통해 자신이 진정 무엇을 원하며, 내면 깊은 곳에서의 어떠한 위로가 필요한지를 알아야 한다. 그래야 내 안에 있는 상처를 바로 볼 수 있다. 그러한 상처를 방치하는 것은 곧 나를 무능력하게 하는 원인이 된다. 이것을 자신의 '쓴 뿌리' 자신의 '원 상처'라고 이야기하는 이들도 더러 있다.

그것을 무엇으로 표현하는지는 중요하지 않다. 자신과의 만남을 통하여 내면 깊숙한 곳에 숨어 있는 상처 입은 나를 치유하는 과정을 통해 스스로를 제한하는 내면의 목소리를 다스려야 한다. 그것은 성공하고자 하는 의지를 꺾는 목소리이며, 늘 어두운 현실 앞에 나를 세워 놓기 때문이다. 랄프 완도 에머슨은 이렇게 말했다. "나에 대한 자신감을 잃으면 온 세상이 나의 적이 된다." 이 세상에서 가장 귀한 성공의 동역자는 바로 자신이다.


## ●●● 실수에 정면으로 대면하라

꿈을 현실로 실현하기 위해 무엇보다 중요한 것은 과거에 했던 잘못과 실수를 앞에 두고 정면으로 마주 서는 것이다. 성공하는 사람은 과거의 실패를 그저 지나갔을 뿐인 일로 기억하지 않는다. 그들은 아픔을 주었던 실패의 기억 속에서 자신의 잘못을 찾아내 정면으로 마주 선다. "실패는 성공의 어머니"라는 토마스 에디슨으로부터 유래된 금언을 잘 알고 있을 것이다. 왜 실패를 성공의 어머니라고 부르는가? 그것은 자신의 실패를 통해 교훈을 얻고 그것을 발판 삼아 다음 단계로 올라서는 계기로 삼기 때문이다.

중요한 것은 실패와 정면으로 대면하는 것이다. 자신의 잘못을 피하지 않는 것이다. 자신의 잘못을 똑바로 바라보지 못하는 것은 실패했을 때의 두려움이 떠오르기 때문이다. 작가 웨이슈잉은 말했다. "새로운 일을 할 때 실패의 가능성이 있음을 인정하는 대신에 두려움을 극복하고 노력해야 한다.” 성공하고자 한다면 실패를 똑바로 바라볼 수 있어야 한다. 그러한 과정을 통해 실패로부터 오는 두려움을 극복해야 한다.

두려움을 극복했다는 것은 열정이 살아 있다는 것이다. 웨이슈잉은 “흔들리지 않는 의지와 성공에 대한 열정은 실제 성공에 이르기 위한 절대 법칙이다.”라고 하였다. 실패했던 과거의 기억을 똑바로 응시할 준비가 되어 있는가? 그 과정을 통해 두려움을 극복하고 성공의 열정으로 자신을 다시 재탄생시킬 준비가 되어 있는가? 하버드 대학에는 이런 유명한 말이 붙어 있다. “이 세상에 진정한 어려움은 없다. 다만 어려움에 맞설 자신감이 부족한 것일 뿐.” 자신의 잘못과 실수에 맞서 자신감을 회복하기 바란다. 이 세상은 험난한 바다와 같으며 인생은 폭풍우가 몰아치는 그 바다를 항해하는 것과 같다.

인생의 항해는 길다. 그 긴 여정이 늘 순조로울 수만은 없다. 하지만 힘들었던 기억을 외면하면서 눈을 감아 버린다면 결코 목적지를 향해서 다시 전진할 수 없다. 과거의 실수를 똑바로 응시하자. 그리고 그 실수를 통해 값진 교훈을 얻자! 그 교훈이 바로 성공 지침서이다.

## ●●● 성공의 적은 무기력

살아가다보면 어느 순간 무기력함에 빠질 때가 있다. 일단 이런 무기력함이 찾아오면 열정도 의지도 살아지고 만다. 인생의 모든 일들이 무의미하게 느껴지고 아무런 행동에도 나서지 않게 된다. 무엇을 위해 나는 달려가고 있는지, 이유를 찾지 못한다. 그나마 자신이 무기력증에 빠져 있다는 걸 인지하기라도 한 사람은 다행이지만 어떤 사람들은 자신이 무기력증에 빠져 있는지도 인지하지 못한다. 원인도 이유도 모른 채 끝없는 슬럼프에 빠져 소중한 삶의 시간들을 허비하고 마는 것이다.

성공하는 사람들은 그런 무기력함의 순간에서도 즉시 행동에 나선다. 무엇이든 좋다. 절대 쉬지 않는다. 무기력함에 빠져 있는 순간 잠시 쉬어야겠다고 생각한다면, 다시 뛰지 못하게 된다.

대학원 과정을 밟다가 휴학을 하는 이들에겐 재미있는 공통점이 있다. 공부가 힘들어서, 아니면 다른 이유로 한 학기만 휴학을 해야지 하고 멈추는 사람들의 대부분은 결국 학교로 돌아오지 않는다. 한번 사이클을 놓치게 되면 다시 회복하기 어렵다는 것이다.

사람들은 모두 성공을 원한다. 당신은 그렇지 않은가? 성공을 원한다면 어느 순간 찾아올지 알 수 없는 기회를 놓치지 말아야 한다. 하지만 무기력함에 빠져 멈추고 있을 때라면, 그런 기회를 잡아 다시 달릴 수가 없다. 아니, 달릴 수도 있겠지만 어느 방향을 향해 뛰어야 할지 알지 못하게 된다.

우리를 무기력함에 빠지게 만드는 심리적 요인들은 매우 다양하다. 인지과학자인 박경숙은 『문제는 무기력이다』에서 "우리를 무기력하게 만드는 것은 결국 환경에서 비롯된 특정 사건이다."라고 말한다. 그녀는 "인간의 능력과 행동은 무기력을 야기하는 직접, 혹은 간접적인 원인이 될 수 있다."라고 하였다. 그렇다. 무기력은 오랜 기간 지속된 어떤 행동으로 인해 자신도 모르는 사이에 학습된다. 인생에서의 잦은 역경과 그로 인해 누적된 불안, 좌절감들이 쌓여 우리를 무기력하게 만드는 것이다.

그렇다면 우리는 이 엄청난 녀석으로부터 어떻게 탈출할 수 있을까? 답은 이미 앞에서 말했다. 바로 성공한 이들이 모습이 답이다. 그들은 움직인다. 그것이 무엇이 되었건 간에 의식적으로 쉬지 않는다. 무기력에 빠져 오래 쉬게 되면 대인기피와 같은 또 다른 좋지 않은 결과들까지 가져온다. 운동도 좋고, 취미생활도 좋다. 가까운 친구들과 만나 이런 저런 이야기들을 나누며 밤을 새워도 좋다. 그 형태가 무엇이 되었든 무의식 속에 학습되어 깊이 자리 잡은 무기력증을 이겨내기 위해서는 자신의 사이클을 유지하며 꾸준히 움직이도록 자신을 컨트롤해야 한다. 물론 무리하는 것은 좋지 않다. 적당한 컨디션을 유지하는 것이 중요하다.

성공하고 싶다면 꿈을 현실로 만들 수 있는 훈련이 필요하다. 그것은 자신의 내면 깊숙이 성찰하는 것이며, 실패로 인한 상처에 맞서 과거의 수많은 실수들과 정면으로 마주하는 것이다. 그리고 그 모든 실패를 통해 성공을 학습하는 것이다.

가장 큰 스승은 바로 나 자신이다. 과거에 저질렀던 많은 오류들로부터 성공의 방법들을 찾아라. 그리고 언젠가 찾아올지도 모를 무기력함의 순간을 대비해야 한다. 기억하라. 무기력함에 빠져 달리기를 멈춘다면, 다시는 달릴 수 없게 된다.

# 대단한 사람이 돼라

보통 이름을 널리 알려 유명해진 사람을 성공한 사람으로 인지하는 사람들이 많다. 유명한 사람이 되는 것과 성공한 사람을 잘못 연관시키는 것이다. 유명한 사람이란 무엇일까? 유명한 사람이 되면 성공한 것인가? 극단적인 예이긴 하지만, 큰 범죄를 저질러 세상에 이름을 널리 알린 범법자를 두고 우리는 성공한 사람이라고 하지 않는다. 성공의 기준은 유명인사가 되는 것에 있지 않다는 것이다.

인생의 성공 가치는 유명함이 아니라 대단함에 있다. 예전 개그 프로에서 "뭐 대단한 사람 나왔다고…"라는 말이 유행어가 되었던 것을 기억한다. 성공은 바로 그 대단한 사람이 하는 것이다. 절대 가능하지 않을 것 같은 현실의 벽 앞에서 수없이 깨지고 넘어지며 역경을 딛고 일어서는 삶의 드라마를 쓴 사람, 그들이 바로 진정으로 성공한 사람이다.

주위를 돌아보자! 자신이 정한 삶의 목표를 향해 끝없이 도전하고, 수많은 실패 속에서도 두려워하지 않고 꿈을 향해 달려가는 이들의 모습을 찾아보라! 그런 성공의 롤모델이 되는 대단하신 분이 있는가?

## ●●● 대단한 사람을 만나라

내 기억 속에는 성공의 롤모델이 되었던 대단한 분이 있다. 오래전 국책연구과제 건으로 만나게 된 한 의료기업체 회장님이었다. 그와 악수를 하는 순간 무엇인가 허전한 느낌이 내 손으로 전해져 왔다. 그분은 오른손 검지와 중지 손가락 두 개가 없었다. 금형 공장에서 일을 하던 젊은 시절 손가락 두 개를 모두 프레스 기계에 잃었다고 했다.

하지만 그런 아픈 상처가 그를 좌절하도록 만들지는 못했다. 오히려 지금의 그분을 만들었다. 병원에 입원해 수술 치료를 받고 재활을 하는 동안 제대로 된 국산 정형외과용 수술 장비와 임플란트 하나 없이 해외 수입에 의존하는 현실을 깨닫는 계기가 되었던 것이다. 그분은 우리와 체형이 다른 외국인들을 대상으로 만든 제품을 한국인의 체형에 맞게 구부리고 잘라내며 수술을 하는 의사들의 고충 또한 크다는 것을 알게 되었다. 더구나 우리나라 의료보험공단의 재원이 해외로 빠져나간다는 것도 안타까웠다. 그분은 퇴원을 한 후에 이곳저곳 대학 교수들에게 자문을 구하며 제품 개발을 시도했고, 10여 년이 지난 지금 한국의 의료장비 국산화에 앞장서는 메디컬 업체의 회장이 되었다.

이런 분이 바로 대단한 사람의 예이다. 자신의 인생에서 절박한 위기에 처한 그 순간, 아니 자신의 삶에 찾아온 절망의 순간 또 다른 희망을 바라보고, 기회를 찾아 새로운 도전을 시작하였던 그분의 모습이야말로 성공을 위해 준비된 대단한 사람이라고 할 수 있다.

사람들은 간혹 공부를 잘하면 성공할 수 있다고 말한다. 과연 그러한가? 공부를 잘하는 것과 인생에서 성공하는 것은 다르다. 더 직설적으로 공부를 잘한다고 부자가 되는 것도 아니다. 앞에서 소개했던 회장님은 공업고등학교 졸업이 학력의 전부다. 대학에서 공학 석사, 박사 학위를 받지 않았다. 의학에 대해서도 전혀 알지 못한다. 그야말로 세상의 기준으로 볼 때 그분이 공장 노동자가 아니라 기업 회장이 될 수 있었던 다른 조건은 아무것도 없었다.

하지만 그분은 잘 만나 주지도 않는 의사들을 따라 다니며 해부학과 의학용어들을 익히고, 환자의 골절에 따라 필요한 임플란트와 의료장비들에 대해 하나하나 배워갔고, 실패를 거듭하면서 노력한 결과 성공을 이루어냈다.

성공이란 단어는 결코 유명한 사람이나 공부를 잘해 명문대를 졸업한 사람에게 붙는 수식어가 아니다. 『나는 자기계발서를 읽고 벤츠를 샀다』의 저자 최성락 교수는 이렇게 말한다. "많은 사람들이 이야기한다. 좋은 학교를 나오면 잘 살 수 있다, 소위 SKY 대학을 나오면 잘 살 수 있다, 사± 자가 들어가는 좋은 직업을 가지면 잘 살 수 있다고 말이다. 그렇지만 그들은 원래 집이 잘 살았기 때문에 유학을 갔다 올 수 있었으며, 교수가 될 수도 있었던 것이지 교수가 되었기 때문에 잘 사는 것이 아니다." 그렇다. 공부를 잘한다고 해서 잘 살거나 성공하는 것은 아니다. 성공은 철저한 목표 관리와 그에 따른 노력의 대가로 이루어지는 것이다. 성공하기 위해서는 유명세를 얻거나 월등한 학업 성적을 얻는 것이 아니라 이 세상 누구도 감히 감당할 수 없는 기개를 가진 대단한 사람이 되어야 한다.

### ●●● 대단한 꿈과 계획

어떻게 하면 우리는 대단한 사람이 될 수 있을까? 그것은 대단한 계획으로부터 시작된다. 대단하고 거창한 계획이 없다면 결코 대단한 일을 할 수 없다. 큰일을 하기 위해서는 거대한 꿈을 꾸어야 가능하다. 처음부터 소심하고 작은 꿈을 꾸는 사람이 어찌 큰일을 할 수 있겠는가.

하루는 중학생인 큰아들이 중간고사 목표를 70점 정도로 잡았다는 말을 했다. 그러자 아내가 이왕이면 목표를 높게 잡아야지 처음부터 70점을 목표로 공부하는 것은 잘못된 것이라고 지적했다. 나는 아내의 말이 성공을 준비하는 사람이 가져야 할 준비물을 시원하게 제시해 준 것이라고 생각한다. 사실 당연한 세상의 이치다. 목표를 높이 잡고 준비하는 사람이, 높은 곳을 바라보고 도약하는 사람이, 더 높고 멋진 도전을 할 수 있고, 언젠가 높은 창공으로 날아오를 수 있는 법이다. 어쩌면, 세상은 허황된 꿈을 꾸는 자들에 의해서 변화하는 것이라는 생각이 든다.

1980년대, 스티브 잡스는 한 강연에서 이렇게 말했다. "언젠가는 책 크기의 컴퓨터를 만들 겁니다." 사람들은 그저 웃음으로 넘겼다. 하지만 허황된 말로 들렸던 그의 꿈은 30년 뒤 '아이패드'로 만들어졌다. 사람들은 그러한 대단한 꿈과 계획들을 허황되다고 말하지만 사실은 전혀 그렇지 않다. 대단한 꿈을 꾸는 자가 대단한 역사를 만드는 것이다.

우리는 대단한 사람이 되어야 한다. 대단한 사람이 되기 위해서는 그에 맞는 대단한 꿈을 꾸어야 한다. 단 요행수를 바라는 꿈을 우리는 대단한 꿈이라고 하지 않는다. 그것은 그야말로 진짜 허황된 망상이다. 내가 말하고자 하는 대단한 꿈은, 생산성 있는 노력, 땀과 정성으로 이루어갈 그런 꿈을 말한다.

그렇다면, 대단한 꿈을 꾸기 위해, 계획하기 위해 먼저 어떤 준비를 해야 하는가? 그것은 바로 열린 마음으로 나의 모든 가능성을 열어두는 것이다. 나의 가능성을 열어 두지 않고는 진정으로 내가 하고 싶은 것을 찾을 수가 없다. 가능성을 제한하면, 늘 내가 할 수 있는 것만 계획하게 된다. 그렇게 되면 절대로 대단한 꿈을 꿀 수도 없고 대단한 도전도 할 수가 없다. 앞에서 소개했던 분이 장애를 입은 손으로 할 수 있는 일만 찾았다면 어찌 메디컬 회사의 회장이 될 수 있었겠는가.

대단한 꿈을 위해서는 자신이 할 수 있는 것, 그 한계를 제거해야 한다. 할 수 없을 것 같은 것까지도 꿈꾸어야 한다. 모든 사람들이 당신에게 "말도 안되는 소리 그만하라."고 해도 당신의 한계를 제한하는 목소리에 귀를 기울이면 안된다. 나 역시 사업을 시작하기 전에는 "찢어지게 가난한 네가 무슨 사업을 하느냐."며 월세 보증금마저 대출을 받아 충당한 "지금 신세에서나 먼저 벗어나도록 하라."고 비웃던 친구가 있었다. 내가 하고 싶은 일들에 대해 이야기를 하면, 주변의 지인들은 "부모도 없고 아무것도 가진 게 없는 네가 무슨 기업을 경영하는 사업가를 꿈꾸느냐, 현실적으로 작은 식당이라도 할 생각을 하라."고 했다. 사실 그들의 귀에 내 꿈은 허황하게 들렸을 것이다. 하지만 그들에게는 허황하게 들렸을지 모르지만 그런 꿈을 꾸며 미래의 나를 상상하고 계획할 때면 너무나 행복했다.

그렇다. 모두가 허황된 꿈이라고 했던 그 꿈이 현실이 되어 나를 한 기업의 대표로 만들었다. 꿈을 꾸고 그 꿈을 이루기 위해 준비하는 사람들에겐 방법이 보인다. 그리고 점점 체계가 잡히고 하나하나 그 꿈이 이루어지는 모습을 통해 주위의 사람들도 술렁거리기 시작한다.

그러한 가능성에 투자하는 사람들과 나를 응원하는 이들이 결국 함께 불가능을 가능으로 만든다는 것을 기억해야 한다. 작은 꿈은 작은 현실을 만든다. 하지만 거대하고 웅장한 꿈은 당신을 거대하고 웅장한 존재로 만든다.

진정한 성공은, 대단한 삶에 대한 이야기를 가진 사람에게만 해당된다. 절대 유명세와 세상에서 말하는 성공의 기준들이 우리의 성공을 판단할 수 없다. 절망과 시련 속에서도 가능치 않은 것들을 상대로 분투해 성공이란 이름으로 만드는 이들, 그 대단한 이들의 삶이 성공이다. 그들은 누구보다도 자신을 믿고 자신의 가능성을 열어두며 스스로를 제한하지 않는 대단한 꿈을 꾸는 사람들이다.

성공이라는 수식어가 붙는 대단한 꿈을 꾸며 멋진 도전을 통하여 그것들을 이루어내는 대단한 사람이 되고 싶은가? 그렇다면 자기 스스로에 대한 대단한 믿음을 가져야 한다. 세상 사람들이 당신이 가진 능력에 대해 어떻게 말하든 간에, 당신의 꿈이 이루어질 확률을 어떻게 계산하든 간에, 당신은 당신이 가진 가능성을 무조건 믿어야 한다. 나 스스로를 믿지 못하면 그 대단한 일들은 결코 일어나지 않는다.

성공한 사람들에겐, 믿어주고 기다려 주는 고마운 사람들이 있다는 공통점이 있다고 말했다. 하지만 그 무엇보다 중요한 믿음은 바로 자기 자신을 향한 믿음이다. 그 어떤 상황과 역경에도 굴하지 않을 대단한 자기 믿음이 있어야 한다. 이도준은 『내가 꿈을 이루면 나는 누군가의 꿈이 된다』를 통해 "꿈은 자기 믿음을 먹고 자란다."라는 말을 했다. 자기 믿음이 있을 때 자신의 꿈은 실현 되는 것이며, 그 대단한 믿음이 미래의 대단한 나를 만든다. 그 대단한 자기 믿음은 "나는 할 수 있다."라는 긍정과의 자신감을 만들며 그 긍정과 자신감은 곧이어 패기가 넘치는 적극적 행동력을 만든다. 마치 거대한 톱니바퀴가 서로 얽혀 돌아가듯이 이 상관관계는 절대 빠질 수 없는 성공의 존재 요소이다.

　하지만 그런 믿음이 교만으로 떨어져서는 안된다. "하룻강아지 범 무서운 줄 모르는…"과 같은 무모한 믿음이 되어서는 안된다. 그럼에도 자신이 확신하는 것에 있어서는 그 누구보다 가장 먼저 자신에게 믿음을 주어야 한다. 스스로에 대한 믿음과 확신이 없다면 세상 그 어떤 사람이 내게 투자를 하겠는가. 누가 당신의 사업계획과 제안서 등에 자신의 시간과 돈을 투자하겠는가. 자신도 믿지 못하는 그런 계획에 누가 함께 동역하기를 꿈꾸겠는가.

　대단한 꿈은 대단한 이야기를 만들며, 자신에게 보내는 스스로에 대한 믿음의 메시지는 성공을 실현시킨다. 자신에게 있어 세상에서 가장 든든한 믿음의 후원자는 바로 나 자신이다.

우리는 마라톤 경기와 같은 인생 여정을 살아간다. 때로는 숨이 턱까지 차는 언덕길을 달리기도 하고 때론 시원한 바람을 맞으며 순탄한 삶의 길을 달리기도 한다. 뜨거운 태양과 목마름을 견디며 사막과도 같은 길을 달리게 될 수도 있고, 살이 에이는 모진 광풍을 뚫고 달려야 하는 여정이 기다리고 있을 수도 있다.

사람마다 제각각으로 다르게 펼쳐지는 삶의 여정을 꿋꿋이 완주하기 위해서는 먼저 잘 달리기 위한 훈련을 해야 한다. 육상선수들을 보라. 그들은 무작정 달리지 않는다. 순간의 스피드를 요하는 종목도 있고, 지속적인 지구력을 요하는 종목도 있다. 육상선수들은 그 종목의 특성에 맞춰 훈련하고 달린다. 그리고 우리 역시 제각각 자신의 상황에 맞는 훈련이 필요하다.

## ●●● 단거리 선수의 훈련

인생은 길다. 그러나 단거리 선수와 같은 훈련 또한 필요하다. 단거리 육상선수는 짧은 거리를 전력을 다해 자신이 가진 최고의 스피드로 달려야 한다. 우리의 목표에서도 이처럼 짧은 기간에 달성해야 하는 것들이 있다.

예를 들어 성공을 위한 목표 달성 과정에서 필요한 '라이센스'를 취득하는 것이라면, 단기간 내에 집중하여 온힘을 다 쏟아내는 것이 필요하다. 우리가 계획한 무수한 성공의 꿈들 중에 어떠한 것들은 시작에서부터 전제되는 조건들이 있다. 가령 회계법인 대표가 되겠다는 꿈을 꾸고 있다면 먼저 공인회계사 자격시험에 합격해야 한다.

내 지인 중에 자신의 꿈을 이루기 위해 고시촌에 들어가 수 년 동안 시험준비를 하던 사람이 있었다. 그는 고시촌으로 들어가면서 한 3년 정도 준비하면 시험에 붙을 수 있을 것이라면서 웃으며 떠났다. 그를 배웅하면서 나는 그가 기간을 너무 길게 잡은 것은 아닐까? 하는 우려를 했다. 물론 고시의 종류에 따라 시험 준비 기간이 달라지긴 하겠지만 처음부터 3년이라는 시간을 정해두는 게 영 마음에 들지 않았다. 사법고시를 준비하는 이들은 뭐 10년씩 준비를 하기도 한다. 하지만 그가 준비하는 시험은 그렇게 오랜 시간을 계획할 정도는 아니란 생각이 들었다.

그렇게 몇 달이 지난 뒤 다시 만났을 때, 그는 여전히 태평한 얼굴이었다. 아직 3년이라는 시간이 남아 있으니 천천히, 하나하나 시작하면 된다고 자신의 여유를 변명했다. 1년 뒤에도 그는 아직도 2년이 남았다며 여유를 부렸고, 3년째가 되어 낙방을 했을 때는 처음엔 실수도 할 수 있는 거라며 스스로를 위로했다. 그렇게 또다시 1년이 지나고, 또 1년이 지난 뒤 그는 결국 포기의 깃발을 들어올렸다. 5년이란 시간을 허비하고만 것이다.

때로는 짧은 기간 내에 필요한 계획을 세우고 그것을 향해 사력을 다해 오직 그 목표에만 집중할 필요가 있다. 마치 단거리 선수와 같이 눈앞의 목표만을 향해 달려야 할 때가 있다. 먹잇감을 쫓는 사자와 같이 전력질주를 해야 할 때가 있다. 짐 로허와 토니 슈워츠의 저서 『몸과 영혼의 에너지 발전소』에는 "인생은 마라톤이 아닌 단거리의 연속이다."라는 말이 나온다.

대부분의 사람들이 믿고 있는 패러다임이 어느 때엔 잘못된 것일 수도 있다. 장기적인 성공 계획을 위해서 단기적인 목표를 하나하나 먼저 이루어야 하는 순간도 분명히 있다. 또한 단기적인 목표의 성공을 통해서 먼 훗날 얻을 성공의 기쁨 이전에 과정의 기쁨을 순간순간 맛보며 긴 여정을 달리기 위한 힘을 불어넣을 수도 있는 것이다. 그리고 그때는 목표만을 바라보고 사력을 다해 달려야 한다. 그것이 바로 단거리 선수로서의 훈련이다.

### ●●● 마라토너가 되기

인생을 흔히 마라톤에 비유한다. 멀고 험난한 여정을 포기하지 않고 달려 완주하는 면에서 마라톤과 인생은 많이 닮아 있다. 인생이라는 마라톤에서 가장 필요한 훈련은 무엇일까? 여러 가지가 있을 듯하다. 지구력, 집중력, 자기조절 능력 등등. 하지만 삶이라는 마라톤에서 가장 필요한 것은 바로 어떤 곤경에서라도 좌절하지 않는 신념이다.

혹시 설사를 하면서도 레이스를 펼친 마라톤 선수에 대해 들어본 적이 있는가? 얼마 전 중앙일보는 2008년 스웨덴 예테보리 하프 마라톤에 참가한 19세의 남자 선수 미카엘 에크발에 대한 기사를 실었다.

'그는 4만 명의 선수가 참가한 하프마라톤 대회에 참가해 약 2킬로미터 지점에서부터 10킬로미터가 넘는 거리를 달리는 동안 설사를 했다. 그는 복통과 설사, 수치로 인한 정신적 신체적 난제, 자신과의 싸움에서 이기고 1시간 9분 43초의 기록으로 완주했다. 21등이었다.'

그는 "왜 레이스를 그만두고 씻으러 갈 생각을 하지 않았느냐?"는 기자의 질문에 "한 번 멈추면 다음에 또 멈추게 되기 쉽고, 그것은 습관이 됩니다."라고 대답했다. 미카엘 에크발뿐 아니다. 경기 중 실례를 하는 선수를 가끔 보게 된다.

그들은 왜 그런 수치감을 무릅쓰고 끝까지 달릴 수 있었던가? 그것은 바로 완주를 향한 강한 집중력과 의지 때문이다. 인생에 있어서도 마찬가지다. 때로는 수치스러운 일도 당하고, 어디론가 숨어버리고 싶은 순간들도 찾아온다. 하지만 그런 순간이 닥쳤을 때 우리는 성공에 대한 목표 한 점에만 집중하며 투지를 불사르는 마라토너가 되어야 한다.

인생에는 단기 목표만 있는 것이 아니다. 중장기적인 계획을 가지고 도전해야 하는 일도 있으며, 작은 도전의 성공과 실패를 수없이 거듭해야 가능한 일들도 있다. 그러한 장기적인 목표를 위해 우리는 무엇보다 마라토너의 인내력과 지구력을 훈련해야 한다.

가끔 너무나 조급하게 무엇인가를 이루려는 사람들이 있다. 그들은 무슨 일이든 너무나도 성급하게 목표를 이루려고 하며 몇 번의 도전에서 실패하는 역경을 만나게 되면 이내 포기하고 만다. 하지만 그렇지 않다. 우리의 인생은 때론 멀리 내다볼 줄 알아야 한다.

희극인 찰리 채플린은 "인생은 가까이 보면 비극이지만 멀리서 보면 희극이다."는 말을 남겼다. 심한 복통과 싸우며 수많은 관중들의 시선 앞에서 수치스러운 모습을 보여야 했던 미카엘 에크발은 당장의 비극을 견디며 멀리 보이는 희극의 순간을 위해 달렸던 것이다. 우리 또한 미카엘 에크발과 같이 시선을 조금 멀리 두고 장기적인 투쟁을 이어나가야 한다.

## ●●● 허들 선수로 훈련

일명 '장애물 달리기'라고 하는 '허들 경주'는 스타트 라인으로부터 각각 10개의 장애물을 놓고 넘는 경기다. 우리 인생도 한편으론 허들 경주와 닮았다는 생각이 든다. 단, 10개 아닌 더 많고 더 높은 장애물이 우리의 삶에 놓여 있을 뿐이다.

사실 정해진 트랙을 따라 전력으로 달리는 것도 힘든 판에 장애물을 뛰어 넘으며 달려야 하는 것은 결코 쉬운 일이 아니다. 여느 육상 경기보다 빠른 판단력과 집중력, 운동신경을 필요로 한다.

인생의 장애물 앞에서도 마찬가지다. 수많은 장애물을 만날 때마다 우리는 그 장애물을 넘기 위해 정면 승부를 걸어야 하며, 그 어느 때보다 담대하게 장애물을 향해 돌진해야 한다.

고등학교 시절 체육시간에 장애물 달리기를 했던 적이 있었다. 기록에서 차이가 있긴 해도 처음 하는 것치곤 다들 잘했는데, 유일하게 한 친구만은 몇 번이나 허들 앞으로 다가서게 되면 손을 내밀어 허들을 잡았다.

우리들은 그 친구 흉내를 내며 웃었고, 몇 번이나 허들 넘는 법을 가르쳐 주시던 선생님은 아무리 해도 변화가 없자 포기하시고 말았다. 분명히 그는 허들을 넘을 수 있는 능력이 있었다. 고작 무릎 높이의 장애물을 넘지 못할 남자는 거의 없다. 하지만 그 친구는 장애물에

발이 걸려 넘어지는 게 두려워 그 장애물을 넘을 수 없었던 것이다.

그는 왜 손을 내밀며 장애물 앞에서 멈추게 됐을까? 두려움과 시선 때문이다. 그 친구의 시선은 온통 장애물에만 집중되어 있다. 눈앞의 문제만 바라본다. 하지만 허들 경주 선수의 시선을 잘 보면 그들의 시선은 결승선에 가 있다. 눈앞에 수많은 장애물들이 놓여 있지만 본능적으로 그 장애물을 뛰어 넘으며 목표만 바라보며 달린다.

허들 경주 선수가 허들에 걸려 넘어지는 것을 두려워한다면 그는 결코 뛰어난 선수가 될 수 없다. 허들 경주와 같은 인생의 달리기에서도 장애물은 반드시 존재한다. 그때 그 장애물을 두려운 마음으로 본다면 그 장애물 앞에서 주춤거리며 포기하게 된다. 인생의 역경과 장애물 앞에서 허들 경주 선수처럼 두려움을 잊고 사력을 다해 달릴 때만 당신은 성공을 맛보게 된다.


우리의 인생의 여정은 참으로 다양하다. 때로는 마라톤과 같이 길고 험난한 여정을 끝까지 최선을 다해 달리며 자신과의 싸움을 해야 할 때가 있고, 때로는 단거리 육상 선수와 같이 보이는 목표에만 집중해 사력을 다해야 할 때도 있다. 길고 긴 여정 가운데 고난과 역경의 장애물을 만나는 순간 오히려 그 장애물들을 향해 허들 경주 선수와 같이 장애물을 바라보지 않고 멀리 나의 목표를 바라보고 두려움 없이 달려야 할 때도 있다.

우리는 각기 다른 상황 속에서 이러한 인생의 달리기를 준비할 때 멋진 경기를 아름답게 완주할 수 있다. 성공은 주어진 상황을 원망하는 자의 것이 아니라 주어진 상황에 따라 현명하게 대처하는 사람의 것이다.

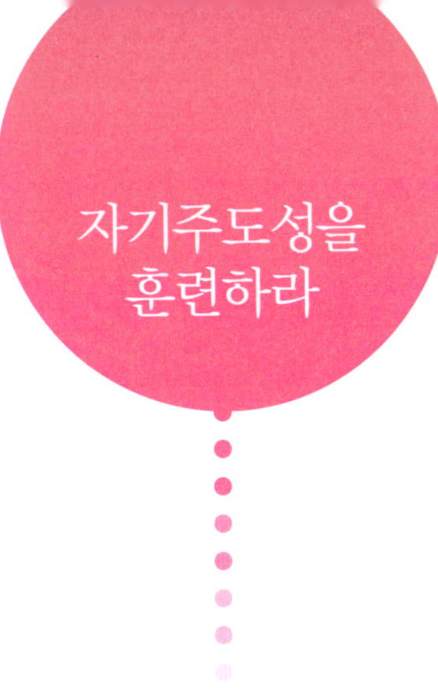


성공한 사람들은 타인에 의해 움직이지 않는다. 스스로 계획하고, 스스로 문제를 해결하며, 스스로 꿈을 향한 모든 도전을 실행해 나간다. 경영학자 그랜트Grant와 에쉬포드Ashford는 이런 행동에 '자기주도성(Personal Initiative)'이라는 이름을 붙였다.

성공을 위해서는 '자기 주도성' 훈련이 필요하다. 성공한 사람은 무엇이든 주도적으로, 스스로 계획하고 실행하는 것에 익숙하다. 사실 학교 공부에서도 배우고 싶어 하는 학구열이 강한 학생이 학습효과가 높고 성적이 좋은 법이다.

성적이 좋은 학생들을 보면 억지로 떠밀려 학원 탐방을 하는 아이에 비해 자발적으로 자기 주도 공부 습관을 가지고 있는 경우가 많은 것처럼 성공에 있어서도 마찬가지이다. 자신의 꿈을 현실에서 이루는 사람들은 대부분 자기 주도적인 모습을 보인다. 그들은 타인에 이끌려 행동하지 않으며, 늘 자신의 미래 가치를 높이기 위해 끊임없이 노력한다.

이제 성공하는 사람들의 주도적인 행동 두 가지를 통해 우리의 꿈을 이루기 위한 도약을 시작하자!

## ●●● 선도적 행동

성공하는 사람들은 지시하는 사람이 없어도 스스로 목표를 설정하고, 언제 만나게 될지 모를 인생의 모든 장애물들에 대비해 사전에 극복하기 위한 방안을 찾는다. 경영학자 그랜트와 에쉬포드는 이런 특징을 '선도적 행동(Acting in Advance)'이라는 말로 정리했다.

이런 '선도적 행동'은 '미래 지향적인 사고를 기반으로 능동적으로 목표를 설정하고, 목표를 달성하기 위한 다양한 방안들을 모색하는 행동을 의미한다.' 그들은 자신의 꿈을 이루기 위해 철저한 목표 수립과 계획을 구상하고 실천으로 옮기며, 그런 모든 과정에서 발생되기 마련인 리스크를 관리하고, 미리 위험 요소에 대한 방안을 강구하는 것이 공통적인 특징이다.

그렇다면 어떻게 하면 이런 선도적 행동을 할 수 있을까? 사람들은 자기 주도적인 사람은 따로 있다고 생각하며 자신은 그렇게 될 수 없다고 단정하는 경향을 보인다. 사실 이러한 삶의 모습은 각자가 가진 성향과 교육의 차이로 인해서 오래 몸에 익은 모습이어서 어느 한 순간에 바뀌지는 않는다.

하지만 의식적으로 계속해서 노력한다면 얼마든지 이러한 행동 습관을 우리의 몸에 각인시킬 수 있다. 인간은 선천적으로 제각각 다른 기질을 타고나기는 하지만 환경에 의해서 또는 학습과 의식적인 노력을 통해 '선도적 행동' 또한 얼마든지 바꿈으로써 자신을 재창조할 수 있는 존재이기 때문이다.

자기주도성(Personal Initiative)을 우리 몸에 습관처럼 붙이기 위해서는 먼저 자신감의 회복이 전제된다. 경영학자 프리즈<sup>Frese</sup>와 페이<sup>Fay</sup>는 "자기주도성은 '현재 개인이 직면하고 있는 환경을 자기 스스로 통제

할 수 있다'는 인식에 의해 가능해진다."고 주장했다.

실패에 대한 기억들로 인해 낮아진 자존감과 무기력은 새로운 도전에 나설 때 자기 주도적으로 행동할 자신감을 사라지게 만든다. 결국 이것은 자기주도성을 잃게 만든다.

실제로 자신의 포부와는 달리 지속적인 매출 저하로 실패를 맛본 이들은 어느 순간 업무에 있어서 무기력해 지며 자신감을 상실하는 걸 많이 본다. 이들은 아무런 계획도 세우지 않으며 문제가 생기는 상황을 두려워할 뿐이다.

이런 공동체 구성원들에겐 무엇보다 자신감을 회복시켜주기 위해서는 작은 노력에도 좋은 성과를 올릴 수 있는 거래처와 고객을 만날 수 있는 기회를 허락해 줄 필요가 있다. 그래서 몇 번 성과를 거둬 그 맛을 보게 되면 어느 정도 자신감을 회복할 수 있게 되며 스스로 자발적인 영업 전략을 세우게 된다. 또한 리더는 그들이 업무 계획을 수립하는 단계에서 자율적으로 할 수 있도록 배려하고, 그렇게 세워진 계획과 전략에 격려의 메시지를 보냄으로써 업무에 대한 즐거움을 선사해야 한다. 그런 과정을 통해 그들은 공동체 생활에서도 다시 활력을 찾게 되는 것이다.

우리 역시 마찬가지다. 당신이 혹 실패로 인해 좌절했던 과거로 인해 자존감이 낮아져 있고 무엇인가에 대한 도전에도 무기력하다면, 그런 기억들은 전부 지워버려야 한다. 그것은 지나가버린 과거일 뿐이다. 이제 모든 것을 다시 시작하면 된다, 인생에서는 결코 영원한 패자도 영원한 승자도 없다.

누구나 마음을 어떻게 먹느냐에 따라 얼마든지 새로운 인생을 시작할 수 있으며, 성공한 인생을 살아갈 수 있다. 작은 목표부터 하나하나 세워 성공시키도록 해보자. 아마도 도전에 대한 기쁨을 알게 될 것이다.

그렇게 성공의 단맛을 알게 되면 어느 순간 그 기쁨의 순간을 다시 맛보고 싶어 스스로 또 다른 도전을 준비하게 될 것이며, 도전하는 가운데 일어날 수 있는 리스크에 대해 준비하게 된다.

## ●●● 변화에 영향을 미치는 행동

자기주도성의 또 다른 특성은 바로 변화를 이끌어가고자 하는 행동이다. 즉 어떤 조직에서 변화의 흐름을 따라가는 것이 아니라 자신이 그 변화를 이끌어 나가려고 한다. 이것은 외부로부터 어떠한 영향을 받아 움직이는 대신 확고한 의지와 자기 신념에 따라 주위를 변화시키고 자신의 뜻에 따라 모든 것을 리드해 나가는 특성이다.

성공하는 사람은 리더가 되는 사람이다. 무엇보다도 자기 자신을 리드하는 사람이다. 매번 자신의 또 다른 내면에서 들려오는 부정적인 목소리에 끌려다니는 사람들이 있다. 이런 사람들은 리더가 되지도, 성공하지도 못한다.

지인 중에는 누구보다 성실하고 근면하며 맡은 일들을 잘 소화해 내지만 늘 자신이 부족하며 업무 능력이 떨어진다고 고민하는 사람이 있었다. 그는 항상 자기 부정에 사로잡혀 있었다. 세상의 변화를 주도하기는커녕 스스로의 생각조차 주도하지 못했다.

결국 그는 자기 부정적인 사고를 해결하지 못함으로써 동료들에게 좋지 않은 영향을 끼치며 스스로를 몰락의 길로 이끌었다. 겉으로 그를 본 어떤 이들은 그를 겸손한 사람이라고 말하기도 한다. 하지만 그 겸손이란 이름 뒤에 숨어 있는 자기 학대는 늘 그를 어깨가 처진 힘없는 존재로 만들어 버리고 있었다.

지인의 고민을 듣고 해결책을 찾기 위해 나는 몇 가지 의식적 행동 수칙을 제안했다. 그것은 매일매일 '성공'이라는 말을 외치도록 했고, 한 주의 일과 중 성공시킨 리스트와 자기 자신을 칭찬해 줄 리스트를 작성해보도록 했다. 그리고 혼자 있는 시간을 줄이도록 조언했다.

그는 사실 혼자 있는 시간이 너무 많았다. 동료들과 단절되고, 사회와 단절되고, 심지어는 그의 고객과도 단절되었다. 성공하는 사람은 홀로 있을 때 생산적인 발상을 통해 성공을 계획하지만 반면 홀로 있게 되면 너무나 비생산적인 일들만 생각하고 자기 비하를 시작하는 사람들도 있다.

몇 달이 지난 뒤, 그는 조금씩 변화하기 시작했다. 그러고 보면, 그는 칭찬과 격려에 목말라 있는 사람이었다. 늘 조용한 성격 탓에 주위에는 그와 함께 이런 저런 수다를 떨 만한 이도 없었으며, 실패에 용기를 줄 사람도 없었다. 성공의 순간, 그를 칭찬하며 함께 기뻐하는 이도 없었다.

의식적으로 스스로가 잘한 것들을 적도록 하고, 그것들을 매일 습관처럼 외치면서 그는 자신의 성공을 인식하고 자신의 장점을 다시 바라볼 수 있게 되었다. 그리고 가능한 많은 사람들과 어울리면서 밝고 좋은 영향을 받으면서 그는 전에 비해 완전히 달라진 긍정적 청년이 되었다.

세상에서 가장 무서운 적은 바로 자신이다. 자기주도성 훈련을 하기 위해서는 자기 긍정이 필요하다. 조셉 머피 박사는 말했다. "일이 잘 풀리지 않는 건 나 때문이다."라고. 그렇다. 세상의 모든 일은 '자신의 마음을 어떻게 먹느냐에 달려 있다.' 그 무서운 자기 부정으로부터 빠져 나오기 위해서는 습관처럼 자신의 성공을 입 밖으로 외쳐야 한다. 더 이상 내면으로부터 새어나오는 또 다른 자기 부정의 목소리에 귀를 기울이지 않아야 한다. 그러한 마음이 나를 무기력하게 만들기 위해 유혹할 때마다 그것들을 통제해야 한다. 그리고 자기 스스로 자신의 변화를 주도해야 한다. 그래야 세상의 변화를 주도할 수 있으며 공동체의 변화를 이끌어 나갈 수 있다.

변화에 끌려가는 사람이 아니라 변화를 이끌어가는 사람으로 살아가기 위한 방법은 나를 주도하는 것에서부터 시작된다. 꿈을 현실로 실현하는 사람들은 스스로 자신의 삶을 주도한다. 어느 누구의 권유나 지시가 아닌 자율적인 계획과 리스크 관리를 통해 성공을 실현해 나간다.

우리는 간혹 철저한 자기관리와 주도적 행동은 어느 특정한 사람에게만 가능하다고 생각한다. 하지만 그것은 선택된 특정한 사람만 할 수 있는 것이 아니다. 누구나 의식적인 자기관리와 노력 그리고 자기 통제를 통해 변화된 자신의 모습으로 꿈을 현실화할 수 있다.

자기 긍정으로 자신감을 회복하고 도전하라. 성공은 특정인에게만 주어진 신의 선물이 아니다.

성공이란 개념을 당신은 어떻게 정의하는가? 성공에 대한 개념을 정의할 때 대부분은 어떤 결과물을 가지고 가치를 판단하는 경우가 많다. 하지만 진정한 성공은 일순간 나타나는 결과물로만 규정되는 게 아니다. 성공의 기준은 바로 성장이다. '과거의 내 모습으로부터, 과거의 내 삶으로부터, 지금 나는 얼마나 성장하였으며 성장하고 있는가?' 이것이 바로 성공의 기준이다.

다른 사람들이 세상의 잣대로 "너는 실패했어."라고 말한다고 해도 그 실패를 통해 성장을 이루어냈다고 스스로 인정할 수 있다면, 그것은 곧 또 다른 성공이라 할 수 있다. 왜냐하면 그 실패를 통해 그 무엇보다 소중한 교훈을 얻었을 뿐 아니라 실패로부터 얻은 교훈을 통해 세상이 말하는 성공의 씨앗을 뿌린 것이기 때문이다. 자, 그렇다면 이제 당신이 해야 할 일은 자신의 성장을 위해 어떤 준비를 할 것인가에 있다.

## ●●● 성공의 성장판을 자극하라

성장판이란, 팔 다리뼈에서 길이 성장이 일어나는 부분을 말한다. 대개 뼈 양쪽 끝에 있으며, 뼈와 뼈 사이에 연골판이 끼어 있는 형태다. 전문의들은 키가 작은 아이들의 성장을 촉진시키기 위해서는 성장판을 자극하는 운동이 필요하다고 말한다. 인제대학교 상계 백병원 정형외과 정형진 교수는 이렇게 말했다. "줄넘기, 농구, 축구 등 점프 운동과 스트레칭 등의 운동으로 성장판을 적당히 자극시켜 주는 것이 키가 크는 데 도움이 된다."

키가 자라는 데 성장판 자극이 필요하듯 성공 성장판 역시 자극이 필요하다. 그렇다면, 성공 성장판이란 과연 무엇을 말하는 것일까? 그것은 바로 '동기'라는 것이다. 성장을 하기 위해서는 끊임없이 우리 스스로에게 동기를 부여해야 한다. 성공에 있어서 동기 부여는 필수적인 조건이다. 성공하고자 하는 동기가 강한 사람은 절대로 포기하지 않는다. 그들은 어떠한 어려움이 앞을 가로막더라도 기필코 일을 완수하며, 무기력함에 빠지게 될 순간이라도 다시 일어나 달리게 하는 중요한 역할을 한다.

글쓰기를 시작하면서 몇몇 작가들에게 조언을 구하는 과정에서 『엄마는 아이의 사춘기가 두렵다』의 저자인 킹메이커연구소 조덕형 소장은 이렇게 조언을 해 주었다. "글쓰기는 자신과의 싸움이며 그 고독한 싸움에서 이길 수 있는 힘은 글을 쓰는 확실한 동기에서 온다." 사실 세상의 모든 일들이 그렇다. 확실하고 명확하고 강한 성공 동기를 가지고 있는 사람이 성공할 수 있다.

내가 초등학교에 막 입학했을 때였다. 늦은 밤 어머니와 함께 친척 집을 방문하고 돌아왔을 때 할머니께서 편지 한 통을 건네주셨다. 어머니는 편지를 읽자마자 쓰러지셨는데, 나이가 어렸던 나는 무슨 일이 벌어지고 있는지 알지 못했다. 그 편지는 경매 통보를 고지하는 법원의 통고서였다. 외삼촌께서 어머니 명의로 된 집을 담보로 대출을 받아 사업을 하셨는데, 사업이 실패하면서 우리 집이 경매로 넘어가게 되었던 것이다. 얼마 후 우리는 많은 정이 들었던 그 집을 떠나야 했다. 집을 떠나면서 눈물을 흘리는 어머니를 보면서 비록 어린 나이였지만, 나는 "나중에 크면 꼭 이 집을 다시 사드릴게요."라고 약속했다. 그후 우리 가족은 가난 때문에 뿔뿔이 흩어져 살아야 했다. 어린 시절에 겪었던 가난의 아픔으로부터 벗어나고 말겠다는 강한 동기를 바탕으로 나는 한 기업의 대표로 성장할 수 있었다.

자, 당신에게는 꿈을 이루고 말겠다는 절실한 동기가 있는가? 성공하고자 한다면, 성공의 성장판을 자극해야 한다. 그것은 날마다 자신이 가진 성공 동기를 마음에 새기는 것이 중요하다. 만약 당신이 성공에 대한 강한 동기를 가지고 있지 못하다면 이제부터라도 자신이 왜 성공을 꿈꾸는지 다신 한 번 스스로에게 질문을 하길 바란다. 성공을 위해서는, 아니 성장하기 위해서는 동기 부여가 꼭 이루어져야 한다.

아주대학교 김영진 심리학과 교수는 이렇게 말했다. "사람들은 내재적으로 동기화될 때 더 열심히 일하며, 그들 자신이 하는 일을 더 많이 즐기고 더 창의적이 된다." 그렇다. 사람은 정확한 동기를 가지고 있을 때 자율적이고 적극적으로 참여하게 되며 자신의 목표를 향해 달려갈 수 있게 된다.

## ●●● 성장을 위한 불가능에 도전하라

당신은 세상을 살면서 얼마나 불가능하게 보이는 일들에 도전을 해보았는가? 어떤 이들은 단 한 번도 불가능한 것처럼 보이는 일에, 아니 스스로 무모하다고 여겨지는 일들에 대해서는 도전해볼 생각조차 전혀 하지 않는다. 아니 처음부터 계획조차 세우지 않는다.

하지만 우리가 알아야 할 한 가지는 성장이란 불가능하다고 여겨지는 것에 도전하는 것에서부터 이루어지며 그 불가능을 통해 얻어진 내면의 성장으로부터 성공을 얻을 수 있다는 것이다.

얼마 전 세상을 뜨겁게 달궜던 일이 있었다. 바로 '알파고'와 이세돌 9단의 바둑 경기다. 데미스 하사비스 딥마인드 대표는 "알파고는 4주에 100만 기보를 습득할 수 있는 학습 능력을 지녔다."고 말했다. 이것은 인간이 1,000년 동안 쉬지 않고 바둑을 두어야 가능하다. 어떤 이들은 이세돌 9단과 알파고의 경기는 처음부터 확률이 적은 불가능한 도전이라는 말도 했다. 컴퓨터를 상대로 인간이 승부수를 띄운다는 것은 '어쩌면 불가능하다는 것을 알고 시작한 실패할 경기'라는 의미에 가깝다.

결과적으로 이세돌 9단은 경기에서 패했다. 하지만 분명한 것은 알파고와의 경기를 통해 성장하였고 인간이 가진 또 다른 가능성을 보여 주었다. 승부에서는 분명히 실패한 결과를 얻었지만 불가능에 도전함으로써 또 다른 성장을 이루어냈다고 할 수 있는 것이다. 성장하고자 한다면 그리고 성장을 통해 성공을 꿈꾼다면 불가능에 도전해야 한다. 모두가 확률이 없다고 말하는 그것으로부터 성공을 꿈꾸어야 한다.

사람들은 간혹 착각을 할 때가 있다. 도전이란 말을 하면서도 불가능한 일에는 나서지 않으려고 하는 것이다. 그냥 시작도 하지 않고 포기하거나 아니면 아예 처음부터 자신의 계획에서 제외시켜 버린다.

사실 얼마든지 가능한 일을 시작하면서 도전이라는 말을 할 수는 없다. 그것이 어찌 아름다운 도전이 될 수 있겠는가. 누가 봐도 가능한 일들은 그냥 시간이 날 때, 언제든 자신이 원할 때 하면 되는 것이다. 불가능한 것이기에 '도전'이란 멋진 표현을 쓰는 것이 아닐까? 그리고 그 불가능이 현실이 되었을 때 사람들은 열광하는 것이다.

이세돌 9단이 알파고를 상대로 1승을 거두었을 때 전 세계가 박수를 보낸 것도 바로 단 한 번도 승리할 수 없을 것이라고 여겨졌던 그 불가능을 상대로 맞서 얻은 값진 결과이므로 더욱 빛이 난 것이다. 하지만 많은 사람들은 패배가 두려워, 아니 전혀 승산이 없는 게임에 자신이 소모되는 것이 싫어서 불가능하다고 생각되는 일들로부터 눈을 돌릴 때가 많다.

넬슨 만델라는 말했다. "무엇이든 되기 전까지는 불가능해 보인다." 불가능해 보인다는 것은 결국 우리가 가지고 있는 착각이다. 만델라의 말처럼 세상의 모든 가능한 일들은 그것이 이루어지기 전까지는 불가능한 일이었다.

우리는 왜 그것을 스스로 불가능이란 이름으로 단정을 지어버리고 도전조차 하지 않는 것인가? 만일 성장을 원하는 준비된 성공의 주인공이라면 불가능을 향해 과감히 도전해야 한다. 불가능에 대한 도전은 분명 당신의 성공을 불러올 인생의 중요한 터닝 포인트가 되며, 당신을 멋지게 성장시킨다.

당신은 무엇을 성공이라고 말하는가? 진정한 성공은 자신의 성장을 통해 이루어낸 값진 선물이다. 세상의 기준으로 실패라는 결과를 얻었다고 해도 실패의 과정을 통해 우리는 과거의 나로부터 성장하게 되며, 그러한 아름다운 성장은 성공의 귀한 열쇠가 된다. 즉 얼마나 성장하였는가 하는 것이 당신의 꿈을 현실로 만들어 줄 밑거름이 된다. 성공의 밑거름이 되는 성장을 이루어내기 위해서는 끊임없이 불가능을 상대로 맞서 싸워야 하며, 그러한 불가능한 도전들을 통해 아름다운 성장을 이루어내게 된다.

가능한 것에 도전하는 것은 도전이 아니다. 그것을 성공이라 부르는 것은 그 의미를 무색하게 만드는 것이다. 진정한 성공을 위해 당신의 성공 성장판인 동기를 자극하라. 그리고 불가능한 것들에 도전함으로써 스스로를 성장시켜라! 성공은 자신을 성장시키는 삶의 과정이다.

# Chapter

# 4

성공을
위한
여섯 가지

서점에 가보면 성공을 주제로 다루는 많은 자기계발 서적들을 쉽게 볼 수 있다. 그 책들을 통해 보면 성공한 사람들은 나름대로 성공을 이끌어낸 비밀들을 가지고 있는데, 그 중에서 공통적인 것 하나는 바로 좋은 습관들을 가지고 있다는 것이다. 모두들 다른 방법과 다른 경로를 통해 시대를 대표하는 '성공자'가 되었다 해도 그들에게는 동일한 습관들이 있다.

좋은 습관은 우리의 인생을 멋지게 바꾸어 놓지만 나쁜 습관들은 우리의 삶을 피폐하게 만든다. 작가 오그 만디노는 이렇게 말했다. "실패한 사람과 성공한 사람의 차이는 단지 그들의 습관에 있다."

좋은 습관은 바로 성공의 열쇠가 된다. 우리의 속담 중에 "세 살 버릇이 여든까지 간다."라는 말이 있다. 어려서부터 무의식 속에 잘못 자리를 잡은 행동들이 반복되면서 삶에서 많은 변화를 가져온다. 이 것이 바로 '습관의 무서운 힘'이다.

최근 베스트셀러가 되었던 『습관의 힘』에서 저자인 찰스 두히그는 "확실한 승리를 원한다면 단 하나의 핵심 습관에 집중하라!"고 말했다. 그렇다. 성공을 원한다면 무엇보다 성공하기까지 원동력이 될 핵심 습관을 찾아야 하며 그것에 집중해야 한다. 그러기 위해서는 무엇보다 좋은 습관이 내면에 뿌리 깊게 자리를 잡을 수 있도록 먼저 잘못된 습관들과 이별해야 한다.

성공을 방해하는 반복된 행동들로 만들어지는 잘못된 습관을 고치는 것은 그리 쉬운 문제가 아니다. 찰스 두히그 역시 "당연히 변화시키기 어려운 습관들이 있다."라고 말했다. 그렇다. 자신도 모르는 사이에 반복된 행동들로 인해 자리 잡은 또 다른 나의 모습을 한 번에 버린다는 것은 쉽지 않다. 아니 어떤 사람들은 그것을 '불가능'이란 말로 표현하기도 한다. 하지만 인간은 위대한 신의 창조물이다. 결코 불가능이란 없다.

성공을 꿈꾼다면 잘못된 습관을 바꾸고자 하는 의식적인 노력이 반드시 필요하다. 그렇게 하기 위해서는 먼저 성공을 향한 도약을 방해하는 어떤 습관들을 가지고 있는지 인지해야 한다. 어떤 습관들을 가지고 있는지 한 번 나열해보자! 그리고 나열해 놓은 또 다른 나를 바꾸기 위한 계획을 세워보자. 처음에는 분명 어색하게 느껴지고 무엇인가에 얽매인 것 같은 불편한 기분이 들 것이다.

하지만 조금씩 의도했던 작은 변화들이 나타나기 시작하면서 나를 다른 모습으로 바꿔놓게 된다. 그리고 성공에 필요한 중요한 습관들에 집중하면 우리 내면으로부터 큰 변화가 일어나게 된다.

이제 성공을 위한 중요한 습관들에 대해 알아보자.


### ●●● 독서하는 습관을 통해 세상을 보라

책은 가장 짧은 시간에 경험해보지 못한 세계와 만날 수 있는 통로이자, 현실 세계에서 만나기 어려운 혹은 만날 수 없는 최고의 석학들로부터 지식을 전수받을 수 있는 도구이다. 물론 책 이외에도 직간접적으로 지식과 경험을 얻을 수 있는 많은 방법들이 많지만 나는 무엇보다도 독서를 통해 세상을 보라고 권하고 싶다. 독서는 자신이 경험해보지 못했던 많은 것들을 간접적으로 경험하면서 살아가는 동안 범하기 쉬운 오류들을 줄일 수 있도록 해 주기 때문이다. 우리가 잘 알고 있는 빌 게이츠나 워렌 버핏 등 성공한 사람들의 대부분은 독서광이었다.

물론 다른 많은 요소들을 배제하자는 것은 아니다. 하지만 여러 방법들 가운데 독서하는 습관을 들이도록 하라고 말하는 이유는, 학문 분야에 국한하지 않고 사회, 문화, 예술, 정치, 철학 등 다양한 분야에서 유익한 것들을 얻을 수 있다는 것 이외에도 성공에 필요한 좋은 습관을 만들어 주기 때문이다.

첫 번째로, 독서는 무엇인가에 몰입할 수 있는 집중력을 기르는 데 큰 도움이 된다. 어떤 분야에서든 자신의 영역에서 전문가가 되기 위해서는, 또 그렇게 되기 위한 과정에서 겪게 될 객관적 테스트를 통과하기 위한 준비 과정에서 무엇보다 중요한 것이 집중력이다.

보통 주의가 산만한 이들은 공부든 일이든 잘 몰입하지 못한다. 당연히 좋은 학습 성과를 얻거나 일에서 좋은 성과를 올리지 못한다. 독서와 학습 능력은 매우 중요한 상관관계가 있다. 독서를 하는 동안 뇌 세포의 많은 부분이 활성화되기 때문이다.

korMedi.com의 권순일 기자는 미국 피츠버그 대학교 연구팀이 시행한 독서에 관한 연구결과를 기사를 통해 다뤘다. "연구진은 글을 잘 읽는 8-10세 어린이 25명과 잘 읽지 못하는 47명을 대상으로 연구를 한 결과 읽기에 문제가 있는 어린이들은 왼쪽 전두엽 미세구조 조직이 감소해 있는 것을 알게 되었다. 연구팀은 47명의 아이들 중 35명에게 6개월 도안 읽기 능력 교정훈련을 실시하였고 훈련이 끝난 뒤에 다시 검사를 하니 훈련을 받은 아이들의 뇌에서 좌측 전두엽의 백색질이 증가했다고 발표하였다." 연구팀의 마르셀 저스트 박사는 "아이들이 훈련과정을 반복하면서 뇌신경의 축색돌기가 자극되어 특성화된 아교세포가 보다 많은 백색질 섬유를 감싸는 수초인 미엘린을 생산하는 것으로 생각된다."라고 말했다. 과학적인 연구를 통해 독서의 효과를 증명한 것이다.

두 번째로, 독서는 언어 능력을 발달시키는 효과가 있다. 언어 능력은 성공에서 매우 중요한 요소다. 성공을 위한 핵심 요소 중 하나인 대인관계에서 성공하는 대화의 요령을 책을 읽는 습관으로 통해서 익힐 수 있는 것이다.

인터넷 문화가 발달하면서 많은 사람들이 책과 점점 멀어지고 있다. 아니 책보다 편리하고 쉬운 방법으로 다양한 데이터와 정보를 얻을 수 있다는 생각에 독서를 멀리한다. 하지만 현란한 시각적 효과와 사운드에 마음을 빼앗기지 않고 조용히 자리에 앉아 한 장 한 장 책장을 넘기는 클래식함은 책으로부터만 얻을 수 있는 감정을 일깨워 준다.

독서는 성공한 사람들의 공통적인 습관이다. 그들은 독서를 통해서 수많은 삶들을 경험하고, 배움으로써 미래를 준비하였고 성장할 수 있었다. 성공을 원한다면 반드시 독서하는 습관을 몸에 붙여야 한다. 책을 멀리하면서도 성공한 사람은 많지 않다.

오프라 윈프리는 이 시대의 가장 영향력 있는 여성 중 하나다. 그녀는 "매일 일기를 쓰는 것이 지금의 나를 있게 만들어준 성공비결"이라고 말했다. 일기를 쓰는 것은 무엇보다 개인의 정신 건강에도 많은 도움이 된다. 최근 개그우먼 정선희 씨가 번역을 해 화제가 되었던 일본의 작가 고바야시 히로유키는 『하루 세 줄 마음 정리법』에서 "몸은 퇴근했어도 스트레스는 몸속에 남아 있다. 하루 세 줄로 그날 스트레스는 그날 리셋하라!"고 말했다.

일기를 쓰면서 일상으로부터 받게 되는 소소한 스트레스로부터 탈출할 수도 있으며, 그날의 일을 반성하면서 성공 계획이 어떻게 이루어져 가고 있는지 점검할 수 있다. 성공을 위해서는 자신을 경영하는 습관을 가져야 하고, 자기경영의 첫 시작은 일기를 쓰면서 일상의 발자취를 뒤돌아보는 것이다.

성공은 거창한 미래의 일이 아니다. 하루를 온전히 살지 못한다면 결코 내가 원하는 모습의 미래는 만들어지지 않는다. 늘 명심하자! 오늘을 아름답게 살아낼 때 내일이 아름다워지는 것이다. 그리고 그렇게 하기 위해 오늘 하루를 어떻게 살았는지 자신의 모습을 돌아보아야 한다. 인생길에는 늘 내가 걸어온 발자취가 남아 있다. 어떤 발자취를 남기는가에 따라 미래도 결정된다.

빌 게이츠는 말했다. "성공을 축하하는 것은 좋은 일이다. 하지만 실패를 통해 배운 교훈에 주의를 기울이는 것이 더 중요하다." 그렇다. 성공보다 더 중요한 것은 자신의 실패를 돌아보는 반성의 시간이다.

하루 동안 자신이 지나왔던 일들을 기록한다는 것은 반성과 함께 성공에 대한 의지를 고취하고 유지하는 기회가 된다. 무언가 거창한 목표에 대한 도전과 실패의 순간에만 시선을 두지 말라! 하루하루의 일상에서 행하는 소소한 일들과 자신을 반성해보는 짧은 시간이 위대한 자신을 만드는 첩경이라는 진리를 이제는 삶 속에서 실천해야 한다.


### ●●● 부유한 습관을 가지자

우리가 가지고 있는 많은 습관들 중에는 가난과 궁핍했던 시기에 몸에 밴 습관도 있다. 이러한 습관을 가진 이들은 늘 인색하고 구질하다. 아무리 많은 것들을 소유하고 있어도 그들의 삶은 늘 궁핍했던 시절로부터 벗어나지 못한다.

우리가 원하는 성공에서 물질적인 여유도 빼놓을 수 없는 가치다. 물질적인 풍요는 우리를 매우 기쁘게 하는 성공의 포획물이다. 하지만 돈을 많이 벌었다고 해서 곧 성공한 사람이라고 말할 수는 없다. 엄청난 부를 쌓았음에도 성공했다고 말할 수 없는 사람들의 모습에는 늘 가난과 궁핍했던 시절 몸에 배어버린 습관을 버리지 못하고 자신이 가진 것을 움켜쥔 채로 자린고비와 같은 삶을 살아간다.

절약과 인색함은 큰 차이가 있다. 불필요한 지출을 하지 않고 근검절약을 통해 평생을 아껴서 모은 돈을 가난한 사람들을 위해 내놓는 사람들의 아름다운 모습은 인색함이 아닌 절약이다. 그들이 가지고 있는 습관이 바로 부유한 삶의 습관이다.

하지만 매사에 자기 것만 챙기는 인색함과 남을 돌아볼 줄 모르는 이들의 삶은 그냥 가난의 습관일 뿐이다. 진정한 성공은 물질의 많고 적음에 있지 않다. 아무리 억만장자로 살아도 세상으로부터 지탄받고, 늘 갑의 횡포를 부리며 살아가는 이들을 보고 누가 과연 성공한 사람이라고 말하겠는가. 최근 이슈가 되고 있는 다양한 갑들의 횡포를 보면, 세상에서 가장 가난한 마음을 가지고 있는 안타까운 인생이라는 생각이 들어 측은해진다.

그들은 자신이 가지고 있고, 눈에 보이는 것들이 삶의 전부라고 생각하는 사람들이다. 하지만 오늘이라도 자신의 운명이 다해 세상과 이별하게 된다면, 그토록 인색하게 굴면서 쌓은 재화들이 무슨 영광과 소용이 있겠는가? 그런 사람의 죽음을 두고 진정으로 가슴 아파하고 슬픔을 느껴 애도할 사람이 과연 얼마나 될 것인가.

진정한 성공은 사람을 살리는 멋진 삶을 펼치는 것이다. 부유한 습관은 사람을 살리는 습관이다. 굶주린 아이들을 살리고, 힘없는 노인들을 살리고, 가난한 자 병든 자에게 희망이 된다. 이 세상에서 사람을 살리는 일보다 더 값진 일이 어디에 있겠는가? 그 어떤 일이라고 해도 한 사람의 인생을 바꾸는 일보다 귀한 일은 없을 것이다.

우리는 가진 것을 이웃과 나눌 줄 알아야 한다. 살인자의 칼은 사람을 죽이지만 의사의 메스는 사람을 살린다. 똑같은 돈이라고 해도 어떤 사람이 가진 재물은 다른 이를 살리는 귀한 축복이 되지만 그렇지 않은 자에게는 자신을 죽이고 다른 사람도 죽게 하는 저주가 된다.

세상에서 말하는 성공도 마찬가지다. 사람을 살리는 성공이 있는가 하면 타인은커녕 오히려 자신을 타락과 몰락의 길로 몰아넣는 실패한 성공도 있다. 진정한 성공을 꿈꾸는가? 성공함으로써 부유한 삶을 즐길 여유를 원하는가? 그렇다면 다른 이를 살리는 부유한 삶의 습관이 먼저 몸에 익숙해지도록 하기 바란다. 그런 아름다운 습관이 수많은 사람들로부터 축복을 받는 인생으로 바꾸어 줄 것이다.

언젠가 '말하는 대로'라는 유재석 씨의 노래를 듣고 정말 많은 공감을 했었다. 성공한 사람들이 하는 이야기의 대부분은 '말하는 대로 되는 삶'을 살았다는 것이다. 자기 자신뿐 아니라 많은 사람들로부터 축복의 말을 듣는 사람은 그 아름다운 말의 씨앗들로 성공의 꽃을 피우게 될 것이다.

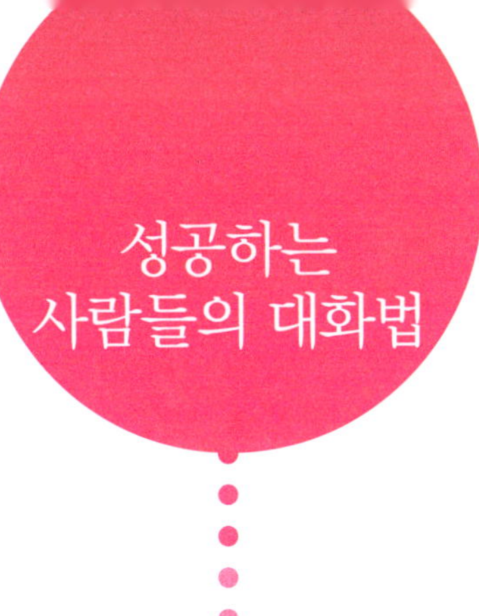



성공하는 사람들에게는 그들만의 대화법이 있다. 품격 있는 단어의 선택과 상대의 마음을 사로잡는 어조로 대화를 이끌어간다는 것이다. 때로는 부드러움 속에도 상대를 제압하는 강한 신념이 담긴 대화로 자신을 어필하고, 짧은 시간 오가는 대화에서도 상대에게 자신의 매력을 충분히 전달한다.

우리 속담 중에 "말 한마디로 천 냥 빚을 갚는다."는 말이 있듯이 우리의 삶 속에서 말은 아무리 강조해도 지나치지 않을 정도로 중요하다. 말이라고 해서 똑같은 말이 아니다. 죽이는 말이 있고, 살리는 말이 있다. 긍정의 말들은 나와 주변에 있는 사람들을 살리지만 부정의 말들은 나 자신은 물론 주위에 있는 모든 사람들의 삶을 피폐하게 만든다.

특히, 성공을 계획하고 있는 우리들의 입에서는 무엇보다 긍정의 단어들이 쏟아져야 한다. 이것이 성공하는 삶의 준비이다.

## ●●● 성공의 대화법

말을 잘해야 성공할 수 있다. 말에도 품격이 있으며 말에도 이기는 방법이 있다. 우리가 살아가는 삶의 현장에서, 사람과 사람의 관계에서, 가장 큰 갈등은 상대를 겨누는 말로부터 시작되곤 한다. 그리고 지독한 상처를 치유하고 닫힌 마음을 열게 하는 것도 진심으로 건네는 위로의 말 한마디다.

『이기는 대화』의 저자 이서정은 "대화란 상대와 교감을 통하는 작업이다. 그런데 감정 전달은커녕 의미 전달조차 아예 생각해 볼 수 없는 대화 상대라면 어떤 사람과 접촉을 제대로 할 수 있겠는가?"라고 말했다. 그렇다. 대화는 상대와의 교감이다. 그리고 성공한 대화는 자신의 감정을 상대에게 잘 전달되도록 하는 것이다.

가끔 같은 말이라도 참 정 떨어지게 하는 이들이 있다. 거들먹거리는 말투로 상대를 불쾌하게 만들거나 쉬운 표현 대신 현학적인 표현을 써서 자신의 지식을 과시하는 태도로 말하는 사람도 볼 수 있다.

정말로 대화를 잘하고 유능한 사람은 어려운 문제를 상대로 하여금 쉽게 이해할 수 있도록 말하는 사람이다. 진정한 성공을 이룬 사람들은 상대를 배려하며, 낮은 자세로 겸손하게 이야기한다. 그들은 나지막한 목소리로 말을 하지만 기품이 있고 강한 힘이 느껴진다. 부드러운 미소를 띠고 담담한 목소리로 말을 하고 있음에도 호랑이와 같은 기개가 느껴질 때도 있다.

성공하고 싶다면 성공하는 대화법을 배워야 한다. 영업사원들을 대상으로 하는 교육 현장에서 내가 가장 먼저 강조하는 것이 바로 대화법에 관한 것이다. 간혹 너무 빠르게 말하거나 또는 느릿느릿하게 말을 하거나, 도무지 알아들을 수도 없이 웅얼거리는 것처럼 말하는 이들을 보게 되면 반드시 지적해서 바르게 말하는 방법을 조언한다.

내가 경영고문을 맡고 있는 기업의 병원사업 부서 이사와 과장은 대표적으로 나와 함께 말투와 어조를 바꾼 사람들이다. 수 년 전에 만난 영업이사는 전형적으로 입속에서 우물거리는 말투 때문에 고객들로부터 무슨 말을 하는지 알 수가 없다는 불평을 종종 들었던 사람이었다. 또한 당시 물류팀에서 재고관리와 배송을 지휘하던 과장은 너무도 급하게 말을 하는 통에 답답할 정도로 말을 더듬고 무슨 주어와 목적어가 온통 뒤섞여서 도대체 무슨 말을 하려고 하는지 이해할 수가 없었다.

나는 그들에게 정말이지 혹독하게 훈련을 하도록 했다. 천천히, 상대의 마음을 움직일 수 있도록 조리 있게 대화를 풀어가는 방법들이었다.

그들은 "대화의 방법이 달라지니 인생이 달라졌다."고 말한다. 대화법을 바꿔 자신의 이미지를 다시 만들고 자신감을 회복하게 되면서 고객과 동료들 간의 관계도 바뀌게 되었다는 것이다.

그렇다. 어떤 상대를 처음 만나게 되면, 몇 마디 말을 통해 그 사람의 교육 수준과 성격, 취향까지도 알 수 있다. 말이 자신을 나타내기 때문이다.

성공하고 싶다면 반드시 성공의 대화법을 터득해야 한다. 대화법을 배우기 위해 책을 읽거나 전문가를 찾아가는 방법도 좋다. 어떤 방법이든 간에, 성공하고 싶다면 자신의 대화 방법을 객관적으로 평가받고 적절한 교육을 통해 교정해야 한다.

같은 말이지만 상대를 유쾌하게 하는 사람이 있는가 하면 반면에 거부감과 불쾌함을 주는 사람도 있다. 후자에 속한 사람들은 보통 독선적인 자기세계를 가지고 있고 자기주장을 강하게 내세움으로써 상대와 대화 속에 함께 녹아내리지 못하고 늘 물과 기름처럼 겉도는 존재가 된다.

그들은 늘 상대의 이야기에 부정적인 반응을 보이거나, 상대의 의견에 트집을 잡거나, 반대 의견을 고수한다. 이들은 전체적인 대화 분위기를 늘 부정적인 방향으로 이끌어간다. 아마도 이런 사람과 함께 대화를 나누고 싶어 하는 사람은 아무도 없을 것이다.

하지만 그들은 자신이 이런 문제를 가지고 있다는 인식을 전혀 하지 못한다. 그저 자신의 주위에 사람이 모이지 않고, 외톨이로 만든다면서 남 탓만 할 뿐이다. 목표로 세운 성공을 현실에서 실현하기 위해서는 대인관계가 중요하다고 누누이 말했다. 성공한 사람들의 주위에는 늘 많은 사람들이 모여든다. 성공을 했기 때문에 사람이 모여드는 게 아니다. 사람을 끌어들이는 매력을 갖추었기에 성공한 것이다.

그들은 언제나 다른 사람들의 의견을 존중하고, 이야기 당사자도 깨닫지 못한 장점들을 이야기하며, 대화 상대로부터 늘 유쾌하고 즐거운 분위기를 연출함으로써 다시금 만나고 싶은 좋은 이미지를 만든다. 이것은 성공을 위한 필수 조건이다. 또한 대화를 잘하는 사람들은 언제나 이야기 소재가 넘쳐난다. 다채롭고도 유익한 이야기들로 대화를 끌어감으로써 상대로부터 함께 대화를 나누면 언제 시간이 흘러가 버렸는지 모르게 하는 사람이라는 말을 듣는다.

다양한 화제의 이야깃거리 재료들을 갖기 위해서는 독서와 메모라는 좋은 습관을 가지고 있어야 한다. 신문기사나 베스트셀러 또는 인터넷을 통해 평소에 재미있는 재료들을 찾고 준비하는 노력이 필요하다. 사실 평소에 독서를 즐기고 자기계발에 힘을 쓰는 사람이라면 따로 그런 준비를 위해 시간을 들이고 노력을 할 필요가 없을 것이다. 하지만 그렇지 않다면 이제부터라도 의식적으로 그런 좋은 습관을 만들기 위한 자기 경영이 필요하다.

또 다른 성공하는 대화법은 스스로의 격을 떨어트리게 만드는 과장되고 저급한 표현 방법을 삼가는 것이다. 간혹 우리는 자신이 하고자 하는 이야기를 부풀려서 말하는 게 습관처럼 된 사람들을 만날 수 있다. 그런 사람들은 부풀려 말하는 데 너무나 익숙해져 어떤 이야기든 내용을 부풀리고 자기 잣대로 해석해 신뢰를 잃는다.

성공하는 대화의 첫 번째 방법은 무엇보다도 '진실'이다. 간혹 그들은 부풀려 말하는 걸 두고 이야기를 맛깔스럽게 하기 위함일 뿐 거짓이라고 생각하지 않는다. 하지만 그것은 거짓이다. 아무리 작은 것이라도 진실이 아닌 것은 거짓이다.

진실을 이야기하지 않는 사람에게 성공이란 있을 수 없다. 크든 작든 늘 진실을 말하지 않는 사람을 누가 믿을 수 있겠는가. 아니 작은 것 하나도 거짓으로 말하는 사람에게 어떻게 큰일들을 의뢰할 수 있겠는가? 성공의 대화법은 상대에게 늘 진실한 말로 다가가는 것이다.

두 번째로 자신의 수준을 떨어트리게 만드는 저급한 표현을 사용하지 말아야 한다. 알고 지낸 지 꽤 오래된 지인이 하나 있다. 그는 말을 할 때마다 저급한 욕설을 섞는 좋지 않은 습관을 가지고 있다. 맛있는 음식을 먹을 때도, 재미있는 영화를 볼 때도, 즐거운 일들에 대해 이야기를 할 때도, 그는 늘 욕설을 섞어서 말했다. 주위에 누가 있든 상관하지 않는 것을 보면 아마 자신도 모르게 마구 튀어나오는 습관이 붙은 듯하다. 그에겐 그것이 감탄사요, 표현 방법이 되어 버린 것이다.

나와 함께 처음 그를 만나 대화를 나누었던 사람들은 그를 다시 만나고 싶어 하지 않았다. 그는 분명히 선하고 좋은 사람이었다. 마음씨가 여리고 아주 성실한 사람이다. 하지만 그의 언어 습관이 두 번 다시 만나고 싶지 않은 사람으로 그를 기억하게 만드는 것이다.

대화를 나누는 방법에도 품격이 있다. 표현법에도 격이 있다. 그런 대화 방법들이 상대로 하여금 나를 함께 하고 싶은 매력적인 사람으로 만들기도 하고, 중요한 사업 파트너로 선택하도록 만든다.

진실한 대화, 저급하지 않은 표현, 이 두 가지가 사람의 마음을 움직이는 대화의 방법 중 가장 중요한 것이다.

## ●●● 재미나게 경청하라

성공의 대화법 중 가장 중요한 것은 상대의 말을 흥미진진하게 경청하는 것이다. 늘 자신의 이야기만 쏟아내는 사람들이 있다. 마치 폭풍 속에서 알몸으로 서 있는 기분이 들 정도로 마구 퍼부어댄다. 온통 자기가 하는 이야기에만 관심이 있을 뿐 상대의 이야기는 전혀 듣지 않는다. 아니 그들은 상대의 말을 들을 마음도, 생각도, 여유도 없다. 자신의 이야기만 하고 끝내거나 아니면 상대가 이야기를 시작해도 전혀 듣지 않는다. 어느 때는 상대의 말이 끝나기도 전에 그 말마저 가로채 자신의 이야기로 포장하거나 자신이 대화의 주도권을 다시 끌어오려고 자신이 원하는 다른 주제로 바꾸어 버린다.

성공하는 사람들은 다른 사람의 이야기를 주의 깊게 들어 주고 대화를 나누는 과정에서 상대에게 집중한다. 그리고 너무나 재미있게 들어줘서 이야기를 하는 상대로부터 자신의 마음을 열고 진실하게 다가오도록 만든다. 그리고 상대가 했던 대화의 내용들을 기억하고 그 대화 가운데 자신에게 필요한 정보를 수집한다.

이들은 경청을 통해 얻는 효과에 대해 잘 아는 사람들이다. 즉 이야기를 하는 상대의 마음을 가질 수 있으며, 상대의 이야기 속에서 자신에게 필요한 정보를 얻고, 또한 다른 사람의 이야기를 잘 들어주는 넉넉한 마음을 가진 사람이라는 좋은 평을 얻기도 한다.

타인과의 대화 가운데 멋진 기억으로 남는 이들은 바로 자신의 말보다 상대의 이야기에 집중하며 경청하는 아름다운 귀를 가진 마음이 넉넉한 사람이다. 또한 상대의 말을 듣는 태도 역시 너무나 중요하다. 가끔 상대가 말을 할 때 거만한 자세를 취하는 사람이 있다. 만약 내 앞에서 그런 태도를 취하는 사람을 보면 나는 곧바로 지적을 해 준다. 그런 태도는 정말 너무나도 매너가 없는 행동이며, 말하는 사람과 계속해서 마주하고 싶지 않다는 마음을 보여 주는 것과 같다.

경청을 하는 태도는 아무리 강조해도 모자라지 않다. 잘 듣는 것이 최고의 대화의 방법인 것이다. 상대의 말에 아무런 반응도 보이지 않거나, 마치 따분하다는 표정을 짓거나, 앞에서 언급했던 것처럼 교만한 자세를 취하는 등의 태도는 적어도 상대를 배려할 줄 모르는 행위이다. 만약 당신이라면 그런 상대와 지속적인 관계를 만들어가고, 중요한 일들을 함께 할 파트너로 선택하고 싶겠는가? 아마도 그런 사람과 어울리고 싶은 마음이 드는 사람은 아무도 없을 것이다.

말하는 것만큼이나 중요한 듣는 태도, 상대를 배려하는 겸손한 태도를 잊어서는 안된다. 잘 듣는 것은 너무나도 중요한 성공의 대화법이란 것을 명심해야 한다.

## ●●● 상대를 설득하기 이전에 상대를 인정하라

사람은 누구나 자신이 인정받지 못한다고 느낄 때 반감이 들게 된다. 한번 누군가에게 반감이 들기 시작하면 상대가 내놓는 어떤 말도 아이디어에도 동의할 마음이 없어진다. 아니, 그런 사람과는 아예 말을 나누고 싶지도 않을 것이다.

우리는 간혹 상대를 설득하기 위해 내 의견을 제시하는 것에만 집중한다. 하지만 상대를 설득하기 이전에 먼저 상대를 이해하고 인정하는 과정이 필요하다. 사람은 누구나 타인으로부터 인정받고 싶어한다. 비록 나와 의견이 대립되고 가치관이 다르다고 해도 그가 가진 생각과 의견을 존중하고 그의 모습을 인정할 때, 상대 역시 나를 인정하고 내 생각과 가치관에 대해 관심을 갖게 되는 것이다.

다른 사람과 대화를 나누면서 "그건 틀립니다."라고 하거나 다른 사람의 의견을 듣자마자 "제 생각은 다릅니다."라는 식의 말로 대화를 시작해서는 안된다는 것이다. 보통 다른 사람의 의견에 곧장 반대의 의견을 서슴없이 내는 이들을 보면, 대개 폭넓은 사고를 하지 못 하는 우물 안 개구리들이다.

나는 대화의 방법에 대해 교육을 할 때, 가급적이면 "예, 그 말도 맞네요! 하지만… ."이라거나 "그건 저도 생각하지 못한 이야기네요. 일리 있는 말씀입니다. 그런데 이런 점은 어떨까요?"라는 식으로 대화를 이끌어가라고 조언한다.

무턱대고 "내 것은 옳고 당신 것은 틀리다."라는 상대주의적 옳고 그름의 이분법적 대화 방식은 절대 바른 대화법이 아니다. 우리 모두는 모든 문제에 있어서 절대적으로 자신이 완벽하며 올바르다고 할 수가 없다.

아무런 준비도 대책도 없이 무조건 자기 생각을 강요하거나 자기의 가치관을 강요하는 것은 실패하는 대화법이다. 상대를 설득의 자리로 나오도록 하기 위해서는 먼저 상대를 인정하는 것부터 배워야 한다.

무조건적인 설득이란 있을 수 없다. 또한 상대를 설득하기 위해서는 먼저 상대를 주인공으로 만들어야 한다. "당신이 아니면 안 돼! 당신이 가장 이 일에 적합한 사람이며 당신은 유능한 사람이기에 난 당신이 나와 함께 하면 좋겠어!" 등 상대를 먼저 인정하여 그를 주인공으로 만들 때 분명 상대는 당신의 말에 공감하거나 당신을 따르게 될 것이다.

유능한 리더는 강요가 아닌 설득을 택한다. 설득에 앞서 상대를 인정한다. 인정이란 존중을 통해 자신과 다른 생각과 주장을 가진 많은 사람들의 마음을 하나로 모으며 자신을 신뢰하도록 주위 사람들의 마음을 움직인다. 사람의 마음을 얻는 것, 그것이 성공의 작은 시작이다.

성공한 이들에게는 성공의 대화법이 있다. 그들은 타인과의 대화 가운데 늘 배려와 겸손함으로 대화에 임하며 자신의 말을 늘어놓기보다는 상대방의 말을 경청하며 상대의 의견을 인정한다. 그들은 늘 사람의 마음을 움직이는 것에 최선을 다한다. 비록 자신과의 의견이 대립되는 사람과의 만남 속에서도 그의 생각과 주장을 반박하기에 앞서 상대의 이야기에 귀를 기울이고 존중과 겸손함으로 상대를 대한다. 그리고 그들은 상대를 설득하기 이전에 상대를 인정함으로써 상대의 마음을 움직인다.

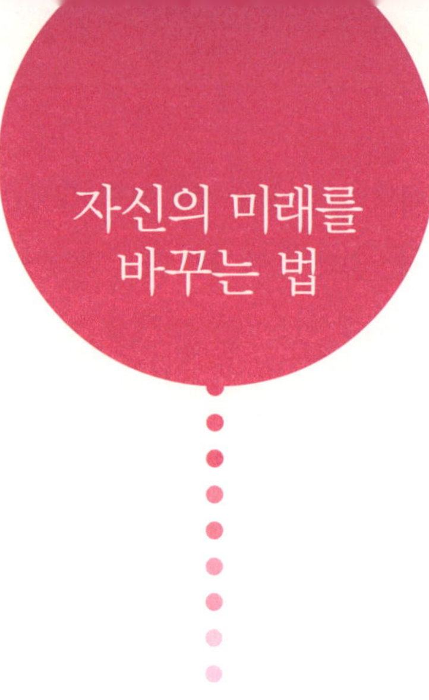


사람들은 늘 자신이 처해 있는 현실보다 더 나은 미래를 꿈꾸며 계획한다. 하지만 꿈꾸는 미래를 현실로 만들기 위해서는 현재의 삶 속에서 먼저 작은 변화를 만들어가야 한다는 것을 잊고 살아간다. 그저 꿈꾸는 미래의 모습만 상상할 뿐이다. 아름다운 미래는 시간이 지나면 자연스럽게 이루어지는 게 아니다. 미래는 현재의 삶을 어떻게 사느냐에 달려 있다. 아름다운 미래를 원한다면 우선 현재의 삶 속에서 구체적인 변화를 계획해야 한다.

## ●●● 행동이 바뀌면 미래가 바뀐다

미래는 현재를 비추는 거울이다. 지금 삶의 스토리를 어떻게 만들어 가느냐에 따라 미래의 내 모습이 결정된다. 성공은 오늘을 어떻게 살아내는가에 따라 결정된다. 오늘 열심히 땀을 흘리며 노력하는 사람만이 내일 아름다운 열매를 수확할 수 있는 것이다. 성공은 바로 오늘 내가 했던 노력의 결실이며 자신을 바꿔나가는 행동의 열매이다.

성공은 잘못된 것으로부터 자신을 변화시키고자 했던 과거의 행동을 전제한다. 격변하는 이 시대에서는 더욱 더 민첩하게 변화에 대처하기 위한 행동에 나서야 한다.

하지만 우리는 제각기 자신이 꿈꾸는 삶을 이루고자 수많은 정보를 수집하고 계획을 세우면서도 그것을 행동으로 옮기는 데는 머뭇거린다. 조금 더 냉정하게 말하자면, 아무런 행동도 하지 않으면서 원하는 것은 너무나 많다. 텔레비전 광고에 등장하는 모델, 배우들처럼 멋진 몸매를 꿈꾸지만 여전히 늦은 밤에 라면을 끓이고 밥까지 말아 먹는다.

행동으로 나타나는 변화가 없다면 절대 아무런 일도 일어나지 않는다. 치열한 경쟁이 벌어지고 있는 정글과도 같은 환경 속에서 살아남고, 한걸음 더 나아가 리드해 나가려면 다른 이들보다 더 먼저 변화에 맞춰 빠르게 행동으로 옮겨야 한다. 그럼으로써 어느 순간 찾아오는 운명과도 같은 기회를 잡을 수 있는 것이다.

성공하고 싶다면 목표를 세우고 계획을 짜는 것만으로는 안된다. 변화를 향한 행동이 있어야 한다. 지금 바로 시작해야 한다. 내일로 미루는 것은 이미 실패를 향해 항로를 돌리는 것과 같다. 웨이슈잉은 『하버드 새벽 4시 반』에서 성공을 위한 행동에 대해 이렇게 말했다. "목표를 세웠다면 지금 즉시 행동하라. 바로 이 순간부터 시작해야 한다. 행동하지 않고 생각만 하다면 목표는 영원히 닿을 수 없는 꿈으로만 남게 된다." 그렇다. 지금 당장 행동으로 나서지 않는다면 우리는 절대 성공을 맛볼 수 없다.

많은 사람들이 자신의 계획을 내일로 미룬다. 하지 않겠다는 게 아니다. 못하겠다는 것도 아니다. 내일부터 하면 된다고 미루는 것이다. 금연에 실패하는 이들을 보면, 매년 새해가 되었을 때쯤 금연을 결심하는 사람들이다. 올해는 꼭 금연하겠다고 각오를 다진다. 그 굳은 의지와 표정을 보면, 당장 혈서라도 쓸 것처럼 보인다. 하지만 그런 결심과 함께 늘 이러한 말을 한다. "이것만 피우고!" 아니 심지어는 "한국인은 신정이 아닌 설날이 진정한 새해니까…"라고 말하는 사람도 보았다.

정말 어이가 없는 일이다. 담배를 끊는 것은 보통 힘든 일이 아니다. 보통의 결심과 노력으로 성공할 수 있는 게 아니다. 오죽이나 힘들면 "담배를 끊는 사람과는 상종하지 말라!"는 말까지 있겠는가. 그만큼 독하게 결심한 사람만이 금연에 성공할 수 있다는 것이다.

하지만 금연에 성공한 이들을 살펴보면, 대단한 의지력을 가진 사람도, 독한 사람들도 아니다. 그들 역시 그저 평범한 흡연자였다. 다른 것은 바로 그들의 변화된 행동에 있었다. 금연에 성공한 사람들은 금연을 결심한 바로 그 순간 행동에 나섰다. 바로 주위에서 담배와 라이터를 모두 치워버리고 주변 지인들에게 금연 사실을 알린다. 언제부터 금연하겠다가 아니라 그 즉시 금연을 행동으로 실천한다. 그것이 금연에서 성공하느냐 실패하느냐를 가르는 주요 요인이다.

우리는 오늘을 잘 살아내야 한다. 오늘, 행동에서의 변화가 시작될 때 내일의 멋진 미래가 기다리게 되는 것임을 늘 잊어서는 안된다.


### ●●● 첫 번째 행동 변화, 웃어라

'소문만복래笑門萬福來'라는 말이 있다. 웃는 문으로 만복이 들어온다는 말이다. 누구나 환하게 미소 짓는 사람을 볼 때면 덩달아 기분이 좋아지게 마련이다. 오죽하면 "웃는 얼굴에 침 뱉으랴!"라는 속담이 있겠는가? 삶에서 환하게 웃는 것은 너무나 중요하다.

늘 얼굴에 인상을 쓰고 있는 사람도 있다. 그들은 세상 고민은 혼자 다 하는 사람처럼 늘 얼굴을 찌푸리고 다닌다. 그런 얼굴은 보는 것만으로도 짜증이 나게 마련이다. 그렇게 인상을 찌푸리고 다니는 사람들의 삶을 보면, 어떻게 그렇게 다들 비슷한지 신기할 정도다. 그들에게는 만족이란 것이 없다. 그들의 삶에는 인상을 쓸 일만 생긴다.

왜 그들에게는 웃을 수 없는 일들만 생기는 것인가? 답은 '소문만 복래'에서 찾을 수 있다.

그들은 입버릇처럼 말한다. "웃을 일이 있어야 웃지." 이런 말은 잘못되었다. 일상에서 웃을 일들만 생기는 사람은 없다. 정말이지, 그런 사람은 아무도 없다. 하지만 그럼에도 웃으려고 애를 쓰는 것이고, 어렵고 힘든 상황에서도 웃음을 잃지 않고 극복하고자 노력하는 것이다. 그리고 그런 모습으로 살아가는 사람에게 행운도 찾아오는 것이다.

웃음을 잃지 않는 사람들은 대부분 긍정적이다. 꼬이고 꼬여 엉망이 되어 버린 문제와 마주해도 그런 장애를 넘을 수 있다는 희망에 시선을 두기에 그들은 웃음을 잃지 않는다. 희망이 아니라 고난에만 초점을 맞추고 있는 사람은 앞을 가로막고 있는 문제가 가져오는 고통으로부터 자유로워지기는커녕 그 문제에 얽매여 웃을 수 있는 여유까지 사라지고 만다.

하지만 문제와 맞닥뜨렸을 때 그 문제 너머에 있는 희망을 발견해내고 그 희망에 초점을 맞추는 사람은 문제가 가져오는 고통과 좌절을 이겨내고 다시 일어설 수 있다. 따라서 그들은 비록 문제를 앞에 두고 있으면서도 웃음을 띤 얼굴로 살아가게 되고, 주변의 많은 사람들이 그들과 함께 하려고 한다.

그 어떤 사람도 찌푸린 얼굴을 하고 있는 사람과는 단 한 시간, 아니 단 몇 분조차도 함께 하고 싶지 않을 것이다. 부정적인 생각으로 인상을 쓰고 살아가는 사람은 늘 주위를 어둡게 만든다. 그들은 표정도 어둡고, 생활도 어둡고, 말투도 어둡고, 행동도 어둡다. 심지어 음산한 분위기까지 감돈다. 그 어두운 기운이 퍼져나가면서 그의 주위는 우울한 분위기로 뒤덮인다. 그는 늘 절망과 불안과 좌절을 전달하는 매개체가 된다. 자신뿐 아니라 모든 주변 사람들에게 먹구름과 비를 몰고 온다. 가정, 직장, 그가 속한 모든 공간은 어둠의 기운으로 채워진다.

그들은 늘 불평, 불만과 함께 한다. 타인의 잘못을 지적하기에 혈안이 되어 있다. 그들의 입에서는 늘 이런 원망만 쏟아진다. "세상이 나를 이렇게 만들었다." "나를 이렇게 만든 것은 누구다."

아무도 그를 그렇게 만든 사람은 없다. 세상은 그의 인생에 아무런 관심도 없다. 문제를 해결할 열쇠를 손에 쥐고서도 그들은 모든 책임을 다른 사람에게 떠넘긴다.

혹시 조금이라도 이러한 행동 패턴을 해왔었다면, 지금 당장 그곳으로부터 탈출을 선언하라! 그리고 행동하라! 진정한 성공은 밝은 미소를 지으며 아침을 맞이할 때 비로소 시작되는 것이다. 오늘이 기쁘지 않은 사람은 내일도 기쁠 수 없다.


## ●●● 두 번째 행동 변화, 지혜롭게 행동하라


세상을 살다 보면 참으로 미련스럽게 보이는 사람들이 많다. 그것은 무엇이 바른 것인지를 배우지 못했기 때문이다. 지혜로운 사람은 눈앞으로 다가오는 성공을 놓치지 않는다. 반면, 지혜롭지 못한 사람은 늘 잘못된 행동으로 실패한다.

그렇다면 우리가 지혜로워지기 위해서는 어떻게 해야 하는가? 바로 지속적인 배움이다. 지혜는 오로지 다양한 배움을 통해 자란다. 인간은 오직 배움의 과정을 통해서만 성장하고 지혜롭게 행동할 수 있게 되는 것이다.

당신이 어떤 한 분야에서 대가大家가 되기 원한다면, 자신에게 주어진 환경과 삶 가운데 끊임없는 배움의 과정을 걸을 때 자신이 원하는 모습으로 다시 태어날 수 있다. 대가가 된다는 것, 전문가가 된다는 것은 끊임없이 채워지는 배움의 과정 속에서 습득한 지식의 세계를 통해서만 길이 열린다. 아무리 머리가 좋은 사람이라 하여도 배우지 않는다면 절대 성공할 수 없다.

토마스 에디슨은 말했다. "천재는 1%의 영감과 99% 노력으로 이루어진다." 그렇다. 배움에 대한 노력이 없는, 배움에 대한 뜨거운 열정이 없는 사람에겐 절대 아무것도 주어지지 않는다. 웨이슈잉은 『하버드 새벽 4시 반』에서 "배움의 고통은 잠시지만 배우지 못한 고통은 평생이다."라고 정의를 내렸다. 또한 "배우는 것을 그만둔다면 발전을 포기하는 것과 같다."고 배움의 중요성을 강조했다. 실패한 사람과 성공한 사람과의 차이는 바로 배움의 차이이다.

얼마 전 우연히 '희망 TV'라는 방송을 보았다. 방송에서 소개했던 아프리카 투르카나의 '무사'라는 아이는 사금을 캐기 위해 하루 종일 망치질을 쉬지 않는다. 부모를 일찍 여의고 가족의 생계를 위해 돌을 부수는 아이의 손은 온통 피투성이에 딱지가 않은 상처투성이였다. 이제 겨우 12살인 무사는 하루 종일 이렇게 일을 해서 번 우리 돈 500원으로 투병 중인 할아버지의 약값과 동생의 생계를 책임지며 함께 살아간다. 아이는 제대로 먹지도 못하고 배고픔을 견디며 일을 하고 있었다.

배우 정준은 아이의 일상을 취재하는 동안 눈물을 흘리며 아이를 후원해달라고 외쳤다. 그러한 사연을 보고 있는 동안 내 마음속에 들어와 깊은 인상을 남긴 장면이 있었다. 먹을 것을 사기도 힘든 상황 속에서도 작은 노트를 사서 간직하고 있는 아이의 모습이었다. 언젠가 학교에 가게 될 그날을 위해 아이가 구입해 간직하고 있던 노트였다. 아이는 지독한 가난으로부터 자신을 해방시켜 줄 유일한 길은 배우는 것이라는 말을 했다. 아이는 이미 배움의 소중함에 대해 잘 알고 있었던 것이다.

성공한 사람들은 쉬지 않고 자신을 학습시킨다. 늘 새로운 것을 배우고자 하고 그것을 자신의 것으로 소화하며 변화에 적응한다. 하지만 실패한 사람들은 자신이 알고 있는 것이 세상의 전부라는 듯 착각을 한다. 아니 배움이란 과정 자체의 필요성을 인식하지 못한다.

그저 배움에는 때가 있는 것이라며 포기하거나, 아니면 자신은 배움의 과정이 필요 없다고 착각한다. 그것이 성공과 실패를 좌우하는 큰 원인이 된다는 것을 알지 못한다. 분명한 것은 끊임없이 노력하는 이에겐 그에 합당한 아름다운 결과가 꼭 주어진다는 것이다.

성공을 꿈꾸는가? 그렇다면 끊임없는 배움을 통해 지혜로워지고 지혜로운 행동을 하길 바란다. 그것이 당신을 성공시킬 원동력이다.

### ●●● 세 번째 행동 변화, 담대한 도전

성공을 위한 행동에는 담대한 도전 정신이 있다. 도전이란 무엇인가? 도전은 "어떤 상대와 맞서 싸우는 것이다." 즉 무엇인가에 맞서 정면으로 승부를 걸어보는 것이다. 도전하지 않는 자에게는 절대 승리의 기쁨도 주어지지 않는다. 인생은 끊임없는 도전의 연속이다.

태어나는 순간부터 죽는 그날까지 우리는 수많은 것을 선택하고, 선택한 그것으로부터 끝없는 도전을 받으며, 때로는 승리의 기쁨을, 때로는 패배의 쓰린 상처를 맛보게 된다. 그렇게 도전하는 과정들 속에서 우리는 알지 못하는 사이에 아름답게 성숙하게 되기도 하고, 때로는 두 번 다시 세상과 맞서서 싸울 전의를 상실하기도 한다. 그것은 패배가 안겨 준 아픈 과거의 기억에서 헤어 나오지 못하기 때문이다.

오랜 시간 검도를 수련하면서 마음 깊이 느끼게 된 것이 한 가지 있다. 상대의 검을 앞에 두고 두려움을 느끼게 되면 이길 수 없다는 사실이다. 언행은 바람에 눕는 풀처럼 겸손하되 상대를 향해 검을 드는 순간에는 호랑이처럼 사나워야 한다.

상대의 기에 눌리는 순간부터 이미 패배는 예고된 것이다. 처음 검도를 시작한 지 얼마 되지 않았을 때, 우연히 남양주시 실업팀 선수 출신인 사범과 검을 맞댄 적이 있었다. 어려서부터 나름 운동을 많이 했던 터라 두려움은 전혀 없었다. 나는 마치 길거리 싸움처럼, 정말 얼떨결에 상대의 머리를 통쾌하게 내리쳤다. 상대의 기술이 월등히 뛰어났음에도 불구하고, 상대의 기세에 눌려 주눅이 드는 대신, 하룻강아지처럼 앞뒤 재지 않고 맞선 결과였다. 물론 그 다음에는 실력 차이는 어쩔 수 없어서 손목뼈가 으스러지도록 얻어맞아서 며칠 동안 고생을 했는데, 바로 거기서 문제가 생겼다. 상대와 맞서 검을 겨눌 때마다 두려움을 느끼게 된 것이다. 그리고 그런 두려움을 극복하기 위해 한동안 고생을 했다.

우리의 인생에 있어서도 마찬가지이다. 우리 인생은 선택의 연속이다. 그리고 그 선택은 도전을 요구한다. 바로 그때 담대한 기세로 도전함으로써 성공의 문을 열 수 있게 된다. 도전이 시작되기도 전에 먼저 기가 죽고 패배에 대한 두려움을 갖는다면 결코 그 도전에서 성공하지 못할 것이다.

만일 다윗이 골리앗의 거대한 체구에 기가 꺾여 두려움을 느꼈다면 결코 골리앗을 상대로 싸워 이기지 못했을 것이다. 수많은 사울왕의 군사들은 골리앗을 보자마자 두려움에 떨었지만 작은 거인 다윗은 절대 두려워하지 않았다. 다윗이 골리앗을 상대로 싸움에서 승리할 수 있었던 비결이다. 다윗은 담대한 용기와 도전 정신을 통해 이스라엘의 왕이라는, 인생 역전을 이루어낼 수 있었던 것이다.

성공을 위한 도전에 있어 무엇보다 중요한 승부의 열쇠는 담대한 마음, 담대한 용기다. 무엇이 되었든 끊임없이 도전하면서 담대한 용기를 가지고 인생의 파도를 타고 항해하기를 바란다. 높은 파도에 두려움을 느끼는 서퍼는 파도에 삼켜지지만 담대한 서퍼는 높은 파도를 타고 멋지게 서핑을 즐길 수 있게 된다.

우리의 미래는 당장 변화를 향한 행동을 시작해야 하고 담대하게 도전하는 것으로부터 시작된다. "행동이 바뀌면 습관이 바뀐다."고 하였다. 오늘 우리 행동의 작은 변화가 우리 미래를 바꾼다. 변화된 행동, 그리고 담대한 도전은 당신의 미래를 바꾸는 귀중한 원동력이 될 것이다. 성공은 누군가가 선물하는 것이 아니다. 스스로의 삶의 변화를 통하여 만들어 가는 것이다.

성공은 기회를 잡는 데서 시작된다. 성공한 사람들의 공통점은 그들에게 찾아온 기회를 멋지게 잡아 이용했다는 것이다. 살아가는 동안 누구에게나 중요한 기회는 찾아온다. 차이는 어떤 사람은 그 기회를 멋지게 잡아 역전을 이뤄내고, 또 누군가는 그 기회를 그냥 흘려보낸다는 것뿐이다.

기회는 누구에게나 찾아오지만 그 기회를 잡는 사람은 그리 많지 않다. 왜 그럴까? 그 이유는 결단력이 부족하거나 때로는 실패에 대해 두려움을 갖기 때문이다.

성공하기 위해서는 합리적이고 냉철한 판단력과 과감한 결단력을 바탕으로 부지불식간에 찾아오는 절호의 기회를 포착해야 한다.

## ●●● 기회의 알람소리

자신이 꿈꾸던 미래를 현실로 만든 이들은 찾아온 기회를 놓치지 않았다. 아무런 기회도 얻지 못한 채 흘러가는 인생은 없다. 다만 어떤 이들은 기회의 알람소리를 듣고 잠에서 깨어나 새로운 인생의 아침을 맞는 반면, 어떤 사람들은 깊은 잠에 취해 기회의 알람소리를 듣지 못하고 흘려보낸다. 이들 두 부류의 차이는 무엇인가? 바로 민감함이다.

자신에게 찾아온 기회를 잡아 성공의 계기로 만드는 이들에겐 민감함이 있다. 그들은 시대의 변화에 민감하며, 다른 이들의 이야기로부터도 민감하게 반응한다. 평범하게 흘러가는 듯한 일상에서 일어나는 수많은 인생 스토리들에서도 기회의 신호를 쉽게 흘려보내지 않으며, 빠른 판단력과 집중력을 갖추고 있다.

우연히 케이블 방송을 보다가 사자가 사냥을 하는 영상을 보았다. 사자는 풀숲에 몸을 낮춘 채 사냥감에 집중한다. 그리고 오랜 기다림 가운데 찾아온 단 한 번의 기회를 절대 놓치지 않는다. 순간의 기회를 놓치지 않기 위해 빠른 판단력으로 사력을 다해 돌진한다. 동물의 왕이라는 사자도 영양 한 마리를 잡기 위해 최선을 다한다. 절대 교만하지 않다. 기회를 결과로 만들기 위한 중요한 순간에 절대 다른 곳을 바라보지 않는다. 목표물에만 집중하는 것이다.

하지만 대부분 기회를 잡는 데 실패하는 경우를 보면 기회가 찾아온 순간 집중을 하지 못했기 때문이다. 아니 기회라는 것도 모르고 지나쳐 버린다.

기회를 잡기 위해서는 늘 깨어 있어야 한다. 늘 자신에 찾아올 그 값진 순간을 기다리며 세상의 변화를 살펴야 한다. 사자가 사냥감을 찾기 위해 넓고 넓은 들판을 주시하며 기다리듯이 우리 역시 우리에게 찾아올 사냥의 순간을 기다리며 준비해야 한다. "기회는 준비된 자에게 온다."라는 명언처럼 성공의 기회를 향한 어떠한 준비도 없이 그저 흘러가는 세상 가운데 유유히 뱃놀이를 즐기다보면 자신도 모르는 깊은 인생의 단잠에 빠져 찾아온 귀한 손님의 음성에 귀를 기울이지 못하게 된다.

기회는 자주 오지 않는다. 어떤 이들은 "사람에게는 누구나 세 번의 기회가 찾아온다."라고 말한다.

중국 사서삼경의 하나인 『역경』과 동양철학의 근간을 이루었던 『주역』에 의하면 "한 사람의 인생은 18년의 주기를 통해서 급변하는 변동을 경험하게 된다."고 하였다. 당시는 사람들의 평균수명이 대략 50대에서 60대였다. 그래서 60세를 넘기게 되면 장수를 축하하는 환갑잔치를 하였던 것이다. 대략 60여 년의 인생의 주기를 18로 나누어 보면 3번의 큰 변화가 삶에서 찾아오고, 그 안에서 삶의 기회가 찾아온다 하여 그 순간을 잘 잡는 사람이 복을 누린다고 전해오고 있다. 즉 기회란 삶의 어떤 변화의 순간 찾아오는 것임을 우리는 알 수 있다.

온 민족이 고통을 당하고, 어렵고 힘든 세월을 살아가야 했던 6.25전쟁 시기에 오히려 큰돈을 벌었던 사람들도 있다. 미군부대에서 버려진 음식물 쓰레기를 일명 꿀꿀이 죽이라도 만들어 팔았던 요식업자도 있었고, 전쟁 중에 버려진 고철들을 모아 부자가 된 사람들도 있다. 모든 것이 무너지고 파괴되는 순간, 타인이 아닌 자신에게도 일어난 그 불행의 순간에서도 그것을 기회로 삼고 도리어 역경을 딛고 일어나는 이들이 있다는 것이다.

이것은 흔히 이야기하는 '위기를 기회'로 만든 이들의 모습이다. 어떠한 순간이든 그것을 성공의 기회를 만드는 것은 창조적 마인드를 가진 자에게만 가능한 것이다. 기회의 순간을 포착하라! 집중하라. 그리고 늘 준비하라! 그것이 당신이 해야 할 성공의 준비이며 시작이다.

## ●●●● 기회와 위기를 분별하라

어떤 변화의 순간을 맞이했을 때, 그것이 자신에게 있어 '기회의 순간인가, 아니면 위기의 순간인가?'를 판단하는 것은 매우 중요하다. 자칫 잘못된 판단으로 위기를 선택하는 사람들도 있다. 그러므로 그 위기를 어떻게 판단하느냐는 매우 중요한 문제다. 물론 어떤 이들은 그 위기를 기회로 만들지만 위기를 기회로 만들 만큼 유능한 사람은 그리 많지 않다. 가능하면 피할 수 있거든 피하는 것이 현명한 선택이다.

자신의 삶에서 전혀 생산적이지 못하고 유익한 점이 없는 일에 에너지를 소비하는 것은 지혜롭지 못한 판단이며, 인생을 허비하는 일이 된다. 미련한 사람은 늘 먼 길을 돌아오고서야 그것이 잘못된 선택이었음을 알게 된다.

사실 실패를 통해 배우고, 실패를 통해 또 다른 기회를 삼아 성공을 향해 나아가는 것은 아름다운 도전이다. 하지만 그 실패를 발판으로 해서 성공을 향해 도약한다는 것은 너무나 힘들고 어려운 일이다. 굳이 진흙탕 싸움에 일부러 뛰어들 필요는 없다. 그렇다고 쉬운 길, 요행수를 바라는 길을 가라는 게 아니다. 적어도 성공을 가져올 기회인지, 다시 한 번 패배의 나락으로 떨어뜨릴 위기인지를 우리는 바르게 분별할 수 있어야 한다는 것이다. 특히 공동체의 리더에게는 이런 분별력이 매우 중요하다. 자칫 어리석은 판단을 내려 공동체 구성원 모두를 위기로 몰아넣을 수도 있기 때문이다.

우리는 열심히 하는 것에 앞서 '분별'에 먼저 성공하여야 한다. 이 '분별'에 있어서 특히, 주의해야 할 것은 자신의 감정에 속아서는 안된다는 것이다. 바르게 분별하기 위해서는 상황을 객관적으로 바라보는 시각이 필요하다. 바르게 분별해내지 못하고 잘못된 길을 향해 열심히 달려간다면 우리는 얼마나 아까운 시간을 허비하고, 다시 되돌아오기 위해 좌절과 싸우고 에너지를 써야 하겠는가.

우리는 성공을 위해 위기 분별 능력을 키워야 한다. 그러기 위해선 늘 열린 마음으로 곁에서 조언을 아끼지 않는 이들의 말에 귀를 기울여야 한다.

실패를 거듭하는 이들의 공통점은 늘 다른 사람의 이야기에 귀를 기울이지 않는다는 것이다. 반면, 잘 듣는 것은 바로 리더가 갖추어야 할 조건이다. 경영학을 공부할 때, 교수님은 리더의 가장 중요한 첫 번째 조건을 바로 듣는 것이라고 정의했다.

타인의 이야기를 잘 듣는 사람이 그렇지 않은 사람에 비해 성공의 기회와 위기를 잘 분별해낼 수 있게 되는 것은 분명하다. 또한 올바른 분별을 위해서는 끊임없는 정보 수집이 필요하다.

우리는 정보의 홍수 시대를 살아가고 있는 중이다. 예전에 비해 원하는 정보를 쉽게 얻을 수 있는 시대를 살아가고 있다. 다시 말해 객관적인 자료들로 자신이 원하는 것에 대한 바른 분석이 가능한 시대를 살아가고 있다는 것이다.

성공의 기회라는 판단이 든다면 그것을 입증할 객관적 정보를 찾아라! 그리고 어떻게 그 절호의 기회를 활용할지에 대한 귀한 정보로 이용하라! 그것이 당신에게 찾아온 인생의 터닝 포인트가 될지도 모를 기회라면, 놓치지 말라! 그것을 과감히 선택하고 담대하게 행동하라! 그것이 먼 훗날 당신의 인생에 후회로 기억되지 않기 위해서.

## ●●● 기회가 주는 선물

당신에게 찾아온 작은 기회, 그것이 당신의 미래를 열어줄 불씨가 될 성공의 기회로 만들기 위해서는 자신의 꿈에 비해 만족스럽지 않은 작은 기회라도 최선을 다해 멋진 결과물로 창출해야 한다. 간혹 어떤 사람들은 자신이 원하던 기회가 아니라면 실망하거나 마지못해 그 기회를 잡는 모습을 보인다. 하지만 자신에게 찾아온 작은 기회를 살려 멋지게 연출하지 못하는 사람은 성공할 수 없다.

내가 처음으로 사업을 시작했을 때였다. 나 역시, 누구나 그러하듯이, 커다란 꿈과 계획을 가지고 사업을 시작했다. '일만 시간의 법칙'이란 말 따위는 무색하게 할 만큼의 풍부한 경력을 쌓았고, 한국 지사를 넘어 전 세계를 무대로 인정받은 화려한 성과들을 통해 쌓인 자신감이 있었다. 시작만 하면 무조건 성공신화를 창조할 수 있을 것이라는 기대감을 품었고, 이미 성공한 사업가처럼 행동하게 했다.

하지만 당시 제안했던 사업계획서와는 전혀 다르게 너무나 초라한 규모의 계약이 이루어지자, 마음이 무너지고 일하는 것조차도 짜증이 났다. 고작 이런 사업이나 하려고 고작 이 정도의 회사를 경영하려고 그동안 그렇게 노력한 것인가? 난 내게 주어진 업무보다 더 큰 계약을 성사시키기 위해 집중했다. 아니 내게 현재 주어진 일들은 신입 영업사원에게 던져 주고는 내 수준에 맞는 계약을 따내기 위해 이곳저곳 쫓아 다니며 구걸하는 영업을 하고 있었다.

하지만 조직도 없고 회사의 연혁도 없는 MCS란 작은 회사에게 그 어느 누구도 일감을 주지 않았다. 그러던 사이 신입직원이 관리하던 거래처들은 매출이 떨어지기 시작했고, 몇 달 지나지 않아 그 직원마저 회사에 비전이 없다며 사표를 내밀곤 나가 버렸다. 정말, 철저하게 혼자가 되었다. 무엇이 문제인가? 고민한 결과 문제는 내게 있었다. 난 내게 주어진 작은 기회에 감사하며 그것으로 멋진 미래의 성공을 가져다 줄 발판을 삼으려는 생각을 하지 않았다. 오로지 더 큰 것, 더 멋있고 세련된 것만을 찾아 헛된 꿈을 꾸었던 것이다. 그래도 다행인 것은 빠른 시간 안에 그런 사실을 깨달았다는 것이다. 그 뒤로 나는 내게 주어진 일들에 다시 최선을 다했다. 백의종군하는 장수의 모습으로 돌아가 내가 할 수 있는 최선을 다하였다. 역시 노력의 성과는 매출 성장으로 이어졌고 지금의 법인으로 성장할 수 있었으며, 8년의 시간이 지난 지금은 영업계약 체결을 위해 대형 외투법인들의 국내 지사장들이 내게 찾아오기 시작했다. 급기야는 국내 제조업체들도 자신의 물건을 팔아 달라며 서로 찾아와 내게 부탁하기 시작했고, 우리 법인은 국내외 특허를 보유한 제조사로서 성장의 길로 접어들게 되었다.

그렇게 내가 찾아다닐 때는 오지 않던 기회들이 내게 주어진 작은 기회들에 충실하게 되면서 그 기회가 내게 가져다 준 선물인 듯하다. 기회는 또 다른 기회를 낳고 그렇게 찾아온 수많은 기회들은 결국 성공을 만든다. 당신에게 찾아온 작은 기회, 그것을 절대 가볍게 생각하면 안된다. 그 작은 기회가 당신을 깜짝 놀라게 할 긁지 않은 복권이라는 것을 명심해야 한다.

켄 블렌차드의 『작은 것부터 시작하라』는 책 제목처럼, 성공의 시작은 작은 것에서 최선을 다하는 과정에서 싹이 튼다. 작은 기회는 성공의 씨앗이다. 그 씨앗을 제대로 성장시키는 것이 성공의 열매를 수확하기 위한 시작인 것이다.

성공을 위해서는 무엇보다 자신에게 찾아온 기회를 포착해내는 것이 중요하다. 그러기 위해서는 그것이 중요한 성공의 기회인지 아니면 위기의 씨앗을 품고 있는 순간인지를 정확하게 분별해낼 수 있는 능력이 필요하며, 삶의 과정에서 벌어지는 모든 순간순간들 속에 숨어 있는 기회를 찾아낼 수 있도록 더듬이를 예민하게 세우고, 예리한 시선으로 통찰해야 한다.

실패하는 이들은 자신에게 찾아온 기회를 알아채지 못하고 지나쳐버린다. 그들은 늘 몇 년이 지난 뒤에서야 그것이 자신에게 주어졌던 기회였음을 뒤늦게 깨닫고 후회하는 삶을 살아간다.

삶의 매순간 벌어지는 상황들에 주시하라. 그리고 빠른 판단력과 집중력으로 기회를 포착하라. 성공은 성공의 기회를 잡는 것으로부터 시작된다.

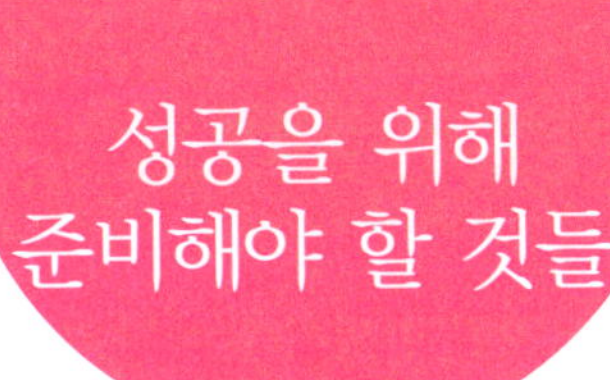



우리 몸에서 중요하지 않은 부분은 없다. 그럼에도 불구하고 눈은 다른 신체기관들보다도 중요한 것 같다. 눈이 있어 우리는 아름다운 세상을 볼 수 있고, 눈이 있어 사랑하는 사람을 볼 수 있다. 그리고 눈이 있어 내가 가고자 하는 목적지를 향해 어렵지 않게 걸어갈 수 있다.

눈을 감고 하루만 지내보라. 눈을 감고 길을 나서보라.

고등학교 시절, 학교 근처에 정부에서 운영하는 시각장애인 교육시설이 있었다. 그곳에서는 이제 시력을 잃어가는 분들이 자신의 시력을 완전히 잃기 전에 두 눈에 안대를 하고 지팡이를 이용해 거리를 걷는 훈련과 시력장애로 인한 생활의 어려움을 극복하기 위해 훈련을 받았다. 간혹 그분들이 삼삼오오 거리로 나와 보행훈련을 하는 것을 보곤 했는데, 넘어지고 쓰러지고 때로는 가야 할 경로에서 벗어나 엉뚱한 곳으로 걷는 경우도 많았다.

눈은 이처럼 우리가 길을 제대로 걸을 수 있도록 하는 중요한 기능을 한다.

## ●●● 성공을 바라보는 눈, 분별력

신체기관으로서의 눈처럼 인생이라는 길을 걸어갈 때도 올바른 성공을 바라보는 눈이 있다. 바로 '분별력'이라는 눈이다. 분별력이란 단어의 사전적 의미를 알아보면, "세상 물정에 대하여 옳고 그른 것을 판단하는 능력"이라고 정의한다.

가끔 부모님이나 어른들이 "저놈, 세상 물정도 모르고 까분다."라고 하는 말을 하기도 하는데, 세상의 물정을 안다는 것, 바로 그것이 성공에 있어서 중요한 필수 능력 중 하나다. 분별력이 없는 사람은 포장된 상황들에 현혹돼 허황된 꿈을 꾸게 되고, 옳고 그름을 제대로 분별하지 못해 무모한 도전으로 커다란 손해를 감수해야 한다. 아니 손해만 보고 끝나면 다행이지만 다시 시작할 수 없는 위기에 놓일 수 있으므로 더욱 세상물정을 분별하는 바른 눈을 가져야 한다.

경영 상담을 하다 보면 다양한 부류의 경영자들을 만나게 된다. 한번은 정말 불도저처럼 매사를 밀어붙이는 한 기업 대표를 만나 상담을 했다. 그는 자신이 결정한 일들에 대해서는 늘 거침이 없었고 신규 사업을 시작할 때도 앞뒤를 가리지 않고, 돈이 되는 것이라면 무조건 달려들어 일단 저지르고 보는 전형적인 돌격형, 전투적인 마인드의 경영자였다.

그는 매사를 감정적으로 처리했고, 그런 분별력 없는 경영으로 인해 자금난을 겪어 어려움에 빠졌다. 직원을 채용할 때, 사업 파트너를 결정할 때 등 모든 일들에서 체계적인 계획도 없었고, 분별력도 없어 주위 사람들을 힘들게 하는 경영자였다.

사업에 있어 가장 중요한 것은 바로 분별이다. 돈이 좀 될 것 같다고 해서 아무나에게 무조건 물건을 주어야 하는지, 결국 내게 독이 되는지, 도움이 되는지 분별해야 한다. 사업 파트너도 그가 사기꾼인지 아니면 진정한 동료로 친구인지 분별해야 한다. 그것이 바로 성공과 실패를 가름하는 중요한 눈이다.

성공을 바라보는 올바른 눈이 없다면 우리는 항로를 벗어나 추락하는 비행기 신세가 될 수밖에 없다. 아무리 뛰어난 성능을 자랑하는 비싼 비행기라도 추락한다면 고철 덩어리에 불과하다. "눈면 말 타고 벼랑길을 간다."는 옛말이 있다. 눈이 먼 말을 타고 벼랑길을 간다는 건 생각만으로도 아찔한 일일 것이다. 아니 눈면 말을 타고 벼랑길을 가려고 하는 사람은 아무도 없을 것이다.

분별력이 없다는 건 눈먼 말을 타고 벼랑길을 가는 것과 마찬가지다. 그런데 바른 분별력을 갖추지 못한 것에 대해서는 별다른 인식을 하지 못한다. 세상 물정을 환하게 알아야 성공할 수 있다. 분별력은 성공을 위한 중요한 조건이다.


## ●●● 성공의 보험 상품에 가입하라


인생의 순간순간은 늘 불안정하다. 언제 어느 때 어떤 예기치 못한 질병, 사고가 발생할지 모른다. 그래서 질병에 걸리거나 재난 상황에 대비해 보험이라는 상품에 가입한다.

사실 나는 보험 예찬론자는 아니었다. 결혼 전에 보험회사에 가입했다가 이런저런 피치 못할 사정으로 해지해 많은 원금의 손실을 보았던 터여서 보험에 대해 그리 좋은 기억이 없었기 때문이다.

그러던 어느 날 지인의 부탁을 거절할 수 없어 들었던 '온 가족 실비보험'이 나와 가족을 살린 귀중한 선물이 되었다. 평소 마음이 약해

부탁을 잘 거절하지 못해 매월 40만 원 상당을 납입하는 보험 상품에 가입하게 되었는데, 매월 보험료를 납부할 때마다 짜증이 밀려왔다. 몇 개월만 납부한 뒤에 보험설계사에게 피해가 가지 않을 정도만 되면 해지할 생각이었다.

그런데 우리 가정에 엄청난 고난이 찾아왔다. 아내가 면역 이상으로 온몸의 근육이 굳어버리는 병에 걸린 것이다. 발병하고 한 달만에 아내는 휠체어를 타고 다녀야 하는 정말 드라마와 같은 이야기가 내게 벌어진 것이다.

그럼에도 다행히 엄청난 병원비로부터 자유로울 수 있었던 것은 바로 일 년 전에 가입해 어쩔 수 없이 납부하고 있던 바로 그 보험 때문이었다. 의료실비보험이 병원비의 90%를 해결해 준것이다. 아마도 다른 사람의 사정을 듣고 외면하지 않았던 마음에 하늘이 주신 고마운 선물 같았다.

성공을 향해 걸어가는 여정에서도 이런 보험 상품과 같은 것이 한 가지 있다. 그것은 바로 '만약의 경우'라는 것이다. 보통 분별력이 없는 이들은 이 '만약의 경우'에 대해 전혀 생각하지 않는다. 그들에게는 눈에 보이는 것들이 전부다. 바른 것을 찾기 위해서는 늘 지금 내가 내놓은 것들이 정답인지를 놓고 만약의 경우에 대해 생각해보아야 한다. 만약의 경우를 염두에 두고 있을 때, 일이 잘못되었을 때를 대비한 대책도 마련하게 되는 것이다.

어리석은 사람들은 만약의 경우를 생각지 않기 때문에 예상치 못한 일들이 생기면 허둥대고 당황한다. 그때에 가서야 문제를 해결하려고 하다 보니 해결책을 찾는 것도 쉽지가 않다. 바른 분별을 가지고 기회를 잡아 도전할 때 '만약의 경우'는 인생의 성공에서 보험과 같다. 어떤 상황에서, 무엇이든, 만약의 경우의 수를 생각하고 대비하는 사람이 위기의 순간에 현명하게 이겨내고 성공하게 되리라는 건 분명하다.

단, 만약의 경우에 대해 너무 집착해서 모든 일에서 부정적인 것에 온통 시선을 두어서는 안된다. 예기치 못하게 일어나는 일들에 대한 대안을 미리 찾아야 한다는 것이고, 옳은 선택이 아닐 수도 있다는 가정을 배제하지 말고 객관적으로 문제를 다시 바라보라는 의미다.

사실 어떤 사람들은, "긍정의 힘이 성공을 이끈다."는 말을 두고 "허황된 긍정은 자신에 대해 제대로 파악하지 못하도록 함으로써 오히려 성공하지 못하게 한다."는 이론을 주장하기도 한다.

무엇이든 한쪽으로 크게 치우치는 것은 좋지 않다. 무엇이든 균형이 필요하다. 인생에서는 조화와 균형이 반드시 필요한 덕목이다. 양극화가 사회를 암울하게 만드는 되는 것처럼 무엇이든 지나치게 치우치면 오히려 해가 된다.

사실, 요즘에는 너무나도 많은 양극화 현상으로 인해 사회문제가 제기되고 있다. 소득의 양극화, 교육의 양극화, 소비의 양극화, 이념의 양극화 등등 수많은 양극화 현상들이 사회 문제가 제기되고 있다. 하지만 가장 중요한 것은 나의 내면에 있는 가치관의 양극화이다.

우리는 너무나도 한쪽으로 치우쳐 판단하고 생각하는 경향이 있다. 그리고 그런 태도가 올바른 분별을 방해하고, 심각한 편견과 선입견으로 잘못된 선택을 하는 실수를 범하게 만든다.

올바르게 분별하기 위해서는 열린 마음으로 세상을 바라보아야 하고 예기치 못한 상황들을 예측해 만약의 경우에 대비하는, 견고한 인생의 성을 쌓는 지혜를 가져야 한다.

성공하고 싶은가? 그렇다면 당신은 자신의 삶에서 무엇을 투자할 것인가? 자, 한번 곰곰이 생각해보고 대답을 해보자. 당신은 어떤 대답을 내놓을 것인가? 나는 직원들을 교육하는 현장이나 학생들을 대상으로 강의를 할 때, 가장 먼저 이런 질문을 하곤 한다. "당신은 성공을 위해 자신의 삶에서 무엇을 투자할 것인가?" 몇 분 간 머뭇거리다가, 멋쩍은 표정을 지으며 "생각을 해본 적이 없다."는 대답을 내놓는 사람들이 대부분이다.

성공을 준비하면서 나는 무엇을 포기할 수 있는지, 나 스스로에게 무엇을 투자할지, 우리는 분명하게 그것을 정하고 실천해야 한다. 성공을 위해 우리는 과연 "나의 무엇을 투자해야 하는가?" 가장 과감하게 내놓아야 할 대답은 '시간 투자'이다.

앞에서 '일만 시간의 법칙'에 대해 말했었다. 성공을 위해서는 자신의 시간을 투자해 성공을 위해 필요한 무엇인가를 배우고 습득해야 한다. 규칙적이고 알뜰한 시간관리가 필요하다. "시간을 허비하게 되면 인생을 허비하게 된다." 사람들은 말한다. 전기도 아끼고, 물도 아끼고, 돈도 아끼라고 말한다. 세상 모든 것을 아끼라는 근검절약을 외친다. 하지만 시간을 아끼는 가장 중요한 문제에 관심을 쏟는 이들은 의외로 너무나 적다.

미국 독립선언서의 기초를 작성한 벤자민 프랭클린은 "시간은 돈이다."라고 말했는데, 이 말이 나오게 된 프랭클린의 일화가 있다. 프랭클린이 서점에서 점원으로 일할 때, 손님 한 사람이 책의 가격을 묻자, 5달러라고 답했다. 하지만 책을 사지 않고 서점을 나갔던 사람이 다시 돌아와 그 책값을 다시 물었고, 책을 읽고 있던 프랭클린은 6달러라고 대답했다. 달라진 가격에 항의하는 손님에게 그는 "Time is money."라고 대답했다는 것이다. 프랭클린의 말은 그 손님이, 책을 읽는 자신의 귀중한 시간을 빼앗았다는 의미이다.

그저 웃어넘길 만한 이야기라고 생각하는가? 절대 그렇지 않다. 인생에서 한 번 지나간 시간은 절대 되돌릴 수가 없다. 시간은 무엇보다 값진 것이고 세상의 그 어떤 것으로도 살 수가 없는 것이다. 소중한 시간을 헛되이 보내는 것은 한 번뿐인 인생을 허비하는 돌이킬 수 없는 실수를 범하는 것과 마찬가지다.

성공하고자 한다면, 시간을 헛되게 낭비해서는 안된다. 우리가 가지고 있는 가장 귀중한 자산인 시간을 우리 자신에게 투자해야 한다. 자신의 미래 가치를 높이는 생산적인 일들에 시간을 사용해야 한다. 더 정확히 말하자면 하루 동안 자신이 활용하는 시간 중에서 일정 시간은 반드시 성공을 위해 투자해야 한다! 적어도 그 시간만큼은 다른 데 빼앗기지 말고 성공을 위해 사용해야 한다.

그것이 독서든 운동이든 또 다른 배움을 위한 투자든 간에 자기계발을 위한 소중한 시간으로 정해 행동하여야 한다. 그렇게 투자된 시간들이 모여 분명 당신의 미래 가치를 높여줄 인생의 종자돈이 된다.

『성공하는 사람들의 다이어리 활용법』의 저자 니시무라 아키라는 "경영을 잘하는 사람은 시간관리 또한 일류"라고 말했다. 그렇다. 경영을 잘하는 CEO들은 24시간을 마치 48시간처럼 알차게 사용하는 이들이다. 그들은 사업으로 바쁜 와중에서도 자신의 취미 활동을 즐기고 끊임없는 배움의 시간을 갖는다. 어떤 이들은 "한가한 사장이니까 그럴 것"이라고 말하는 이도 있다. 그것은 절대 오산이다. 현명한 이들은 바쁘고 힘든 상황에서도 자신의 휴식 시간을 쪼개 활용하고 자기계발을 위해 시간을 쪼개고 쪼갠다. 출퇴근 시간을 나누기도 하며 자신의 일상에 숨어 있는 자투리 시간을 활용하기도 한다. 그것은 열정이며 성공에 대한 강한 투지이다. 나약한 자는 절대 자신의 시간을 관리할 수 없다. 그들은 모두 흘러가는 시간 속에 힘없이 늙어가는 존재일 뿐이다. 성공과 실패는 결국 자신의 시간을 어떻게 사용하는가에 따른 결과이다.

두 번째 투자는, 자신이 좋아하는 일이지만 성공에 도움이 되지 않는 것을 내려놓아야 한다. "세상에는 공짜가 없다." 모든 우리의 행위에는 그에 맞는 대가가 따른다. 이것이 경제학에서 말하는 '기회비용'이다. 성공을 위한 우리의 몸부림은 크든 작든 간에 물리적, 때로는 심리적인 희생이 따른다. 그것을 감수하지 않고 무언가를 이루겠다는 생각은 이제 버려야 한다.

간혹 두 마리 토끼를 다 잡으려고 안간힘을 쓰는 이들을 볼 수 있다. 모든 것을 다 손에 쥘 수는 없다. 하나를 얻기 위해 다른 하나를 포기해야 하는 순간이 온다. 성공을 위해서라면 무엇이든 내려놓은 준비가 되어야 한다.

가능한 성공에 방해가 되는 많은 것을 내려놓아야 한다. 당장은 그것들을 포기하는 것에 아쉬움이 있을지 모르지만 원하는 삶을 살아가고자 한다면 기꺼이 성공 투자의 일환으로 그것을 내려놓아야 한다. 포기와 내려놓음은 분명한 차이가 있다. 포기는 어쩔 수 없는 상황 앞에서 도저히 버틸 힘이 없어 내던지는 것이다. 하지만 내려놓음은 아름다운 자기 성찰이며 성공에 대한 투자이다.


앞에서 미래의 성공과 성장을 기대하고 있다면, 먼저 옳고 그른 것에 대한 올바른 분별력을 가져야 한다고 말했다. 바른 분별력을 갖춘 시각을 갖추지 못한다면 당신은 자신에게 온 기회와 위기를 분별해내

지 못해 자칫 인생행로를 결정지을 결정적인 선택의 순간에 잘못된 판
단을 내림으로써 오류를 범하게 된다.

　당신이 원하는 미래의 모습을 이루기 위해서는 분별의 눈과 함께
성공을 위해 자신을 준비시키기 위한 시간의 투자 그리고 예상치 못
했던 문제, 만약의 경우에 대비하는 지혜로움을 가져야 한다. 성공은
결코 아무런 준비 없이 이루어지지 않는다.

사람은 누구나 리더의 자리에 올라가고 싶어 한다. 간혹 연차가 올라가면서 자연스럽게 조직의 리더 자리에 오르게 되는 경우는 있지만 존경받는, 성공한 리더가 되는 것은 다른 문제다. 성공한 리더가 되기 위해서는 먼저 리더로서의 자질을 갖추어야 한다. 조직을 이끌어 가는 수장으로서 기본적인 자질을 갖추지 못한다면 결코 구성원들로부터 능력을 인정받지 못하고 존경받지 못한다.

### ●●● 성공하는 리더

리더란 무엇인가? 나폴레옹은 이렇게 말했다. "리더란 희망을 나누어 주는 사람이다." 그렇다. 리더는 다른 이에게 희망의 메시지를 전달하는 사람이다. 하지만 현실에서 보면 성공한 리더가 되고 싶어 하는 사람은 많지만 누군가에게 희망을 전하는 진정한 리더가 되는 조건에 대해 깊이 숙고하는 이들은 많지 않다.

경영학 공부를 하던 시절 리더의 조건에 대해 정의를 내릴 때 교수님이 하시던 말씀이 기억난다. 교수님은 리더의 조건으로 LEADER 라는 머리글자로 정리를 하셨다. 그 중에서도 첫 번째 리더의 조건은 'Listen'이다. 다른 사람의 말에 귀를 기울일 줄 아는 것이 가장 중요한 리더로서의 첫 번째 조건이다. 그렇다. 리더는 먼저 다른 사람들의 이야기를 들어 줄 준비가 되어 있어야 한다.

우리는 다른 사람의 말을 전혀 듣지 않는, 오로지 자신의 생각대로 공동체를 이끌어가는 리더를 종종 볼 수 있다. 물론 성공한 사람들은 확실한 자기 주관을 가지고 있는 이들이기는 하다. 언젠가 텔레비전을 보다가 "남들이 '아니오', 라고 할 때 '예'라고 말할 수 있는 사람" 이라는 자막을 본 적이 있는데, 때에 따라서 리더는 분명히, "아니오!" 라고 말할 줄 아는 사람이어야 한다. 아니, 때로는 모두가 "아니오!"라고 할 때, "예!"라고 과감히 말할 줄도 알아야 한다.

신입 영업사원으로 대학병원 영업을 하던 시절이었다. 내가 담당한 병원은 매출이 거의 없는 거래처였다. 매출이라고 말하는 것조차 민망할 정도의 숫자였다. 아마도 선배들이 별로 노력에 대비해 소득이 없다고 판단해 영업을 거의 포기한 거래처인 듯했다. 그중 한 병원은 경쟁사와 많은 연구 개발 등의 관계를 맺고 있어서 아무리 방문을 해봐야 시간만 낭비하는 것이라는 말도 들었다. 회사의 대표도 그 병원을 방문할 시간에 다른 곳을 한 번이라도 더 방문하라는 말을 했다. 하지만 내 생각은 달랐다. 나는 모든 책임을 지고 두 곳을 대상으로 적극적인 영업 활동을 해서 결국 8개월만에 병원 당 수억 원의 매출을 창출했다. 15년도 더 지난 일이지만 한 영업사원의 확고한 신념을 바탕으로 지금까지도 그 회사에 엄청난 기여를 한 것이다.

자신이 '확실하다'고 판단되는 일에는 책임을 지고 끝까지 밀어붙이는 것이 리더에겐 필요하다. 하지만 자신의 생각에 확신을 가지고 말하는 것과 다른 이들의 의견을 듣지 않는 것은 엄청난 차이가 있다.

앞에서 예로 들었던 두 병원의 예에서도 끊임없이 선배들의 조언과 주변 지인들을 통해 얻은 영업 계획과 마케팅 방법이 있었기에 성공할 수 있었다. 아무리 노력을 쏟아 부어도 주위의 도움 없이는 큰 성과를 얻을 수가 없다. 세상은 절대 혼자서 살아갈 수 있는 곳이 아니다. 이런 면에서 볼 때, 간혹 천상천하유아독존으로 자기 혼자만 유능하다고 착각하고 혼자서 모든 것을 맡아 동분서주하는 이들을 보면 너무나 한심하게 보인다.

그들은 멀리 볼 줄 모르는 사람들이다. 인생에서 가장 귀한 재산은 건강과 사람이다. 건강해야 무엇에든 도전할 수 있으며, 육체와 정신이 모두 건강한 사람만이 건강한 판단을 내려 성공할 수 있다. 또한 주위의 사람이 많아야 한다. 물론 주위에 어떤 사람이 많은가도 중요하다. 주위에 온통 범법자와 술꾼들만 가득한 사람은 결국 자신도 그런 부류의 수준에 머문다. 주위에 자신을 마음속 깊이 아껴 주는 건강한 이들이 많은 사람은 분명 가장 행복한 인생을 살아가는 사람이다.

여기서 중요한 것은 가식적인 사람이 아니어야 한다는 것이다. 자신의 이득을 위해서만 다가오는 사람인지, 진정으로 다가오는 사람인지 잘 분별해야 한다. 나는 지금까지 20여 명의 사람들에게 직업 상담을 하고, 그들과 맞는 곳에 취업을 알선해 사회공동체 안으로 이끌었다. 가끔은 보람을 느끼지 못하게 되는 경우도 가끔 있었는데, 도움을 받는 순간에는 너무도 감사하게 여기는 것처럼 보이다가 조금 시간이 흘러 스스로 자립할 수 있겠다 싶으면 본색을 드러내 이기적인 모습을 보이는 사람을 만날 때다. 그런 사람을 만나면 마음속 깊이 회의가 든다.

하지만 모든 것은 씨앗을 심는 대로 가는 법이다. 사람을 이용하는 대상으로 보게 되면 결국 주위에 남는 사람은 없다. 사람들로부터 좋지 않은 평을 받으며 주위에 아무도 없이 혼자 서 있는 모습을 보이게 마련이다. 이러한 사람들이 바로 성공한 리더가 될 수 없는 전형적인 사람들이다.

리더는 늘 스스로를 돌아보고 자신에 대해 스스로 객관적인 평을 내려야 한다. 당신은 주위로부터 어떠한 평가를 받고 있는가? 혹 짧은 식견으로 계산을 앞세워 사람을 대하고 있다면, 이제부터라도 달라져야 한다! 절대로, 사람과 사람의 관계에서 계산을 앞세우게 되면 당신은 중요한 인생의 기회를 놓치게 되고 성공의 여정에서 장애물이 된다는 것을 잊지 말아야 한다.

## ●●● 교육과 평가

두 번째 리더의 조건은 'Education'이다. 리더는 늘 배워야 한다. 다른 이들을 교육시킬 수 있도록 스스로가 언제든 배울 자세가 되어 있어야 한다. 끊임없이 새로운 것들에 대해 습득하고자 하는 자세, 배울 준비가 되어 있어야 한다.

자기계발에 실패한 리더는 절대 성공할 수 없다. 더구나 지금처럼 변화가 빠른 시대를 살아가는 우리에게 배움은 가장 중요한 삶의 자세이다.

무엇인가 끊임없이 배운다는 것은 도전을 의미한다. 성공은 도전이다. 끊임없이 변화하면서 성장하는 것이다. 세월의 물결에 휩쓸려 홀로 정체되어 있는 사람은 절대 성공한 리더로 성장할 수 없다.

세 번째 리더의 조건은 'Assist'이다. 진정한 리더는 다른 이들을 돕는 사람이 되어야 한다. 조직생활을 하다 보면, 혼자만 잘하려는 이들이 있다. 하지만 훌륭한 리더는 나무만 보는 것이 아니다. 숲을 바라보는 사람이 되어야 한다. 리더는 전체를 바라보면서 뒤처진 이들을 도와 모든 구성원들을 제자리에 세워 주는 사람이다.

대표적인 예로 축구 경기를 보면, 좋은 위치에 있는 공격수에게 결정적인 패스를 연결해 득점을 올리도록 돕는 선수가 있다. 아무리 유능한 스트라이커라고 하더라도 동료 선수의 도움 없이는 골을 넣을 수가 없다. 세상에 어떤 일도 혼자 할 수 있는 것은 없다.

엔드류 카네기는 이렇게 말했다. "혼자 모든 일을 다 하려고 하거나 모든 공적을 혼자 다 차지하려는 사람은 위대한 리더가 될 수 없다." 특히나 좋은 리더는 다른 이들을 돕는 자가 되어야 한다. 상대를 빛나게 만들어 줄 수 있는 사람이 되어야 한다. 자신에 손으로부터 멋지게 빛나는 이들을 많이 배출하라. 그것이 당신을 더욱 세상 가운데 빛나게 한다.

네 번째 리더의 조건은 'Develop'이다. 자기개발이다. 자기개발은 성공을 위한 당연한 전제 조건이다. 자기개발을 위해서는 무엇보다 먼저 자기개발서를 작성하기 바란다.

여기서 한 가지, '자기계발'과 '자기개발'에는 어떠한 차이가 있는지 생각해본 적이 있는가? 자기계발은 '잠재된 자신의 지혜, 재능 따위를 발달시키고자 일깨워 주는 것이다.' 예를 들면, 끊임없이 '상상력 계발 또는 외국어의 능력의 계발' 등을 함으로써 자신에게 성공의 기회가 왔을 때 놓치지 않고자 준비하는 것을 말한다.

반면 자기개발은 '자신에게 있어 새로운 무언가를 만들어내는 것이다.' 경제나 산업개발과 같이 무엇인가를 만들어내는 것이다. 또 다른 나를 만들어내는 창조의 과정이다. 리더는 늘 자신을 새롭게 창조하여야 한다. 늘 성장하여야 한다. 어제보다 오늘이, 오늘보다 내일 더욱 성장해야 한다.

성장을 위해, 자신을 재창조하기 위해 당신은 무엇을 준비하고 있는가? 가능한 판단 기준이 모호한 주관적 성장이 아닌 현실적이고 객관적 성장을 위해 자신을 개발하기 바란다. 대학원에 진학해 학위 과정을 이수하든 어떤 자격증을 취득하든 과거와 다른 나를 만드는 과정을 준비하여야 한다.

또 다른 리더의 조건은 'Discuss'이다. 리더는 늘 팀원과 자유롭게 토론하는 장을 만들어야 한다. 자기 혼자 떠들어대는 리더는 성장할 수 없다. 아니 리더가 아니다. 그런 리더는 팀원들로부터 좋은 평가를 받을 수 없다. 또한 열린 토론을 끌어내지 못하는 리더는 자신도 생각하지 못한 좋은 아이디어를 사장시키는 실수를 범한다. 리더의 마음은 늘 열려 있어야 한다. 그리고 토론할 준비가 되어야 하며, 그 토론의 장에서 나와 다른 생각과 가치를 가진 이들을 설득하기도 하고 그들의 이야기를 경청할 수 있어야 한다.

다섯 번째 리더의 조건은 'Evaluate'이다. 리더는 어떠한 업무가 마무리되면 공정한 평가를 할 수 있어야 한다. 주관적이거나 자신의 감정이 치우쳐 공정하고 바르게 평가를 하지 못하면 안된다. 직원들을 평가함에 있어서도 공정하고 객관적이어야 한다.

어떤 이들은 늘 직원들에게 좋은 평가, 듣기 좋은 이야기만 한다. 그들은 늘 누구든 장점에 대해서만 말을 해 주고 좋은 면만 본다. 그러한 사람들은 좋은 친구로, 선배로, 후배로 남을 수 있다. 하지만 조직을 이끄는 그런 매니저는 회사를 망하게 한다. 가장 능력이 없는 사람이다.

객관적인 평가를 내리지 않으므로 회사와 조직에 도움이 되지 않는 사람을 찾아내지 못하게 하여 필요 없는 지출을 만든다. 결국 그런 지도자가 많은 회사는 무능력한 기업으로 전락한다. 객관적인 평가가 없기에 그에 따른 상벌도 없다. 동기부여도 되지 않는다. 누구도 노력할 이유가 없다. 이처럼 한 사람의 무능력한 리더가 공동체와 조직 전체를 멍들게 한다.

진정한 리더는 공정한 평가를 할 수 있어야 한다. 요즘은 유난히 평가를 많이 요구하는 시대이다. 예전과 달리 이제는 군대에서도, 직장에서도, 후임이 선임자를 평가하는 시대가 되었다. 아니 배움의 터전인 대학에서도 학생이 교수를 평가하는 교수평가제가 존재하는 시대이다.

객관적인 평가를 내릴 수 있을 때, 조직이 그만큼 발전하게 된다는 것을 알 수 있다. 공정한 평가의 기준을 만들고, 그 기준에 따라 바르게 평가할 수 있는 리더를 이 시대의 조직은 원하고 있다.

### ●●● 책임과 리마인드

마지막 리더의 조건은 'Responsible'이다. 주세페 마치니는 "부하의 잘못을 자기 책임으로 돌리는 사람은 훌륭한 리더이다. 어리석은 리더는 자기 잘못까지도 부하의 책임으로 돌린다."는 말을 했다.

아주 오래된 이야기이다. 내가 영업부 신입사원으로 일하고 있을 때, 선배들과 주말 당직 시간에 스키장을 간 적이 있다. 이유는 영업부서 내의 단합이었다. 사실 당시 영업부는 다른 내근 직원과 달리 사정상 회사 내규에 따라 주 5일 근무를 할 수 없었다. 그렇다고 당직에 대한 수당이 지급되는 것도 아니었으므로 우리는 별다른 생각 없이 금요일 밤 짐을 싸들고 스키장으로 향했다. 토요일, 즐겁게 스키를 즐기던 중에 가장 선임이었던 팀장의 얼굴이 어두워졌다. 이유인즉 스키장에서 핸드폰을 분실했는데, 보관하고 있던 스키장 직원이 전화가 걸려오자 통화를 하였다는 것이다. 상대는 하필 영업부 이사였다. 회사 상황을 알아보려고 전화를 했던 것인데 당직근무 시간에 리조트 직원이 전화를 받았으니 이제 불호령이 떨어질 일만 남았다. 팀장은 미안하다는 말과 함께 먼저 집으로 돌아갔고, 월요일 아침, 또 다시 우리에게 미안하다는 말만 되풀이했다. 영업 이사에게 자신은 가고 싶지 않았으나 직원들이 말을 듣지 않고 스키장에 갔고, 자신은 어쩔 수 없이 가게 된 것이라 억울하다고 보고하였던 것이다.

어이가 없는 말이다. 물론 잘못은 우리가 했다. 하지만 팀장으로서 그런 태도를 보이자, 그 후로는 아무도 그를 신뢰하거나 따르지 않게 되었다. 영업이사조차 비겁하다며 질책했다.

오히려 부하직원들을 대신해, "고생하는 직원들에게 제가 동기부여를 해 주려고 데려갔습니다."라고 말했다면 어떠했을까? 사실 스키장으로 놀러갔던 것은 팀장이 주동해서 부하직원들을 데려갔던 것이었다.

그는 조직 내에서 문제가 발생되면 늘 책임을 회피하였고, 비겁한 모습을 부하 직원들에게 보여 주었다. 결국 그는 리더로 성공하지 못하였다.

진정한 리더는 어떤 문제에서든 책임을 진다. 책임감 없는 리더를 따를 사람은 아무도 없다. 물론 리더라고 해서 모든 것을 책임져야 하는 것은 아니지만 리더에게 결정권을 준 이상 그 결과에 대해서는 그 당사자가 책임을 져야 하는 것이다. 아니 적어도 그것에 대하여 책임을 질 줄 아는 마음의 준비가 늘 되어 있어야 한다. 그러기에 어떠한 선택에 있어 리더는 신중해야 하며 바른 판단으로 결정해야 한다.

또 한 가지, 리더에게는 'Re-mind'의 시간이 중요하다. 구성원들에게 '이것을 왜 하여야 하는지' 늘 일깨워 주며 상기시켜 주는 사람이 되어야 한다.

좋은 리더, 성공한 리더는 이처럼 자신을 위해 달려가는 사람이 아니다. 리더는 함께 달려갈 준비가 된 사람이다. 그것이 진정한 성공하는 리더의 조건이다.

짐 론은 이렇게 말했다. "리더가 되고 싶다면 강해지되 무례하지 않아야 하고, 친절하되 약하지 않아야 하며, 담대하되 남을 괴롭히지 않고, 유머를 갖되 어리석지 않아야 한다."

이처럼 리더가 된다는 것은 너무나 어려운 일이다 하지만 리더는 타고나는 것이 아니다. 스티븐 코비는 자신의 저서 『성공하는 사람들의 8번째 습관』에서 리더의 모습을 이렇게 기록한다. "판단하는 사람이 되지 말고 길을 안내하는 사람이 되려고 노력하라. 비판자가 되지 말고 모범을 보여라. 도덕적 권위가 생기고 그 권위가 확대되며, 신뢰성을 얻을 수 있도록 영향력의 테두리 안에 충실하라."

리더의 조건들을 갖추기 위해 노력하고, 그것에 충실할 때 당신은 멋진 리더가 된다. 성공한 리더가 되기 위해서는 자신의 인격에서의 성공을 먼저 이루어야 한다.

Chapter

# 5

# 현실이 되는 성공의 비결

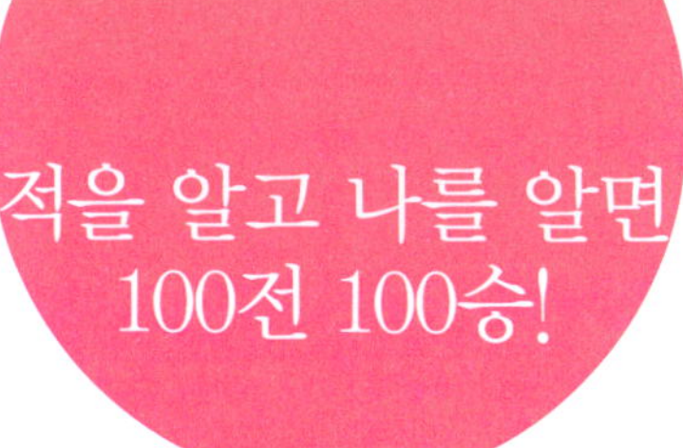


사람들은 "적을 알고 나를 알면 100전 100승"이란 말을 자주 사용한다. '지피지기知彼知己 백전불태百戰不殆', "상대를 알고 나를 알면 백 번을 싸워도 위태롭지 않다."라는 손무의 『손자병법』 「모공」편에 나오는 말에서 변형되어 사용되고 있다. 그렇다. 어떠한 전투든 상대에 대한 분석이 가장 우선되어야 한다.

우리가 성공을 향해 가는 여정에서 만나게 될 수많은 자신과의 전투에서도 마찬가지이다. 당신의 성공을 방해하는 가장 큰 적은 무엇인가? 어떤 이에겐 자신의 게으름이 될 수도 있고, 때론 우유부단한 성격일 수도 있다.

제각각 자신만이 알고 있는 내면의 적이 있다. 우리는 어떻게 그것들로부터 승리해 성공을 이뤄낼 수 있을 것인가?

이제 우리가 성공을 향해 가는 여정을 미처 출발조차 하지 못하도록 방해하는 어떤 적들이 있는지 찾아보자.

## ●●● 완벽을 원하는 마음이 나의 적

　세상을 살다보면 모든 것을 완벽하게 하려는 이들이 있다. 그들은 직업 현장은 물론 가정, 자기 자신에게까지 완벽함을 추구한다. 하지만 세상에 완벽이란 것이 과연 존재할까? 세상에서 살아가고 있는 이상, 그 누구도 완벽할 수 없다.

　완벽주의자들은 모든 것에서 완벽해야 한다는 강박증을 가지고 있다. 이들은 완벽해야 한다는 강박으로 인해 극심한 스트레스를 받으며, 실제로 그들은 우울증과 소화불량 등으로 고생한다.

　예전에 나와 함께 일하던 부서원 중 하나는 무슨 계획을 실행해나갈 때마다 모든 것을 완벽하게 준비해야 한다는 생각이 매우 강했다. 어떤 때는 그의 성격에 따라 철저한 준비와 계획을 짜서 빈틈없이 일을 진행하게 되기도 하지만, 무엇을 시작하기까지 많은 시간 동안 준비하고 고민하느라 정작 시작도 해보지 못하고 망설이다 시기를 놓치는 경우가 허다했다.

　하루는 내게 대규모 리모델링 공사를 진행 중이던 대학병원에서 장비 구매문의가 왔다. 나는 담당을 맡고 있는 그에게 업무를 인계하면서 "잘 준비해서 좋은 성과가 있길 바란다."는 말로 격려했다. 그는 내가 격려하느라고 했던 말에서 '잘 준비하라'는 말을 심하게 오해한 듯했다. 몇 번을 물어봐도 '준비 중'이란 말을 반복하던 그는 몇 주에 걸쳐 완벽한 제품 리스트와 경쟁사 정보를 취합하고 동일 제품에 대한 다른 거래처의 판매 리스트와 실적까지 취합 후 고객을 방문했다. 하지만 일의 순서가 뒤바뀌어 몇 주간이나 시간을 지연시킨 탓에 그는 경쟁업체에게 구매 기회를 빼앗기고 말았다. 너무나도 바보 같은 일이었다. 이유는 단순하다. 지나치게 완벽함을 추구하는 그의 성격과 욕심 때문이다. 그는 견적서와 제안서를 준비하는 데 긴 시간을 허비하면서 결국 본론에는 들어가 보지도 못하고 준비만 하다 지쳐버리는 경우도 있었다.

물론 업무를 추진하면서 남보다 철저하게 준비를 하고자 하는 뜻과 정성은 높이 사지만 그는 결국 업무의 우선순위를 잘 알지 못하고 완벽한 결과물에 대한 스스로의 착각에 빠져 일을 그르친 것이다.

잠시 한 가지를 더 이야기 하자면 영업사원에게 있어 가장 우선되는 것은 고객을 만나는 것이다. 고객의 요청에 빠르게 대응하는 것이 제일 먼저 해야 할 일이라는 것이다. 고객을 만나지도 않고 어찌 상대의 니즈를 알고 요구를 알 수 있으며 그에 맞는 전략을 계획할 수 있겠는가? 완벽주의라고 늘 선은 아니다. 완벽주의가 때론 당신이 계획한 일을 시작도 못하게 하는 방해꾼이 된다.

그렇다고 해서 아무런 준비도 없이 대충 시작하라는 것은 아니다. 일을 성사시키기 위해 적당한 기회를 놓치지 말라는 것이다.

미국의 파워 블로거이자 개인 성장 전략가인 스티븐 기즈는 『지금의 조건에서 시작하는 힘』에서 완벽주의자들이 그것을 버리지 않으면 "완벽주의를 최고의 특징으로 바라보는 착각에 계속해서 빠진 채 원하던 변화를 이루지 못할 것이다."라고 기록하였다.

세상에서 가장 허무하고 억울한 싸움이 무엇이겠는가? 바로 시작도 해보지 못하고 패배한 싸움이 아니겠는가? 완벽함은 당신의 시작을 가로막는 적이 될 수도 있다. 언제나 완벽한 준비, 완벽한 계획이 자신의 미래에 유익하게 작용하는 것은 아니다. 때론 완벽한 준비와 계획이란 명분으로 자신의 우유부단함에 피난처를 제공하는 비겁한 변명이 될 수도 있음을 알아야 한다. 준비와 계획인가? 아니면 결단을 내리지 못하는 당신의 나약함인가? 냉정한 타인의 시선으로 이제 자신의 내면을 다시 바라보기를 바란다.


## ●●●● 더 나은 조건의 시작은 없다


가끔 결혼적령기에 있는 지인들로부터 이러한 말을 들을 때가 있다. "돈을 좀 더 모아서 준비가 되면 결혼하려고요!" 그리고 그런 말을 들은 어른들은 "돈을 모은 뒤엔 못해. 결혼해야 돈을 모으지!"라거나, 심한 경우엔 "혼자서는 돈을 모으지 못해."라면서 찬물을 끼얹는다.

심리학자 돈 해머책Don Hamacheek은 건강한 완벽주의에 대한 개념을 다음과 같이 정의했다. 그는 1978년, "완벽주의의 범위는 '정상적인 것에서 신경증적인 것'까지 구분되며 정상 범위에 속하는 완벽주의는 건강한 완벽주의"라고 하였다. 그리고 "정상적 완벽주의자는 상황에 따라 엄밀하지 않은 것에도 편안해 하는 반면 신경증적 완벽주의자는 그 어떤 것에도 만족감을 얻지 못한다."라고 하였다.

우리는 간혹 성공을 향해 출발하기 전에 신경증적 완벽주의자의 모습을 보이는 이들을 발견할 수 있다. 그들은 늘 더 나은 모습으로 자신이 준비되면 시작하겠다고 말한다. 하지만 정작 중요한 것은 그들에게는 늘 준비 단계만 지속될 뿐이라는 것이다. 그들은 절대로 성공을 향해 가는 첫 걸음을 떼어놓지 못한다.

얼마 전 마케팅 부서 직원 하나가 대학원에 진학하고 싶다면서 내게 상담요청을 했다. 나는 그에게 진로 상담을 해 주면서 원하는 과정이 있는 학교의 입시요강과 학과 정보를 취합하고 그에게 맞는 학위와 진로에 대한 방향을 조언했다. 몇 주 뒤, 편입학 시기가 지나 새로운 학기가 시작될 때쯤 그를 보고 결과를 물었다. 그는 아무것도 진행하지 못했다고 대답했다. 그는 많은 이유를 들었다. 현재 그가 맡고 있는 업무 문제, 아이들 양육 문제, 등록금 문제 등등… 그리고 잠시 보류했다고 말했다.

그렇게 한 해 한 해를 보류만 하던 그에게 진학의 꿈은 어느덧 먼 상상 속의 이야기가 되어 버렸다. 그의 모습을 보며 비슷한 지인이 한 사람이 떠올랐다. 대형 마트를 경영하고 있는 그는 대규모 아파트 단지 옆의 후미진 골목에서 사업을 하고 있었다. 그는 몇 년 뒤 재개발이 시작되면 곧 자신의 사업장 매출이 하락할 것으로 예측하면서 이미 새로 입주를 시작한 아파트가 있는 큰 도로 건너편으로 이전할 계획이라고 하였다. 일 년이 넘도록 이것저것 계산하면서 많은 사람들을 만나 상담만 하던 그는 결국, 좋은 위치를 다른 경쟁자들에게 모두 빼앗기곤 아예 이전조차 하지 못하는 상황에 빠졌다. 물론 재개발로 이주가 시작되면서 자신이 예측했던 것처럼 매출은 떨어지기 시작했다. 그리고 시작도 해보지 못한 것을 후회만 하고 있을 뿐이었다.

어떠한 일을 준비하고 시작할 때에는 결단이 필요하다. 그리고 시작이 반이다. 생각하였으면 행동하여야 한다. 직원들이나 내 강의를 듣는 이들에게 자주 하는 말이 있다. 해보지도 않고 후회하는 것보다는 일단 해보면 훗날 미련이 없다는 것이다.

늘 고민만 하면서 앉아 있는 사람은 고민만 하다 인생이 끝나버린다. 무엇이든 계획을 했다면 작은 행동이라도 시작하여야 한다. 일단 무엇이든 시작을 하고 나면 정말 신기하게도 벌어진 일들로 인한 압박감 때문이라도 결국 일이 성사되는 경우를 많이 본다. 지금 당신이 계획한 일들은 지금 당장 시작하길 바란다. 시작이 성공의 반인 것이다.

## ●●● 미래에 대한 거짓 희망은 나의 적

희망이란 말은 누구에게나 신선한 용기를 불러일으키는 '내일에 대한 약속'이다. 하지만 이 희망이란 것이 늘 아름다운 미래를 이야기하지는 않는다. 때로는 거짓 희망이 미래를 어둡게 만들며, 험난한 인생 여정을 걸어가도록 하는 장애 요소가 되기도 한다.

우리의 머릿속에 늘 아름다움으로 각인되어 있는 '희망'이라는 단어가 어느 때는 우리를 나약한 존재로 만든다. 과연 어떤 희망이 우리에게 잘못된 희망이며, 인생에서 좋지 않은 결과를 만드는 것인가? 그것은 게으름으로부터 약속받은 잘못된 내일의 희망이다.

우리를 나태하게 만드는 가장 큰 원인은 게으름이다. 페에타 아폰 보올렌은 "나태는 인간의 적이다. 그것은 인간의 육체를 잠들게 한다."라고 하였다. 게으름은 잘못된 희망을 우리에게 선사한다.

그것은 바로 오늘의 일들을 내일로 미루게 한다. 마치 '오늘은 하지 못했지만 내일 하면 된다.'는 잘못된 희망을 품는 것이다. 희망이 있는 내일이 있다는 잘못된 착각이 오늘을 맘 편히 놀게 만든다.

과연 이런 '내일의 희망'이 옳다고 볼 수 있을까? 물론 오늘보다 더 나은 내일이 있을 것이란 믿음과 희망은 우리가 삶을 꾸려가는 데 귀한 원동력이 된다. 하지만 오늘의 기쁨과 즐거움을 위해서 오늘 처리해야 하는 문제를 내일로 미루는 것은 희망이 아니라 절망을 택하는 것과 마찬가지다.

많은 이들은 성공의 절대적인 방해 요인이 이런 게으름이란 것을 안다. 그런데 왜 사람들은 이런 게으름을 버리지 못하는 것인지에 대해서는 고민하지 않는다. 구체적으로 자신이 어떤 게으른 습관을 가지고 있는지에 대해서도 생각하지 않는다. 그저 잘못된 습관을 자신

의 성향이라 말한다. 하지만 어떠한 특정인만 이런 모습을 가지고 있
다는 생각은 잘못된 판단이다. 이런 습성은 인간이라면 다들 가지고
있다. 사람들은 모두 아름다운 내일이 올 것이라는 믿음을 가지고
있다. 당연하게 생각한다. 조금 비극적으로 비쳐질 수도 있겠지만
우리에게 약속된 아름다운 내일은 없다. 그 어느 누구도 내일을 약
속할 수 없으며 하다못해 당장 바로 한 치 앞의 일도 기약할 수 없다.
그것이 인생이다.

이것이 주어진 오늘에 감사하며 성실히 살아가야 할 이유다. 성공
은 오늘 하루를 성실하게 살아간 이들에게 주어지는 것이며, 최선을
다해 오늘 하루를 살아내는 이들이 하루하루 성공을 이루며 살아가는
것이다.

잘못된 희망으로 자신의 삶을 내일로 미루는 것은 또 다른 오늘을
내일로 미루는 결과를 초래한다. 즉 자신에게 주어진 오늘의 일들을
내일 하겠다는 것은 내일의 일들을 다시 모레로 미루는 연쇄적인 삶의
오류를 범하게 만든다. 우리가 잘못된 내일의 희망을 가지고 오늘 주
어진 삶에 최선을 다하지 않는다면 결코 꿈은 현실이 되지 않는다.

오늘을 최선을 다해 살아간 이들이 꿈꾸는 것이 희망이며 미래이
다. 희망이란 단어는 그러한 자들만이 말할 수 있는 것이다. 어리석은
자들이 함부로 내일의 희망을 운운하며 오늘의 자신의 시간을 허비하
는, 정당화의 도구가 되어서는 안된다. 이제부터 그동안 품고 있었던
내일의 희망에 대한 착각을 버리자. 미래의 거짓 희망이 약속하는 내
일은 거짓된 삶의 도피이며 자기합리화일 뿐이다.


꿈을 향해 떠나는 도전을 방해하는 적은 수도 없이 많다. 그 많은
원인들 중 무엇보다 큰 적은 우리 내면에 있는 게으름과 잘못된 완벽

주의다. 이로 인해 우리는 꿈을 향해 그 첫 걸음조차 뗄 수가 없게 되는 것이다.

완벽한 시작은 없다. 완벽하게 준비해서 도전의 길을 떠나겠다는 잘못된 판단이 우리 앞에 놓여 있는 귀중한 성공의 기회를 놓치도록 만든다. 어느 순간에는 싸워 보지도 못한 채 실패의 삶을 살아가도록 한다.

우리는 내일의 희망을 신봉하면서 오늘의 게으름에 면죄부를 주기도 한다. 하지만 신기루와도 같은 내일의 희망을 믿고 오늘을 성실하게 살아가지 않는 것은 자신이 희망이라고 믿었던 것이 막상 내일이 되었을 때 절망을 선택한 것이었음을 깨닫게 될 것이다. 희망으로 가장한 절망이 우리를 게으름에 빠뜨려 오늘 하루의 삶에서 최선을 다하지 못하도록 방해하기 때문이다. 게으름은 늘 우리의 도약을 방해하며 주어진 삶을 허비하도록 만들어 실패자의 길로 추락시킨다.

우리가 성공을 향해 여행을 시작할 때, 그 멋진 출발을 방해하는 두 가지 적에 대해 알아보았다. 그 적에 대해 바로 알고 그것으로부터 속지 않아야 한다. 완벽한 내일은 존재하지 않는다. 당신의 성공을 위해 지금 당장 시작하라.

# 미래의 나를 디자인하라

내가 꿈꾸는 미래를 현실로 만들기 위해서는 치러야 할 대가가 있다. 대가를 지불하지 않고 거저 얻을 수 있는 것은 없다. 그렇다면 성공은 어떤 수업료를 요구하는가? 오랜 시간 동안 아무 생각 없이 거듭된 행동을 통해 학습된 나쁜 습관일 수도 있고, 잘못된 가치관일 수도 있다. 하지만 무엇보다 먼저 요구하는 비싼 수업료가 있다. 나 자신이다. 아니 성공을 위해서는 나 스스로 환골탈태해야 한다. 번데기의 껍질을 벗어버리고 매미가 되듯, 지금까지의 나를 벗어버리고 새로운 나로 다시 태어나기 위해 자신을 가꾸어야 한다.

성공이란 결국 지금의 나보다 더 나은 모습을 만들어나가는 것이다. 나를 다듬고 고치고 수리하는 과정을 통해 새로운 나를 만들어가는, 성장을 통해 꿈을 현실화시키는 것이다.

우리는 나 자신을 어떻게 만들어갈 것인지를 늘 고민해야 한다. 그것이 바로 나를 새롭게 태어나게 할 첫 시작이며 성공 계획의 중요한 과정이다.

## ●●● 욕심을 디자인하라

미래의 나는 어떤 모습인가. 내가 원하는 모습을 만들기 위해서는 먼저 내가 가진 욕심을 디자인해야 한다. 어떤 목적을 달성하기 위해서는 분명히 다른 한 가지를 포기해야 할 때가 분명히 있다. 하지만 한 가지도 놓지 않고 모두 가지려는 욕심으로 인해 결국 모든 것을 잃는 잘못된 선택을 하는 경우가 많다.

어떠한 측면에서 욕심은 성공에 꼭 필요한 조건이 되기도 한다. 자신의 발전을 위한 욕심들이 성공을 이끌어 내기도 한다. 하지만 과욕은 늘 스스로를 해치는 악영향을 가져온다.

외국계 대기업 한국지사장을 맡고 있던 지인이 있었다. 그는 유명 대학 졸업생이라는 좋은 스펙, 타고난 언변, 대담한 리더십으로 나름 빠르게 성공가도를 달려온 사람이었다. 하지만 그는 한순간 과욕을 부리는 실수를 저지름으로써 자신의 삶을 막장으로 몰아넣었다.

그는 한국지사장을 맡고 있으면서 다른 사람의 이름을 빌려 법인을 설립하고 회사의 전국 총판권을 그 법인에 위탁하고, 거기에 더해 직원들을 자신이 설립한 총판 법인으로 이직시켜 운영하도록 하였다. 하지만 이런 불법적인 행위는 오래 가지 못했다. 2년쯤 지나 모든 불법행위가 드러나 지사장직은 물론 총판권도 모두 회수당해 얼마 가지 못하고 문을 닫아야 했던 것이다.

나는 그의 모습을 지켜보면서 잘못된 욕심이 한 사람을 어떻게 순식간에 파멸시키는지를 생생하게 볼 수 있었다. 탈무드에는 "승자의 주머니 속에는 꿈이 있고 패자의 주머니 속에는 욕심이 있다."라는 말이 있다. 그는 늘 직원들을 보고 '정직'이라는 단어를 입에 올렸고 거짓말을 하지 말라고 가르쳤다. 하지만 정작 그 자신은 말과 행실이 전혀 다른 인간의 전형을 보여 주었을 뿐이었다.

성공하고자 한다면, 욕심을 버려야 한다. 아니 우리를 멋지게 성장시킬 욕심은 취하되 잠시 잠깐의 이익을 취하기 위한 욕심은 버려야 한다. 요즘 텔레비전을 보면 욕심으로 인해 모든 명예를 잃고 검찰청 포토라인에 서는, 소위 말해서 출세했던 사람들이 종종 보인다. 어쩌면 이들이야 말로 성공에 대해 오해한 사람들인지도 모른다. 욕심이 파멸의 길로 이끈 것이다.

욕심은 심한 집착으로부터 생긴다. 명예에 대한 집착, 물질에 대한 집착, 권력에 대한 집착… 이러한 집착들로 인해 과욕을 부리게 만들고 실패한 삶을 불러온다. 에피쿠로스는 말했다. "행복에 이르는 길은 욕심을 채울 때가 아니라 비울 때 열린다."

우리는 마음속에서 욕심을 버릴 때 비로소 행복해질 수 있다. 욕심은 우리로 하여금 만족을 모르게 한다. 욕심은 온통 시기와 질투로 스스로를 불행하게 만든다. 진실한 성공은 이런 것이 아니다. 마음의 탐욕을 버림으로써 진리의 길을 걸어가야 한다.

## ●●● 열등감으로부터 해방

우리는 성공, 아니 성장을 위해 내면의 열등감으로부터 해방되어야 한다. 다른 사람에 비해 뒤떨어지고 능력이 없다고 생각하는 사람들이 많다. 그들은 그런 부정적인 감정에 지배당함으로써 스스로를 무가치한 사람이라고 생각한다.

이들은 행복의 기준을 상대주의적 가치관에 따라 결정하는 사람들이다. 이런 사람들은 절대로 행복해질 수 없다. 아무리 세계에서 2등이 된다고 해도 1등이 존재하는 한 행복하지 못하다. 1등이 된다 한들 그 자리를 빼앗길까 노심초사하느라 행복할 수가 없다. 그들은 절대 무엇으로부터도 만족을 얻을 수 없으며 타인을 기준으로 삼아 자신을 평가하기에 늘 자신의 부족함만을 바라보며 낙심하고, 스스로 어두운 삶을 선택한다.

열등감을 이겨내는 것은 사실 쉬운 일이 아니다. 하지만 지나친 열등감에서 해방되지 못한다면 결코 자신을 긍정하는 힘으로 만들어지는 성공을 경험하지 못한다. 그러므로 내면에서 독버섯처럼 자라는 열등감을 제거하는 것이 무엇보다 우선시 되어져야 하며 다음에 제시하는 방법들을 통해 새롭게 태어나도록 해야 한다.

열등감을 이겨내기 위한 방법들 가운데 가장 먼저 이루어져야 하는 것은 자신이 소중한 존재라는 것을 인식하는 것이다. 상대를 통해 나를 비교해서 보는 대신 자신이 얼마나 소중한 존재인지를 다시 인식하고 마음속에 확고하게 붙들어놓기 위해 '자신이 얼마나 소중한 존재인지를 생각해보고 글로 표현하는 것'이 가장 좋은 방법이다.

지금까지 강의를 하면서 수강자들에게 자신의 왜 소중한지, 누구에게 소중한 사람인지, 스스로 다시 생각하도록 이끌어 내고 그렇게 불러낸 의식들을 적도록 조언했을 때, 많은 사람들이 새삼 자신이 얼마나 소중한 존재인지를 발견해내곤 하는 것을 보았다.

그렇다. 많은 사람들이 자신이 얼마나 소중한 존재인지를 망각한 채 살아간다. 자신이 얼마나 소중한 존재인지를 깨달았다면 스스로 생을 마감하는 돌이킬 수 없는 선택을 하는 이들은 없을 것이다.

열등감에 빠진 사람들은 한 가지 공통점이 있다. 너무나 완벽한 자신을 원한다는 것이다. 그들은 지금 그대로의 자신을 바라보고 스스로를 사랑하는 마음을 회복해야 한다는 것을 잊은 채 살아간다.

어린 시절 동창 중에도 그런 사람이 있었다. 그 친구는 늘 자신이 부족한 부분에만 집중했다. 다른 사람이 가지고 있는 모습 가운데 항상 자신이 가지지 못한 것만을 바라보고 속상해 했다. 언제나 그의 삶에는 만족이 없으며 그가 만족하는 순간은 오직 불행한 이들의 삶을 바라볼 때뿐이었다. 불행한 사람을 바라보면서 연민을 느끼고 돕고자 하는 것이 아니라 비로소 자신이 그보다 나은 사람이라는 위안을 통해 삐뚤어진 만족감을 얻는 것이다. 참으로 안타까운 일이 아닐 수 없다.

그는 자신이 얼마나 소중한 사람인지 알지 못하며 자신이 얼마나 행복한지도 알지 못한다. 아니 오직 불행을 통해 행복을 바라보는 상대주의적 행복의 가치만이 그에겐 존재한다. 장애로 힘들어 하는 이의 모습을 통해 자신이 건강함에 감사한다. 장애의 모습을 바라보며, 그럼에도 열심히 살아가는 그를 삶을 배우는 것이 아니라 그와 비교해 만족을 얻는다. 아마 그는 자신이 장애를 얻게 되면 분명 건강한 이들의 삶을 보고 낙심할 것이다.

어쩌면 우리 사회가 이런 모습을 은연 중에 퍼뜨리고 있는지도 모른다. 얼마 전 JTBC 뉴스룸에서는 거리에서 빵 부스러기를 주워 먹는 어린아이 사진을 올려놓고 "자신을 그림 속의 아이와 비교해봅시다. 난 얼마나 행복한 사람인지 설명해봅시다."라는 시험문제를 냈다는 기사가 소개됐다. 어린 초등학생은 삐뚤빼뚤한 글씨로 이런 답을 썼다. "남의 아픔을 보고 내가 얼마나 행복한지 아는 것은 별로 좋지 않다고 생각한다. 같이 잘 해결해 주고, 같이 아파해 주고, 같이 잘 먹고 살아야 할 것이다." 아이의 생각이 문제를 낸 선생님이나 훨씬 성숙하다는 생각을 해본다.

행복은 상대적인 것이 아니다. 행복은 지금의 내 모습을 그대로 바라보고 지금 내게 주어진 것에 감사하는 것이다. 그러한 진리를 알지 못하는 이들에겐 절대로 성공의 기쁨 역시 주어지지 않는다. 아마 그들은 자신의 목표를 이루고도 분명 타인과 비교해보면서 열등감에 사로잡혀 금세 불행해질 것이다.

그들의 인생에서 행복은 어느 순간 찾아올 것인가? 그것은 바로 스스로의 열등감을 버리는 그 시점으로부터 가능하다. 우리가 얼마나 소중한 존재인지 그리고 지금 내가 얼마나 많은 행복의 조건들을 가지고 있는지 다시 자신을 바라보라고 말하고 싶다.

열등감으로부터 해방되기 위한 또 다른 방법은 행복의 기준을 조금 낮추는 것이다. 조금 민망한 이야기이지만, 내 큰 아이 지민이는 늘 긍정적이다. 그런 아들의 모습이 너무나 좋다. 초등학교에 다닐 때 70점짜리 시험지를 가져와서 자기보다 낮은 점수를 받은 아이들이 얼마나 많은 줄 아느냐며 나름 만족하는 모습에 잠시 온 가족이 웃었던 기억이 난다.

큰 아들은 이야기를 나누다가 95점을 받고도 만점을 놓쳤다고 야단을 받을까봐 울었다는 친구 이야기를 했다. 글쎄, 무엇이 정답일까? 난 아들이 95점을 받고 울기보단 70점을 받아도 아니, 그보다 더 낮은 점수를 받아도 최선을 다한 결과라면, 환하게 웃을 줄 아는, 그리고 더 나은 미래를 계획할 줄 아는 사람이 되길 바란다.

매번 일등만을 위한 인생을 산다는 것은 얼마나 골치 아픈 일인가? 일등을 놓치면 행복하지 않은 그들의 삶보단 최선을 다하며 자신의 노력한 대가에 행복함을 느끼는 인생이 되어야 한다.

너무 높은 행복의 기준은 오히려 자신을 힘들게 한다. 그렇다고 꿈을 낮게 가지라는 말이 아니다. 지금의 자신의 모습을 통해 행복을 찾을 수 있어야 한다는 것이다. 때로는 자신의 모습에서 만족을 찾을 줄도 알아야 한다.

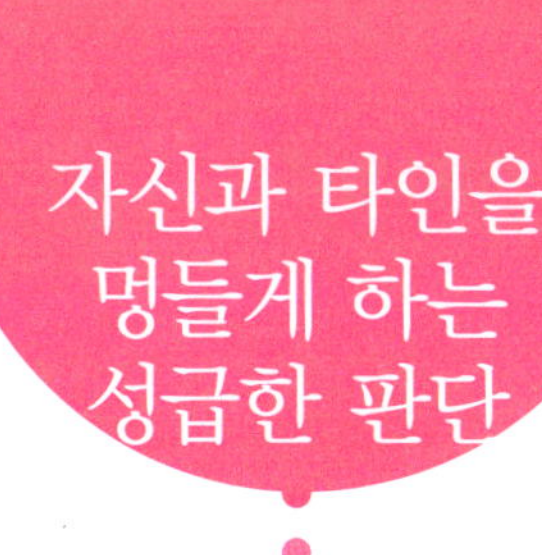



　덴마크 작가 한스 안데르센의 「미운 오리새끼」는 누구나 한 번쯤 읽어보았을 유명한 동화이다. 유난히 커다란 알에서 태어난 새끼 오리는 '다르게' 생겼다는 이유로 괴롭힘을 당한다. 급기야는 어미 오리로부터도 외면을 받는다. 결론은, 못생겼다고 미움을 받고 왕따를 당한 오리새끼가 사실은 우아하게 하늘을 나는 백조였다는 이야기다. 동화 속 이야기이지만 이 동화에는 생각해볼 여지가 많다.

　가끔 너무나 섣부른 판단을 내리는 경우를 본다. 단순히 눈으로 보이는 것만을 기준으로 마치 상대를 전부 아는 것처럼 말하고 판단한다. 하지만 그것이 얼마나 잘못된 생각인지를 스스로는 알지 못한다. 시간이 지나 어느 순간 그런 자신의 판단이 얼마나 잘못된 것인지 알게 되었을 때는 이미 너무나 많은 실수를 저지른 뒤다. 때로는 자기 자신에 대해서도 잘못된 판단을 내려 스스로를 초라하게 만들기도 한다. 이런 잘못된, 섣부른 판단은 또 다른 상처뿐인 미운 오리새끼를 만든다.

## ●●● 늦었다고 판단하지 말라

혹 당신은 자신이 미운 오리새끼처럼 남들로부터 소외되었다는 생각에 좌절하고 낙심했던 기억이 있는가? 친구보다 성적이 낮게 나온다고, 동기에 비해 진급이 늦다고, 다른 사람에 비해 재능이 뛰어나지 않다고 해서 외면당했던 기억이 있지는 않은가? 반대로 누군가를 그렇게 대했던 적은 없는가?

간혹 겉으로 드러난 면만 보고 주변 지인, 아니 부모로부터도 외면을 당해 상처를 받은 사람들을 본다. 다른 사람들과 조금 다르다거나 행동이 느리다거나 말이 어눌하다거나 등등의 이유로 상처를 받은 마음으로 성년이 된 이들은 자기 스스로도 자신감을 잃고, 스스로를 학대하며 나는 무능한 사람이라고 낙인을 찍는 경우가 많다. 그들은 자기 스스로를 제한하고 자기가 가지고 있는 능력을 인정하지 않는다.

우리는 결코 미운 오리새끼가 아니다. 끝날 때까지는 끝난 게 아니다. 모든 사람은 전능한 신으로부터 창조된 존재이고, 제각각의 능력, 장점을 가지고 있다. 자신이 우아한 날갯짓으로 하늘을 가로질러 날아가는 백조라는 것을 미처 깨닫지 못하고 있을 뿐이다.

나이 때문에 무언가를 다시 시작할 수 없다고 변명하는 사람들도 있다. 말 그대로 변명에 불과하다. 미켈란젤로는 일흔 한 살의 나이에 시스타나 성당을 건축하는 총감독이 되었고, 화가 모스는 일흔이라는 나이에 그림을 시작했다. 인생에서 '늦었다'는 것은 없다. 언제든 마음먹기에 따라 자신이 가진 꿈을 현실로 만들 수 있는 것이다.

내가 잘 알고 지내는 한 분은 일흔이 넘은 나이에 대학원에 진학해 신학을 공부하면서 선교사가 되는 꿈을 준비하고 계신다. 그분을 보면 너무나 아름답고 대단하다는 생각이 든다. 그분은 새벽 공기를 마

시며 대구와 서울을 오가면서 20대 30대의 청년들과 더불어 석사학
위 과정을 준비하고 있다. 그분은 공과대학 교수로 정년퇴직을 하셨
는데, 그쯤 되면 나름 명예, 권력, 부를 맛보셨을 연배다. 비슷한 연배
의 어르신들이 그러하듯 그동안의 노고를 스스로 위로하며 노후생활
을 즐길 때가 아닌가, 하는 생각도 든다. 하지만 그분은 또 다른 도전
을 하고 있고, 그런 도전과 도전에의 열정이 주위를 훈훈하게 만든다.

그렇다. 무언가를 시작할 때, 이미 늦었다는 후회는 구차한 변명
이다. 빨리 성공한 사람은 그저 자신의 장점을 빨리 깨달은 사람일 뿐
이다. 자신이 가지고 있는 능력을, 자신의 가능성을 스스로 제한하
지 말아야 한다. 지금 미운 오리새끼처럼 보일 수는 있어도 당신은
분명 백조처럼 우아하게 날아갈 수 있는 능력을 충분히 가지고 있는
사람이다.


## ●●● 어설픈 판단이 일을 망친다

어설픈 판단을 내려 낭패를 보는 경우를 가끔 본다. 그렇다면, 무
엇 때문에 잘못된 판단을 내리게 되는 걸까? 바로 무지다. 무엇인가에
대해 계획하고 그 계획을 실행해 나가기 위해서는 그에 필요한 판단력
이 필요하다. 그리고 제대로 된 판단을 내리기 위해서는 누구보다 더
많이 알아야 한다.

성공을 위해서는 도전해야 한다고 누누이 말했다. 그리고 그런 도
전을 위해선 먼저 충분히 정보 수집을 비롯한 사전조사, 지식을 습득
해야 한다. 하지만 어설프게 판단을 내리는 사람들은 이런 준비를 무
시한다. 도전을 돈키호테가 풍차를 향해 돌진하는 것으로만 생각한

다. 아무런 준비도 없이, 지금 도전하지 않으면 늦을 것 같은 조바심으로 달려든다.

내가 경영 고문을 맡고 있는 한 회사에 대한 이야기를 잠시 해보겠다. 그 회사 대표는 제조업을 통해 회사를 키우겠다는 목표를 세우고 부설연구소를 만들어 연구원들을 채용했다. 내가 자문에 응했을 때는 연구소에 대한 투자를 부정적으로 보는 분위기였다. 나는 국내에서 아직 개발되지 않은 제품에 대한 아이디어를 제시하고 산학협력에 필요한 교수진을 연결해 주는 정도로 도움을 주고 있었다. 하지만 연구소는 애초 회사 대표가 의도했던 모습과 다르게 흘러갔다. 대표는 물론 연구소장도 원하는 결과를 얻기 위해 치러야 할 희생에 대해서, 그리고 그에 따라 어떤 준비를 해 두어야 하는지에 대해서는 아무런 생각이 없었다. 그저 푸르기만 한 미래의 희망만 제시했을 뿐이었다. 그야말로 풍선에 바람을 넣듯 허황된 꿈만 불어넣었던 꼴이었다. 결국 연구소는 일 년이 지나도록 아무것도 이뤄내지 못하고 회사마저 어려움에 빠지고 말았다.

하지만 나는 그것을 실패라고 판단하지 않았다. 성공을 위한 하나의 과정일 뿐이라고 생각했다. 모두들 아는 것처럼 에디슨은 전구를 발명하기까지 2천 번 이상을 실패했다. 하지만 에디슨은 그것을 실패라고 하지 않았다. 대신 이렇게 말했다. "2천 번의 실패를 한 것이 아니라 실패할 2천 번에 대한 결과에 대해 알게 되었다." 그는 그 실패를 통해 많은 것을 깨닫게 되었다.

성공을 향해 도전하는 길을 떠나기 위해서는, 아니 자신의 꿈을 이루기 위해서는 무엇보다 제대로 된 판단이 중요하다.

인터넷 블로그를 보다가 떠도는 재미있는 글을 보았다.

어느 의과대학에서 교수가 학생들에게 이런 질문을 했다고 한다.

"한 부부가 있는데, 남편은 매독에 걸렸으며, 아내는 심한 폐결핵에 걸려 있다. 아이가 넷인데, 하나는 며칠 전에 죽고 남은 하나는 결핵으로 누워 있다. 그런데, 이 부인은 현재 임신 중이다. 어떻게 하면 좋겠는가?"

이 질문에 한 학생이 대답했다. "낙태를 해야 합니다." 그러자 그 교수가 말했다. "자네는 지금 베토벤을 죽였네!"

잠시, 우리를 생각에 잠기게 할 이야기인 것 같다. 사실이든 누군가 지어낸 이야기든 상관없다. 중요한 것은 바로 이처럼 어설프게 판단할 때 정작 중요한 일을 망쳐버리는 원인이 될 수 있다는 사실을 말하고자 함이다.

사람이어서, 간혹 섣부른 판단으로 중요한 일들을 망치거나 아니면 스스로에 대한 잘못된 판단으로 인생을 허비하기도 한다. 그로 인해 자신의 가능성을 제한하기도 하며 성공을 향한 도약을 지연시키기도 한다. 그래서 더 집중하고 노력해야 한다. 무엇에 대해 판단을 내리기에 앞서 바람에 눕는 풀처럼 겸손해야 할 때도 있고, 입을 다물고 자신을 살펴야 할 때도 있다.

무언가를 두고 판단을 내려야 할 때라면, 냉철해야 한다. 자신에 대한 부정적인 판단, 무모한 판단은 실패를 낳게 마련이다.

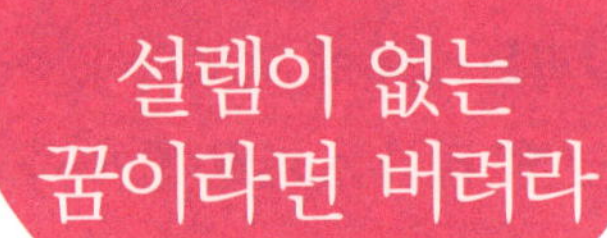


꿈을 향해 가는 여정은 마치 사랑하는 사람을 만나러 가는 길과 같다. 아무리 하찮은 일이라도 사랑하는 사람과 함께 하면 설레고 즐겁고 달콤하고 행복하다. 꿈을 향해 걸어가는 그 여정도 그와 마찬가지다.

목표로 세운 꿈은 생각만 해도 설렌다. 사랑하는 사람을 만나기 위해 가는 길처럼 진정으로 원하는 꿈을 이루기 위해 가는 그 과정은 설렌다. 사랑하는 사람이 부리는 투정이라면 기꺼운 마음으로 받아 준다. 마찬가지다. 꿈과 사랑에 빠지면 그 꿈을 향해 가는 여정에서 겪는 고통마저도 즐거운 마음으로 도전하게 된다. 이것이 바로 꿈을 향한 행복한 도전이다.

하지만 간혹 이러한 설렘이 없는 성공을 목표로 도전하는 이들이 있다. 너무나 안타깝다. 부모의 권유로 또는 외부 여건이 주어지는 대로 아무런 설렘도 기쁨도 없이 그 길을 꾸역꾸역 가는 사람들, 그저 하루하루 삶의 무게에 눌려 자신이 원하는 삶을 향한 도전을 포기해 버린 이들을 우리는 너무나 쉽게 볼 수 있다.

설렘이 없는 꿈은 버려야 한다. 생각하는 것만으로도 가슴을 뛰게 하는 그런 꿈을 품고, 그런 꿈을 향해 도전해야 한다. 당신의 가슴을 뛰게 하는 꿈은 무엇인가?

## ●●● 인생은 짧고 할 수 있는 일은 많지 않다

"인생은 짧고 할 일은 많다." 어디선가 들어본 말 같은데 글쎄, 좀 모호하다. 사실, 인생은 짧다고 느낄 수도 있고 길다고 느낄 수도 있다. 할 일이 많다고 생각할 수도 있고 별로 없다고 생각할 수도 있다. 다만 우리가 할 수 있는 일이 그리 많지 않다는 것만은 분명하다.

어떤 일은 몇 년을 걸려서야 겨우 마치게 되기도 하고, 어떤 일들은 수 십 년 세월을 바쳐야 가능하기도 하다. 우리에겐 시한부의 삶이 주어져 있다. 둘, 셋으로 몸을 쪼갤 수 있는 분신술 능력이 있는 것도 아니다. 할 수 있는 일에서 한계가 지어져 있는 것이다.

요즘 나는 하루가 24시간이 아니라 하루가 48시간이면 좋겠다는 생각을 많이 한다. 사업에 신경을 써야 하고, 강의도 해야 하고, 나 자신을 성장시키기 위한 배움 시간도 가져야 한다. 쉬는 날이면 매주 시간을 쪼개 교도소로 강의를 하러 가고, 근래는 책을 쓰는 일까지 하려다 보니 늘 새벽 한 두시를 넘겨야 잠을 청할 수 있다.

이런 일과를 보내다 보니 사람이 동시에 할 수 있는 일에는 한계가 있다는 생각이 든다. 아니 인간이 가진 한계라기보다 시간의 한계를 느낀다. 몸이 두 개가 아닌 이상 인간이 할 수 있는 일에는 한계가 있다. 인생은 짧다. 그래서 그 짧은, 귀중한 시간을 어떻게 보내는가는 너무나 중요하다. 그럼에도 간혹 우리는 그 짧고 귀중한 시간을 허송해버리는 일이 많다.

시간을 쪼개가며 바쁘게 살아가는 건 그 모든 일들이 나를 설레게 하며 기쁨이 되기 때문이다. 사람은 자신이 하는 일에 기쁨을 느끼게 될 때 동기가 부여된다. 큰아들 녀석을 보면 공부를 하는 시간에는 30분 이상을 앉아 있는 경우가 거의 없다. 하지만 오랜 시간 책상을 지키고 앉아 있을 때가 있다. 그림을 그리는 시간이다. 그림을 그리는 순간에는 두 시간도 꼼짝하지 않고 집중한다. 그리곤 정말 멋진 그림을 그려서는 만족스런 얼굴로 방에서 나온다. 녀석을 보면서 다시 한 번 사람은 누구나 자신이 기쁨을 느끼는 일을 해야 하고 그러한 일을 할 때 가장 효과가 좋다는 것을 느낀다.

짧은 인생에서 정말 하고 싶은 일은 많지만 할 수 있는 일은 정해져 있다. 시간에도 한계가 있고 육체적인 한계도 있다. 그럼에도 기쁨을 느낄 수 없는 일을 하면서 살아가야 한다는 것은 얼마나 슬픈 일인가. 그럭저럭 인생을 살아가다가 어느 순간 뒤를 돌아보면 후회스러운 삶으로 시간을 보내버렸다는 자괴감을 느끼게 되기도 한다.

기쁜 마음으로 할 수 있는 일, 그런 삶을 꿈꿔야 한다. 인간은 기쁨을 느끼는 일을 계획하고 이루어 갈 때 행복을 느끼는 존재다.


## ●●● 나를 설레게 하는 꿈, 먼저 하고 싶은 것을 찾아라


간혹 아무렇지도 않게 이런 말을 하는 사람이 있다. "저는 꿈이 없어요!" 그들은 특별히 되고 싶은 것도, 미래를 준비하는 삶의 의욕도 없는 것처럼 보인다.

그렇다면, 그들은 정말로 자신을 설레게 하는 꿈이 없는 것일까? 그렇지 않다. 이런저런 현실적인 이유들과 자신의 한계를 제한하는 부정적인 내면의 목소리가 꿈을 빼앗아 갔을 뿐이다. 다시 꿈을 찾기 위해서는 먼저 진정으로 자신이 무엇을 하고 싶은 것인지를 찾아내야 한다.

당신이 가장 하고 싶은 것은 무엇인가? 그리고 왜 지금은 자신이 하고 싶은 일들을 하지 않고 있는가? 모두가 같은 대답을 내놓지는 않겠지만 하고 싶은 일로는 돈을 벌 수 없다는 게 가장 현실적인 이유일 것이다. 그렇다. 먹고 사는 문제가 우선이다 보니 그 문제를 해결할 수 없는 꿈은 포기해 버리기 쉽다.

과연 그렇다면 어떻게 자신이 하고 싶은 일들을 하면서 즐거운 인생을 살 것인가? 토마스 제퍼슨 대통령은 "하고 싶은 것을 하며 살고 싶다면, 1분에 목숨을 걸어라!"라는 말을 했다.

자신에게 주어진 시간을 쪼개 1분에 목숨을 걸라는 말처럼, 시간을 아껴 자신이 가진 꿈을 이루고자 하는 도전을 시작한다면 삶에서 큰 기쁨을 누리게 된다. 그저 안된다고만 하지 말자! 부지런히 노력한다면 오래전 기억으로만 가지고 있던 꿈이 어느덧 자신 앞에 현실이 되어 나타날 것이다.

얼마 전 'Wellcar5d5.com'의 채수영 대표는 내게 자신이 가지고 있던 오랜 꿈에 대한 이야기를 했다. 그의 이야기를 듣고 그의 기억 속에만 존재하는 그 꿈을 이루기 위한 구체적 방안들에 대해 조언을 했다. 그는 이제 꿈을 이루기 위한 실천을 서서히 실행에 옮기고 있는 중이다. 그는 매주 중국과 한국을 오가는 바쁜 일정 속에서도 하루를 정해 목표로 잡은 꿈을 위해 시간을 투자하고 있다.

그를 지켜보면서 나는 꿈을 향해 나아가는 사람의 기쁨과 즐거움을 보았다. 그가 하고 싶어 했던 일은 돈이 되는 일이 아니었다. 아니 오히려 돈을 써야 하는 일들이다. 하지만 먹고 살기 위해 잠시 접어

두어야만 했던 일들을 불혹의 나이게 다시 시작한 그는 너무나 행복하게 보인다.

세상을 살면서 두 마리 토끼를 모두 잡을 수는 없다. 하지만 당신의 삶 속에서 흘려보내는 수많은 시간 중에서 단 몇 시간만이라도 자신을 위해 투자한다면 자신을 설레게 만드는 꿈이 다시 당신의 심장을 다시 뛰게 만들 것이다. 그리고 곧 그 꿈이 현실로 당신 앞에 나타난다.

우리는 정말로 성공하기가 어려운 시대를 살고 있다. 아무리 좋은 스펙을 쌓고 있어도 원하는 직장에 들어가는 것조차 힘든 세상이다. 개천에서 용이 나오는 건 전설에서나 가능한 이야기다.

작가 김영하는 이렇게 말했다. "이러한 성공이 어려운 이 시대에 무엇보다 중요한 것은 자신의 내면을 지키는 것이다. 나의 내면을 지키기 위해서는 즐거움을 추구하라."

자신을 행복하게 만들어 주는 설레는 꿈, 그것이 삭막한 사회 환경 속에서 당신의 내면을 지켜주는 귀한 선물이 된다.


자신이 원하는 일만 하면서 살아가는 사람은 거의 없다. 대부분 단지 먹고살기 위해 원하지도 않는 일을 하면서 살아간다. 애초에 아무런 꿈도 없었던 것은 아니다. 다만 냉정한 현실의 벽에 부딪혀 굴복했을 뿐이다.

진정한 성공은 자신을 설레게 하는 꿈과 함께 할 때 빛이 난다. 이제 상상만으로도 즐거운 당신의 꿈을 회복하자! 그것이 무엇이든 한 번쯤은 자신을 위한 삶을 살아보자! 인생은 너무도 짧고 우리가 할 수 있는 일들은 많지 않다. 아니 우리가 원하는 일들을 모두 하기에는 우리에게 주어진 시간이 너무도 부족하다. 이제 적어도 당신이 원하는,

당신의 심장을 다시 뛰게 할 그러한 도전을 시작하자.

물론 꿈을 이루기 위해 도전한다고 해서 다른 현실적인 문제를 모두 포기해야 한다는 말이 아니다. 다만 비록 작은 시간이라도 자신의 행복을 위해 배려해야 한다는 말이다.

이제 고달픈 삶 속에서 잠시 밀쳐두었던 꿈을 현실로 만들기 위해 멋진 출발을 계획해보자! 분명히 진정한 성공의 기쁨을 누리게 될 것이다.

인생은 짧다. 그 짧은 삶마저 무료하게 보내지 말자. 당신의 심장을 다시 뛰게 하는 아름다운 도전을 시작하자!

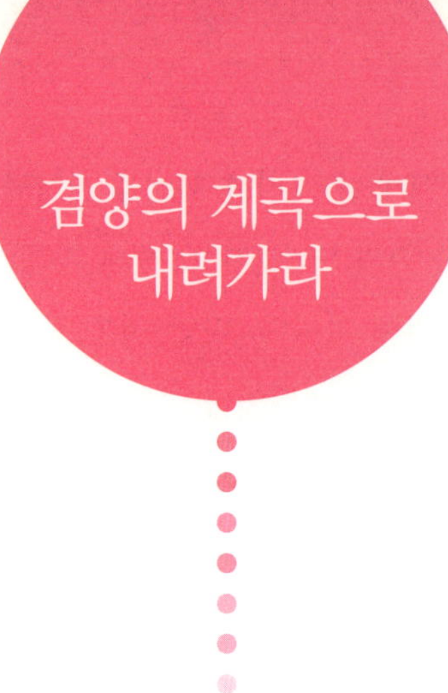


가끔 어설픈 출세로 자신을 높이는 사람들을 본다. 어떤 사람은 무엇으로든 자신을 가득 채우는 것을 마치 성공의 징표라고 착각한다.

그들은 여백의 미를 알지 못하는 사람이다. 우리의 삶에도 여백이 있어야 한다. 나를 모든 것으로 채우는 것이 아니라 오히려 자신을 낮추고 비워둘 때 세상이 그 비워진 여백에 존경이라는 아름다운 이름으로 채우게 된다.

노자는 말했다. "아는 자는 말하지 않고 말하는 자는 알지 못한다."

주변을 살펴보면, 너무나도 수다스럽게 자신을 높이기에 급급한 이들이 많다. 행동으로 실천하기보다는 몇 마디 말로 자신을 높이는 데 급급하다.

자신이 아는 것을 과시하는 대신 묵묵하게 자신의 삶으로 보여주는 사람이 진정으로 성공한 사람이다.

얼마 전 기업 경영인들의 라운딩 자리에서 한 기업 대표가 어리석은 이야기를 하는 걸 들었다. 이름만 들어도 다들 알 만한 기업의 대표였다. 그의 말은, "60세가 되기 전에는 성공을 말하지 말라."는 것이었다. 참으로 어이가 없어서 이런 무식한 사람이 다 있나 싶었다. 그는 다른 사람이 어떤 과정을 통해 성공했으며, 그에게 어떤 삶의 이야기가 있는지조차 알지 못하면서 함부로 다른 사람의 인생을 판단해 버리고 있었다. 참으로 교만하다는 생각이 들었다.

성공에 나이가 따로 있는 것인가? 그렇다고 하면 70이 넘은 나이에 교수직에서 은퇴하고도 또 다른 성공을 위해 도전하는 분 앞에서 아마 그는 침묵해야 할 것 같다. 나이가 어떻게 성공의 기준이 될 수 있겠는가.

그는 그 말 이외에도 너무도 교만한 말로 주위를 불편한 분위기로 만들었다. 교만은 자신의 품위를 떨어트리며 대인관계에 있어 가장 큰 장애가 된다.

성 아우그스티누스는 이런 말을 했다. "교만은 대단한 것이 아니라, 자만심일 뿐이다. 부풀어 오르는 것은 커다랗게 보이지만 실제로는 질병이다."

교만한 이들은 절대로 아름다운 성공을 이룰 수 없다. 자신만의 욕구를 채워 줄, 스스로가 정한 목적지에 도착은 할 수 있을지라도 결코 그것을 성공한 멋진 삶이라 말할 사람은 없다. 겉으로 드러난 모습에 도취해 스스로 성공했다고 운운할지는 모르지만 다른 사람들의 존경을 받는 아름다운 성공을 이루지는 못한다. 진정한 성공은 겸손으로부터 완전해진다.

성공에는 나이가 기준이 될 수 없다. 『무조건 살아, 단 한번의 삶이니까』의 저자 최성봉의 성공 스토리를 보고 누가 성공을 이야기하면서 이른 나이에 이룬 것이므로 성공이 아니라고 말하겠는가?

거리의 껌팔이 고아 소년에서 성악가가 된 최성봉, 그는 어린 시절 폭력이 난무하는 고아원을 나와서 거리를 떠돌며 힘든 인생을 꾸려가야 했던 사람이다. 그러던 그에게 하나의 희망이 되었던 것은 우연히 듣게 된 한 성악가의 노래였다. 그는 성악가가 되기 위해 노력했고 한 케이블 방송의 경연대회를 통해 성악가의 꿈을 이루었다. 그는 "도망갈 곳이 노래밖에 없어서, 미치게 도망가고 싶어서 미치게 노래했다."라고 말했다. 그의 성공담은 인터넷을 통해 세계로 알려졌고 미국 영국 등 세계를 감동의 물결로 채웠다.

그가 진정한 인생에서의 성공자이다. 그 어느 누구도 한국의 폴 포츠 최성봉을 향해 나이가 어리니 당신은 성공자라고 할 수 없다고 말하겠는가? 성공의 기회는 누구에게나 주어진다. 나이, 경력, 학력과 무관하다. 어떤 외적 조건들도 성공의 전제조건이 될 수 없다.


### ●●● 나는 관대하다

"나는 관대하다." 영화 「300」에서 페르시아제국 황제 크세르크세스가 스파르타 왕 레오니다스에게 했던 말이다. 한때는 유행어가 되어 자기에게 작은 실수를 한 사람에게 농담처럼 사용하곤 했었다.

당신은 관대한 사람입니까? 실패하는 사람들의 공통점은 관대함에 있다. 타인에게 관대하지 않고 자신에게 관대하다. 성공한 이들은 그들과는 반대의 성향을 보인다. 그들은 타인의 실수와 잘못에 숲을 보는 관대함을 보이지만 자신의 실수에 대해서는 절대로 관대하지 않다. 오히려 자신의 실수에 대해 누구보다 엄격한 잣대를 적용한다. 성공한 사람들은 그런 엄격한 자기관리를 통해 성장한다. 그리고 실패는 그들에게 성공의 어머니가 되어 준다.

하지만 실패자들은 항상 자신의 잘못을 두고 늘 이런저런 이유들을 늘어놓으며 자신의 잘못에 관대하다. 늘 그들은 자신에겐 엄격하지 않다. 항상 자신은 그럴 수 있다고 생각한다. 그렇게 자신에게 관대한 마음은 자신을 성장하지 못하게 하며, 결국 무엇이 문제인지도 모른 채 실패를 거듭하는 삶을 살아간다.

사람에겐 문제의식이 중요하다. 자기 삶의 한 부분에서 발생되는 문제들이 있음에도 그것에 대해 전혀 의식하지 못하는 이들이 있다. 그들은 결국 너무나 자신에게 관대하기에 어떠한 문제의식도 갖지 못한다.

우리 주위에서도 이런 사람들을 종종 볼 수 있다. 예전에 만났던 한 영업이사도 전형적으로 자신에게 관대한 사람이었다. 그는 타인의 잘못에 대해서는 매우 엄격해 실수를 하면 그 원인을 끝까지 파헤치려 하고 집요할 정도로 실수에 대한 대가를 철저히 치르도록 만들었다.

하지만 그는 자신의 잘못에 대해서는 늘 비겁했다. 그는 그 회사 대표가 된 뒤에도 이런 태도를 고치지 않아 사람들의 비난을 샀고 결국 얼마 지나지 않아 권고사직을 당했다. 자신이 가지고 있는 문제점을 깨닫지 못해 성장할 기회를 놓쳐버렸기 때문이다. 그는 그 이후에도 다른 외투 법인들을 돌며 대표이사로 일했지만 결국 일 년을 다 채우지 못하고 권고사직을 당했다. 잠시 자신이 가진 이력으로 좋은 성과를 만들 수는 있지만 조직의 리더는 될 수 없다는 것을 증명한 것이다.

　이런 부류의 사람들은 자신이 가지고 있는 문제가 무엇인지를 알지 못한다. 인생을 바로 살아가지 못하면서 늘 자신에게만 좋지 않은 일이 생긴다고 생각한다. 항상 자신은 피해자이고, 세상은 공평하지 못하다고 말한다. 모든 문제의 원인은 자신에게 있다는 것을 깨닫지 못하고 늘 불평과 원망의 말만 늘어놓으며 자신을 보호하고자 애를 쓰는 것이다.

　얼마 전 「월간 Outdoor」의 기사에 실린 최근 제2의 전성기를 누리고 있는 개그맨 김영철 씨에 대한 이야기가 머리에 남는다. 그는 "자신에게 관대하지 않고 스스로 야단도 잘 친다."라고 말했다.

　'자신을 관대하게 대하지 말라'는 말이 자신의 실패를 자책하고 스스로 파멸하란 것이 아니다. 실패했을 때 누구보다 자기 자신에게 용기를 북돋아 주는 것과는 차이가 있다. 자신을 스스로 격려하되 실수에 대해서는 엄격한 태도로 자신을 바라보아야 하며, 그로 인해 피해를 입힌 사람이 있다면 비겁한 핑계로 피하는 대신 진심 어린 사과가 있어야 한다. 바로 그런 모습이 성공하는 사람의 겸손한 자세이다.

　'대인춘풍對人春風 자기추상自己秋霜'이라는 사자성어가 있다. '다른 사람에게는 봄바람처럼 관대하게 대하며 자신에게는 가을 서리처럼 엄격하게 한다.'는 말이다. 성공을 향한 여정을 계속해서 가기 위해선 늘 자신의 실패 앞에서는 비겁하지 말아야 하고 겸허한 마음으로 자신을 바라볼 줄 아는 삶의 지혜가 필요하다.

　성공은 겸손한 자에게서 완성된다. 아무리 멋지게 보이는 성공을 이루었다 해도 교만한 이들은 완벽한 성공을 이루지 못하고 세상으로부터 지탄을 받는다. 그것은 진정한 성공이 아니라 그저 자신의 야망을 이룬 것일 뿐이다.

　아름다운 성공의 완성은 교만의 정상이 아니라 겸양의 계곡으로 내려갈 때 비로소 이루어진다. 교만한 자들은 성공에도 여러 가지 조건들을 붙인다. 심지어는 나이가 성공의 조건이 된다는 말까지 한다.

그것은 억측이다. 성공에는 어떠한 외적 조건도 있을 수 없으며 어떠한 기준도 있을 수 없다. 성공은 유명인, 사회적 강자들의 전유물이 아니다. 소위 금수저들이 흘러가는 세월을 따라 멋대로 살아가다가 어느 날 아버지로부터 갑의 자리를 물려받아 성공을 운운한다면 그것이야말로 꼴불견이다.

성공은 누구에게나 열려 있는 문이다. 그리고 최선을 다해 자신의 삶을 꾸려가는 노력을 통해 얻을 수 있는 것만이 아름다운 성공이다. 진정한 성공은 겸손한 마음으로 자신을 낮추는 사람, 자기 자신을 엄격하게 대하는 사람에게만 찾아온다. 성공에는 크고 작은 것이 없으며 외적 기준도 있을 수 없다.


## ●●● 상상은 현실이 된다

어떤 사람들에게 있어서 상상이란 그저 가능성 없는 망상을 의미하지만 또 다른 이들에겐 실현 가능한 미래의 모습이기도 하다.

얼마 전 국립극장에서 '이은결 마술쇼'를 관람했다. 극장으로 가는 도중에 문득 이런 생각이 들었다. 우리나라에는 분명히 엄청나게 많은 마술사들이 있을 텐데, 이은결은 어떻게 해서 한국을 대표하는 마술사가 되었을까? 돈 많은 부모를 만나 든든한 후원을 받았을까? 아니면 인맥이 좋아서 방송에 출연하는 기회를 잡고 유명해진 것일까? 뭐, 잠깐 들었던 생각이지만 궁금했다.

사실 아이들 때문에 보러간 쇼여서 그리 대단한 기대는 하고 있지 않았다. 그저 마술이란 보자기를 몇 번 주무르면 비둘기가 나오고, 미녀가 등장했다가 어디론가 사라지는, 빤한 스토리일 것이라고 생각했다. 누구나 다 아는 빤한 이야기에 새삼 놀랄 일도 없지 않겠는가?

하지만 마술쇼를 보는 동안 그가 왜 한국을 대표하는 마술사가 되었는지 알게 되었다. 그리고 나도 모르게 탄성을 쏟아냈다. 그는 아무도 알아주는 사람이 없는 거리에서 공연을 하면서 20년 뒤에는 크고 멋진 무대에서 수많은 스텝, 미녀들과 함께 공연하는 자신의 모습을 상상하면서 꿈을 키워왔다고 말했다. 그리고 마술쇼를 관람하는 내내 '일만 시간의 법칙'이 무색할 만큼 노력했던 그 흔적들을 보며 감탄을 금할 수 없었다. 결국 이은결이 꿈꾸었던 아름다운 상상은 현실이 되었다. 희망을 꿈꾸며 노력하는 사람의 상상은 현실이 된다.

## ●●● 미래의 현실을 상상하라

상상이란 '실제로 경험하지 않은 현상이나 사물을 마음속으로 그려보는 것'을 말한다. 당신의 어린 시절을 떠올려 보자. 아마 수많은 것들을 꿈꾸며 상상의 나래를 펼쳤을 것이다. 그토록 많은 것들을 꿈꾸고 상상했던 당신은 지금 무엇을 상상하고 있는가?

어떤 이들은 지금도 끊임없이 자신의 꿈을 포기하지 않고 상상하면서 그 꿈을 현실로 만들기 위해 노력하고 있겠지만, 많은 사람들은 그야말로 상상도 하기 싫은 현실의 벽 앞에서 맥없이 포기하고 말았을 것이다.

꿈을 꾸지 않으면 절대로 꿈은 이루어지지 않는다. 무엇이든 좋다. 자신이 원하는 것, 자신이 바라는 미래를 상상해보자! 치열한 생존경쟁이 벌어지는 정글 같은 세상이지만 기분 좋은 미래를 상상하며 자신의 모습을 그려보자. 돈이 드는 일도 아니다. 별다른 준비도 필요 없다. 그저 당신이 꿈꿔왔던 미래를 눈을 감고 머릿속에 떠올리고 그 벅찬 미래의 꿈을 이제 가슴으로 옮겨보자. 상상의 순간에는 현실로 그것을 제한하지 말자. 아마 마음이 평온해지고 행복해질 것이다.

이런 기분 좋은 상상은 당신을 다시 움직이게 만든다. 나는 하루하루 힘들게 살아가던 지난 날, 모든 걸 포기해 버리고 싶을 정도로 엄혹한 현실 속에서도 늘 잊지 않았던 게 있다. 희망이다. 객관적인 시선으로 내가 살아가는 삶의 배경을 놓고 보면 전혀 불가능하게 보일 일들을 하나하나 상상했다. 그리고 늘 잊지 않았다.

시간이 날 때마다, 홀로 있는 시간이면 눈을 감고 멋진 미래를 머릿속에 그렸다. 행복한 미소를 지을 아내와 아이들 모습도 머릿속에 그렸다. 비록 중고차 딜러에게 속아서 구입한, 언덕길도 제대로 올라가지 못하는 고물 자동차에 앉아 있었지만 늘 출근길이면 기분 좋은 상상으로 하루를 시작했다. 그리고 매일 상상 속에 있는 미래를 힘껏 외쳤다.

16년이 지난 지금 난 그때 상상했던 모습대로 살아가고 있다. 이 것이 상상이 가진 신비로운 힘이다. 자신의 꿈을 이룬 사람들에겐 공통점이 있다. 늘 자신의 미래를 상상하고 그 상상을 현실로 만들었다는 것이다. 이것이 바로 상상의 힘이다. 아인슈타인은 "당신이 상상하고 있는 것은 당신이 살게 될 멋진 인생을 보여주는 영화 예고편과 같다."는 말을 했다.

꿈을 이룬 수많은 사람들은 상상의 힘에 대하여 이처럼 말하면서 상상의 힘을 믿는다. 사실 상상이 어떠한 초자연적인 힘을 가지고 있다는 것은 아니다. 스스로 자신의 멋진 모습을 상상하며 미래를 꿈꿀 때 지친 현실에서 다시금 새로운 힘을 얻게 되고 그러한 힘이 꿈을 향한 도전을 이어가게 만들기 때문이다.

지금 현실의 벽에 부딪혀 꿈을 향한 당신의 도전을 잠시 멈추고 있다면 끊임없이 당신의 미래를 상상하라. 그 멋진 상상은 분명 당신의 현실이 된다.


### ●●● 당신은 누군가의 꿈

누군가에게 내가 꿈이 되는 사람이 된다는 건 정말로 멋진 삶이 아닐까 생각한다. 누군가를 보면서, 나를 닮고 싶은 삶의 표상으로 생각한다면 얼마나 영광스런 일일까?

조휴정은 『당신도 누군가에게 희망이 되는 사람입니다』에서 "혹 실패하고 절망에 빠졌더라도 당신을 알고 있는 사람들을 떠올려보세요. 그리고 용기를 내세요. 틀림없이 그들 중 누구에게 당신은 정말 희망이 되는 존재이기 때문입니다. 당신의 한마디 말과 작은 행동이 그 사람에게는 커다란 힘이 될 수 있습니다."라고 썼다. 그렇다. 우리가 알지 못하는 순간에도 우리는 누군가에게 이미 희망과 꿈이 되어 있을 수 있다.

어느 누군가는 당신의 성장을 바라보며 희망을 꿈꾸고, 어느 누군가는 당신의 성공을 바라보며 자신의 성공을 상상한다. 나에게도 그런 꿈을 꾸게 하고 희망을 주는 사람이 있었다. 그가 하는 말은 늘 진리로 들렸고 그가 하는 행동을 보고 배웠다. 그를 보면서 내 미래를 상상했다. 말투와 음성까지도 닮고 싶었다. 내 지인들은 가끔 내게서 그의 모습이 보인다는 말까지 했다.

그러던 어느 날 내가 닮고 싶었던 큰 바위 얼굴이 무너졌다. 한없이 무너져 내리는 그의 모습을 보며 너무나 마음이 아팠었다. 하지만 무너지는 그를 통해 또 다른 진리를 깨닫게 되었다.

말과 행동 모두 대장부처럼 보였지만 그에게도 단점은 있었다. 바로 떠나야 할 때를 몰랐다는 것이다. 사람은 떠나야 할 때를 알아야 한다. 가장 멋진 순간 가장 아름답게 떠나야 한다. 하지만 그는 늘 가장 위에 있기를 원했다. 자신이 앉을 자리에 대한 욕심이 컸다. 다른 이들에게도 1인자가 되려는 욕망을 가지고 있다는 것을 알지 못했다. 아니 알고 있었겠지만 자리를 지키고자 하는 욕심을 버리지 못해 그들을 외면했고 끝내 화를 불러 왔다. 결국 그는 너무나도 쓸쓸한 모습으로 자리를 떠나야 했다.

그의 모습을 보며 참으로 많은 것을 느끼게 된 나는 그 교훈을 잊지 않았다.

나는 회사의 사업부를 하나하나 분리해서 자회사를 세우고 그동안 나와 함께 했던 좋은 동역자들을 대표로 세웠다. 그런 모습을 보면서 내 힘을 너무 나눠주는 것이 아니냐며 염려하는 지인들이 있다. 하지만 절대 그렇지 않다. 오히려 그동안 내 수족이 되어주었던 이들에게 각자의 자리를 마련해 주고 한발 뒤에서 그들을 돕는 조력자의 역할을 하자, 그들의 업무에 대한 의욕과 회사에 대한 사랑도 더욱 두터워졌다. 해를 더해 갈수록 정말 리더답게 성장하는 그들을 바라보는 것은 행복한 일이다. 실제로 그런 경영 방식을 택한 뒤 회사는 더 큰 성장을 이루었으며 후배들 역시 오히려 더욱 나를 배려하고 신뢰를 보낸다.

내가 닮고 싶었던 그 선배는 이런 동역에 대한 귀한 가치를 알지 못했다. 좋은 스펙과 경력을 자랑하는 분이었지만 명문학교에서도 이러한 귀한 가르침은 주지 않은 듯하다. 난 그에게 참으로 고마운 마음을 가지고 있다. 그가 무너지고 있을 때는 믿음이 무너지는 것 같아 가슴이 아팠지만 지나고 보니 그는 세상 어디에서도 가르쳐 주지 않는, 세상을 살아가는 귀한 가르침을 주고 떠났던 것이다.

누군가에게 당신도 이처럼 꿈이 될 수 있다. 아니 지금 당신은 이미 꿈이 되어 있을 수도 있다. 당신의 삶을 바라보며, 당신의 성공을 바라보며, 때론 실패 가운데 다시 당신이 일어나기를 응원하는 그들을 잊지 않기 바란다. 이미 당신이 상상하던 것들이 현실로 이루어졌다 해도 또 다른 이들의 상상이 현실로 이루어지도록 끝까지, 완전한 아름다운 성공을 이루어야 한다.

웨이슈잉은 "상상력은 우리의 창조력을 자극하는 동시에, 시야를 넓히고 생각을 풍부하게 한다."라고 말했다. 우리를 기분좋게 하는 미래의 상상, 그런 아름다운 상상이 가진 힘은 우리의 꿈을 키워가게 하며 결국 그 상상의 조각들은 꿈을 현실로 만든다.

현실의 벽 앞에서 더 이상 상상을 할 힘을 잃어버린 사람들이 많다. 하지만 상상을 접고 자신을 제한하는 것은 너무나도 어리석은 일이다. 성공을 위해서는 끊임없이 성공을 상상해야 한다. 성공에 대한 상상이 다시 우리의 심장을 뛰게 하며 삶의 귀한 원동력이 될 것이다. 미래의 자신을 상상하라. 그 상상의 조각들이 거대한 당신의 미래를 만들 것이다.

# 성공을 위한 자기관리

# 성공을 위한 시간관리

성공하는 사람들은 모두 자기관리에 철저하다. 그들이 특히 철저하게 관리하는 것은 누구나에게 공평하게 주어진 '하루'라는 시간이다. 오늘 하루를 잘 살지 못한다면 결코 자신이 바라는 내일은 오지 않는다는 것을 잘 알고 있기 때문이다. 하버드대학 리처드 하이트 교수는 "15년간 하버드 대학생 1,600명을 대상으로 인터뷰를 한 결과 공부를 잘하는 학생은 예외 없이 시간관리를 잘 한 학생들이었다."고 말했다.

어쩌면 성공은 '얼마나 자신을 잘 관리하는가'에 달려 있으며 수많은 자기관리 중에서도 특히 자신에게 주어진 시간을 얼마나 잘 관리하느냐가 중요하다.

우리가 잘 알고 있는 명언이 있다. "내가 헛되이 보낸 오늘 하루는 어제 죽어간 이들이 그토록 바라던 하루이다." 소포클레스의 말이다. 그의 말처럼 우리에게 주어진 오늘이란 시간은 너무나 귀한 것이다. 하지만 우리는 그것을 잊고 살아간다.

성공을 위해서는 바로 시간의 가치를 깨닫고 그것을 현명하게 활용하는 방법을 알아야 한다. 시간관리는 성공에 있어서 필수 조건이다.

수많은 자기계발서들이 한결같이 강조하는 이야기는 바로 아침시간에 대한 중요성이다. 하지만 우리가 아침시간보다 더 많이 허비하고 있는 시간은 바로 밤 시간이다. 아침에 일찍 일어나 하루를 계획하고 준비하는 것은 사실 직장에 나가고 학교를 가는 이들에겐 당연한 것이다. 아니 이미 그렇게 살아가고 있고, 모두들 외치는 말이기에 귀에 못이 박히도록 잘 알고 있다.

「역사는 밤에 이루어진다」라는 영화를 혹시 알고 있는가? 우스갯소리처럼 그냥 듣고 넘어갈지 모르는 이 영화 제목엔 사실 인생의 깊은 뜻이 담겨 있다.

성공한 이들은 밤 시간을 알차게 사용하는 사람들이다. 사람들은 저마다의 일상을 마치고 밤이 되면 친구를 만나 술자리를 즐기기도 하고 TV를 보며 여유로운 시간을 즐기기도 한다. 하지만 어떤 이들은 자신의 일상을 마친 뒤 모두가 쉬는 그 시간을 다시 쪼개 자기계발 시간으로 활용하거나 배움을 위한 시간으로 이용한다.

또한 늦은 밤 조용히 자신의 하루를 반성하며 내일을 계획하기도 한다. 사실 아침에 일찍 일어나 하루를 계획하라는 가르침은 좀 준비성이 없는 이야기이다.

영업 교육을 할 때 강의 중에 내가 늘 외치는 것이 있다. 그것은 바로 계획이다. 아침에 하루를 계획하는 영업사원은 벌써 기본적인 자질이 되어 있지 않은 것이다. 어떻게 당일 아침에 자신의 계획을 세운다는 말인가? 벌써 한 달 전에 월간 계획서에 대략적인 스케줄이 나와야 하며 그것을 바탕으로 주간 계획이 세워지고 다시 전날 내일의 스케줄을 확인하고 변동된 사항들을 점검해야 하는 것이 아닌가?

하지만 대부분의 신입사원들은 아침에 허둥지둥 일어나 졸린 눈을 비비며 그날 업무 계획을 세운다. 아침 시간에는 계획을 준비하는 시간이 아니다. 이미 준비된 계획들을 향해 가능한 서둘러 시작을 해야 한다. 업무 준비로 한 두 시간을 허비하다 보면 오전 업무시간은 이미 끝이 난다. 불과 점심시간 한 시간을 남겨두고서는 오전 일을 결코 제대로 할 수 없다. 그러니 당연히 오전의 업무는 오후로 넘어가고 늘 늦게까지 야근을 해야 한다.

그나마 야근이라도 하며 업무를 마무리짓는 책임감 있게 행동을 한다면 다행이지만 대부분 이런 성향을 가진 사람들은 그냥 대충 얼버무리거나 다시 내일로 미루는 선택을 한다. 그러한 사람들은 절대로 조직생활에서 인정받을 수 없으며 자신이 원하는 리더가 될 수 없다. 누구나 리더는 될 수 있지만 결코 아무나 리더가 되는 것은 아니다.

당신의 밤 시간 활용은 주로 어떠한가? TV를 보거나 늦은 밤 친구들과 함께 수다를 떨며 즐거운 인생만을 추구하는가? 아니면 늘 피곤한 몸으로 하루를 마무리하기 바쁘거나 많은 제대로 업무를 마치지 못해 매일같이 야근으로 시달리고 있는가? 이제 당신의 성장을 위해 밤 시간을 이용할 계획을 세워보자! 내 경우에는 6시 이후의 시간 활용에서 세 가지 일들을 주로 한다.

첫째는 배움의 시간을 늘 가졌다. 퇴근 후에 아무리 바쁜 일정이 있어도 건강을 위해 운동을 배우거나 어학 공부를 위해 학원을 다녔다. 또한 학위를 취득하기 위해 대학원에 다니며 배움의 시간을 단 한 번도 놓아본 적이 없다. 늘 나의 밤 시간은 배움의 시간들로 지속되었다.

두 번째는 내일을 계획했다. 이것은 성공을 위해서는 수천 번을 강조해도 모자란다. 내일의 계획이 없이 어찌 성공을 꿈꾸며 잠자리에 들 수 있겠는가? 어떤 이는 내일을 계획하라고 말하니 "내일을 염려하느라 밤잠을 설친다.”는 이들이 있다. 계획과 염려는 다른 것이다.

생텍쥐페리는 “계획 없는 목표는 한낱 꿈에 불과하다.”라는 말을 했다. 성공을 위해서는 꼭 내일을 위한 계획이 필요하다. 어떤 성공이든 오늘의 반성과 내일의 계획이 없는 성공은 절대 있을 수 없다.

세 번째는 오늘을 반성하는 시간을 가졌다. 모두가 잠든 조용한 밤에 탁자 앞에 앉아 하루를 묵상하는 것, 그리고 신에게 나의 삶을 이야기하는 시간을 가졌다. 그리고 그 시간에 나는 가장 많이 성장할 수 있었다. 어떤 옳은 진리나 신념에도 자기반성은 필수이다. 인간은 완벽할 수 없으며 완벽한 판단을 할 수 없다. 하지만 어리석은 사람들은 자기반성의 시간을 가지지 않는다. 그들은 늘 타인을 판단하는 시간만을 가진다.

현명한 사람은 자신의 모습을, 자신의 하루를 반성할 줄 아는 사람이다. 단 5분이라도 좋다. 그저 잠자리에 들기 전에 조용히 나를 돌아보자. 그런 시간들이 어제보다 성장한 오늘을, 오늘보다 성장한 내일을 선물할 것이다.

당신의 밤을 낮보다 더 값지게 활용하라! 그저 지친 하루를 위로하는 밤으로만 살아가기엔 너무나 아까운 시간들이 아닌가. 이제 당신의 밤을 자신을 성장시키는 시간으로 활용하라!


### ●●● 동시에 여러 가지 즐기기

어린 시절, 부모님으로부터 “한 가지만 해라!” “밥 먹을 땐 밥만 먹어라!”라는 말을 자주 들었던 기억이 있다.

왜 동시에 무엇인가를 하면 안되는 것인가? 밥을 먹으며 대화를 하면 안되는가? 너무나 웃기는 얘기지만 나는 고객, 사업 파트너들과 늘 식사시간을 이용해서 만나거나 골프를 치며 많은 대화를 나눈다. 사업을 하면서 상당 부분 좋은 기회들은 그런 시간을 통해 만들어진다.

예전에는 사실 왜 사업을 하는 이들이 골프를 쳐야 하는지 몰랐었다. 하지만 골프라는 운동을 해보니 누군가와 다섯 시간 이상을 함께 하며 이야기를 나누는 기회는 골프가 아니고는 절대 불가능하다는 걸 알게 됐다. 어쨌든 무엇인가를 하며 동시에 다른 일들을 하는 것은 시간을 두 배로 활용하는 방법이다.

물론 집중이 필요한 일에서는 한 가지 일에만 몰두해야 하지만 특별한 집중을 요하지 않는 일들을 할 때면 가능한 동시에 다른 일들을 해보는 것이 좋다. 나는 동시에 여러 가지를 하기 위해서 한 가지 방법을 습관으로 만들었다. 그것은 늘 책을 가지고 다니는 것이다. 어떠한 책이든 따로 시간을 내서 독서하는 시간을 만들지는 않는다. 너무나 할 일들이 많기에 사실 책을 읽을 시간을 따로 내는 것은 불가능하다. 미용실에 갈 때도, 여행을 갈 때도, 고객을 만나는 순간에도 늘 자투리 시간을 이용하기 위해 내가 읽어야 할 책을 가지고 다닌다.

보통 나는 한 달에 8권 정도의 책을 읽는다. 앞에서 독서에 대해서 이야기했던 바가 있지만 사실 독서는 성공을 위한 또 다른 습관이다. 성공한 이들은 책을 많이 읽는다. 근래 책을 읽는 사람들이 너무나 적어진 것 같아 안타깝다. 인터넷이 발달하고 즐길 거리가 많아지면서 점점 책을 잘 읽지 않는 경향이 커졌다. 눈으로 보기 좋은 것, 우리를 자극하는 수많은 것들이 날마다 새롭게 등장한다. 하지만 그것들은 절대로 우리를 깊이 있는 사람으로 만들지 못한다. 정보의 홍수시대인지라 수많은 것들을 접할 수는 있지만 그야말로 많은 것을 주워 듣게만 할뿐 내면의 깊이를 만들어내지 못한다.

우리가 동시에 할 수 있는 일이 그리 많지는 않다. 하지만 자투리 시간들을 활용해 할 수 있는 자기성장의 방법 중 하나는 바로 이처럼 책을 가까이 하는 것이다.

또 다른 하나는 책을 읽는 동안 또는 컴퓨터를 이용하는 동안 손 완력기를 이용해 운동을 즐기는 것이다. 검도를 하는 내게 손의 힘은 너무나 중요하다. 검도라는 운동이 검을 쥐고 순간의 힘으로 상대의 머리와 허리 손목을 향해 내리치고 거두어야 하기에 손목 힘과 손아귀 힘이 중요하다. 힘을 기르기 위해 따로 시간을 내는 것보다 동시에 이런 운동법으로 틈틈이 손의 힘을 기른다.

바쁜 일상을 살아가다보면 사실 무슨 일을 하기 위해 시간을 따로 내기가 힘들다. 이런 일들을 동시에 하는 것이 성공과 어떤 관계가 있겠느냐 말할 수 있겠지만 분명히 자투리 시간을 활용한 자기계발은 당신이 많은 정보를 얻을 수 있게 해 주며 성공을 위한 초석이 된다.

시간관리 전문가인 유성은은 『성공하는 사람들의 시간관리 습관』에서 "성공한 사람들은 시간을 황금처럼 여겼고, 1초도 낭비하지 않았다."고 썼다. 그는 '5분 활용법'이란 글로 자투리 시간 활용에 대해서도 강조하고 있다.

시간을 잘 활용하는 것은 당신이 꿈꾸는 미래를 현실로 실현하는 데 있어 매우 중요한 부분이다. 목표를 달성하기 위해서는 무엇보다 자투리 시간들까지 유용하게 사용해야 하며, 그런 시간들을 사용할 자신만의 시간관리 계획들을 세워야 한다. 그것이 독서든 운동이든 당신이 계획한 무엇이든 간에 따로 시간을 분배하기보다 자투리 시간을 이용해 48시간 같은 하루를 보낼 수 있도록 내일을 준비하여야 한다. 그것이 성공을 위한 시간관리법이다. 성공은 잘 관리된 시간의 결과이다.

　성공을 위한 필수 아이템 중 하나는 바로 사람이다. 성공한 사람들의 특징은 무엇보다 인맥을 관리하는 데 철저하다는 것이다. 인생에서 무엇보다 중요한 것이 사람이다. 주위에 좋은 사람을 많이 두었다는 것은 돈을 주고도 살 수 없는 귀한 보물을 가지고 있는 것과 같다.

　진정한 성공은 많은 사람들로부터 사랑을 받는 삶일 것이다. 아무리 많은 부를 축적하고 많은 것을 이뤘다고 해도 당신을 진정으로 사랑하는 사람이 없다면 진정한 성공을 이룬 삶이라 말할 수 없다.

　『사람이 재산이다』의 저자 박신애는 "성공한 사람들은 인맥을 만들고 관리하는 데 많은 시간과 열정을 투자한다. 미래를 위한 가장 효과적인 투자는 사람에 대한 투자이다."라고 말했다.

　박신애 이외에도 사람이 성공하는 데 얼마나 중요한지를 말하는 사람들은 많다. 리더가 되기 위해서는 끝까지 자신을 믿고 따라줄 많은 사람들이 필요하다. 인맥관리는 그래서 절대적으로 필요하다.

사업을 시작하면서 내가 큰 교훈으로 받아들였던 것은 인생에서 적을 만들지 말아야 한다는 것이다. 물론 살아가다 보면 어쩔 수 없이 적이 되는 사람들이 생기게 된다. 세상 모든 사람들이 어찌 모두 나를 좋아해 줄 수 있겠는가? 경쟁사의 대표도 있겠고, 나로 인해 승진에서 밀린 직장 선배도 적이 될 수 있다. 하지만 중요한 것은 나와 경쟁 상대가 되는 이들은 있을 수 있으나 결코 마음 깊이 앙심을 품는 적을 만들어서는 안된다는 것이다.

나와 함께 회사를 키워오던 사업 파트너 중 한 사람과 적이 되었던 때가 있었다. 함께 사업을 하는 동안 그가 나와 회사를 이용했고, 그 사실이 드러났기 때문이었다. 그는 회사의 거래처를 빼돌리기도 하고, 심지어는 프랑스 기업과의 수입 계약과 관련해 출장을 가서 몰래 자신의 회사로 계약을 체결하기도 했다. 결국 나와 투자자들은 그의 지분을 정리해 퇴출시켰다. 함께 사업을 해 나갔던 수 년 동안 좋지 않은 행실들이 있었지만 마지막까지 그렇게 이기적인 배임 행위를 하리라곤 생각지 않았었다. 결국 그와의 인연은 그렇게 마무리되는가 싶었다.

하지만 결코 그걸로 모든 게 끝나지 않았다. 그가 놓치고 있었던 것은 바로 한 사람 뒤에 숨어 있는 백 명의 인맥이었다. 그는 나와 투자자들을 상대로 사기와 같은 배임 행위로 스스로 적이 되었다. 그는 누군가를 속여 자신이 원하는 것들을 모두 취했으니 이제 잘 마무리가 되었으리라 기대하였을 것이다.

하지만 그가 벌인 모든 일들은 이내 세상에 알려지게 되었다. 한두 사람들의 뒤에 숨겨진 수많은 지인들로부터 그는 외면을 받기 시작하였고 끝내는 그가 수입 계약을 맺은 제품이 시장에서 제대로 발도 붙이지 못하게 되는 결과를 초래했던 것이다.

누군가에게 가슴 깊이 상처를 주는 일, 인생의 적을 만드는 일은 자신의 미래에서 중요한 순간 커다란 장애물이 된다. 우리는 분명 알아야 한다. 한 사람 뒤에는 백 명의 사람이 숨어 있다. 성공을 꿈꾸는 사람은 절대 누군가로부터 적이 되어서는 안된다.

이도준은 『인생에서 가장 소중한 것은 고수에게 훔쳐라』에서 "적을 만들지 마라. 비록 내 생각과 철학이 다르다고 함부로 남을 비방하거나 비판해서는 안된다. 편견을 버리고 다양성을 존중하라. 악연도 인연이 될 수 있음을 명심하라."고 말했다. 자신의 삶에서 적을 만드는 것은 가장 큰 실패의 원인 중 하나가 된다는 사실을 명심해야 한다.


## ●●● 세상은 너무나 좁다

얼마 전 결코 웃어넘길 수 없는 사건이 하나가 생겼다. 10년 전쯤 처음 사업을 시작할 무렵에는 여러 모로 어려움을 겪었다. 그중 가장 힘들었던 것은 하루아침에 달라진 사람들의 태도였다.

회사를 그만두고 작은 사업장을 차리게 되면서 나를 대하는 태도가 조금 달라진 사람들이 몇몇 있었다. 그 중에 나로 하여금 이를 악물고 성공을 하고 말겠다고 독하게 마음을 먹게 했던 한 여직원이 있었다.

처음 사업을 시작한 터여서 부족한 것들 투성이였다. 직원 하나도 제대로 뽑을 수 없던 형편이었던 터라 모든 일을 내가 직접 해야 했다. 그나마 하나 있었던 직원인 오랜 선배조차 비전이 보이지 않고 업무가 너무 힘들고 많다는 불만을 품고 회사를 나가 버렸다. 배송을 담당하고 있던 선배마저 직원을 뽑기 전에 나가버린 터라 배송 업무까지 내가 해야 했다. 매일 밤 새벽 무렵까지 배송을 하였고, 낮 시간에는 밀린 주문서도 제대로 정리하기가 힘들 지경이었다.

그러던 어느 날 본사를 방문했을 때였다. 거래처에 보낼 서류를 미처 준비하지 못했던 나는 잠시 양해를 구하고 서류를 출력하기 위해 컴퓨터와 프린터를 이용하게 되었다. 막 서류를 출력하는 순간 어디선가 날카로운 목소리가 들렸다. "요즘엔 도대체 어떻게 된 게 협력업체 들어와서 함부로 사무기기를 사용해요!" 사무실 여직원이었다. 죄송하다는 말을 반복하면서 그녀의 눈치를 보며 출력을 마치고 나오는 길에 정말이지 눈물이 핑 돌았다. 그리고 꼭 오늘의 일을 잊지 않겠다고 다짐하였다. 그리고 무슨 일이 있어도 성공하겠다고 이를 악물었다. 회사를 키운 지금 생각해보면 웃어버릴 수도 있을 것 같지만 유독 자존심이 강한 내게 그날 받았던 수모는 결코 잊을 수 없는 상처가 되었다.

그런데 내게 어이없는 막장 드라마와 같은 일이 벌어졌다. 결혼을 한다면서 찾아온 사촌 처남 녀석의 결혼 상대가 바로 내게 뼈아픈 상처를 주었던 그 여직원이었던 것이다. 세상이 얼마나 좁은지를 다시 한 번 깨달았다. 처남댁이 될 그녀는 자신이 했던 행동을 기억하지 못할지도 모르지만 그녀를 통해서 난 누군가에게 함부로 상처를 주어서는 안된다는 사실을 다시 한 번 느꼈다. 아직 내가 자신의 친척이 되리라는 사실을 모르고 있는 그녀도, 아마 나를 보면 세상이 얼마나 좁은지 깜짝 놀라게 되리라.

우리가 아는 세상은 그리 넓지 않다. 누군가에게, 그저 아무렇지도 않게 했던 당신의 행동이 미처 상상도 할 수 없는 장소에서 당신을 곤란하게 만들 수 있다. 성공하고자 한다면 늘 행동을 조심스럽게 해야 한다.

얼마 전 연합뉴스는 다음과 같은 연구 결과를 소개했다.

"미국의 일간 월스트리트 저널(WSJ) 등에 따르면 페이스북이 설립 12주년을 맞아 16억 명의 네트워크를 조사한 결과 평균 3.57명만 건너뛰면 서로 연결되는 것으로 나타났다."

세상은 넓지만 반면 너무나 좁다. 성공을 원한다면 이러한 교훈을 결코 잊지 말아야 한다.

진정으로 아름다운 당신의 가치는 스스로가 아닌 다른 사람들의 입으로부터 증명된다.

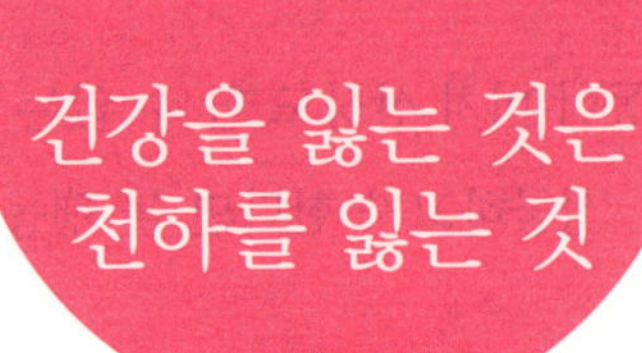


　누구나 알고 있는 사실이지만 아무리 강조해도 부족한 것이 바로 건강에 대한 이야기이다. 아무리 멋진 성공을 이루었다 해도 결국 건강을 잃게 된다면 무슨 의미가 있겠는가? 쇼펜하우어는 말했다. "우리의 행복은 십중팔구 건강에 의해 좌우되는 것이 보통이다. 건강은 바로 만사의 즐거움과 기쁨의 원천이 된다."

　그럼에도 우리는 너무나 쉽게 건강에 대한 중요성을 잊고 살아간다. 건강을 잃는 것은 천하를 잃는 것이다. 건강한 삶에서 건강한 미래가 나오는 것임을 우리는 기억해야 한다. 많은 사람들이 많은 돈을 벌고, 명예를 얻고, 권력을 취하는 것을 목표로 삼지만 그 모든 것들은 건강한 삶이 전제된다. 진정한 성공은 건강한 육체로부터 시작되는 것이다.

　성공한 사람들은 절대로 건강을 소홀하게 여기지 않는다. 그들은 늘 자신의 건강을 관리하며 건전한 정신 건강과 신체 건강을 위해 노력한다.

　어느 날 늦은 오후, 전화가 한 통을 받는 나는 급히 집으로 달려갔다. 어제까지만 해도 건강에 아무런 문제가 없던 아내가 갑자기 온몸을 파고드는 근육통과 무기력증으로 고통을 받고 있었다. 아무래도 느낌이 좋지 않았다. 줄곧 37도를 넘긴 열은 해열제로도 내려가지 않았고 온몸엔 크고 작은 멍들이 올라왔다. 그렇게 일주일을 아파 누워 있던 아내는 결국 병원에서 검진한 결과 피부근염이란 진단을 받았다. 그 뒤 한 달이 채 되지도 않아 손발을 쓰지 못하고 목만 간신히 가누는 중증 장애로 진행되었다.

　아내가 병을 얻으면서 모든 일들이 뒤죽박죽이 되었다. 사업도, 아이들도, 모든 것이 그야말로 엉망이 되었다. 그때야 비로소 우리 가족이 잊고 있었던 건강이 얼마나 큰 기쁨이고 행복이었는지를 깨달았다.

　예전엔 단 한 번도 감사하게 생각해보지 않았던, 그저 두 다리도 걷던 시절의 아내의 모습이 그리웠다. 그때까지 내게는 행복과 성공의 기준이 돈, 명예, 권력 그리고 좋은 차가 전부였다. 많은 부를 쌓으면 당연히 우리 가족은 행복해질 것이라고 믿었다.

　하지만 아내가 쓰러진 뒤 내 인생 가치관이 바뀌었다. 진정한 행복의 기준은 바로 가족 모두가 건강한 모습으로 각자의 일상에서 돌아와 얼굴을 마주하며 저녁을 함께 먹는 것이며 수다를 떨며 가까운 공원을 산책하는 것이다.

　강한 스테로이드제를 투약함으로써 많은 합병증을 얻고, 결국 젊은 나이에 인공관절 수술까지 받게 되었지만 그래도 이제는 다시 일어서서 씩씩하게 걸어가는 아내의 모습을 보면 너무나 행복하다. 세상에서 자신의 아내가 걸을 수 있다는 것만으로 행복을 느끼는 남편이 얼마나 많겠는가? 조금은 바보처럼 들리겠지만 내게는 아내가 밥 잘 먹고 혼자 양치하고 머리를 감는 모습만 보아도 예쁘고 대견하다.

우리는 일상에서의 작은 일들에 대한 감사를 잊고 살아간다. 상대주의적인 감사로만 인생을 살아간다. 자신이 가진 것, 자신에게 주어진 것에 대한 감사함으로 살아가지 않는다. 그저 다른 사람에 비해 나의 부족함에 대해서만 생각한다. 그리고 그 부족함으로 인해 자신을 불행하다고 말한다.

하지만 당신이 건강하다면, 당신의 가족들이 모두 건강하다면, 그것만으로도 모든 것을 할 수 있는 가능성이 충분히 열려 있기에 당신은 축복받은 행복한 삶을 살고 있는 거라고 나는 감히 말한다.

이러한 내 삶에 대한 고백은 그저 머리로만 이해하거나 학습 결과로 건강에 대해 소중하다고 말하는 것이 아니라는 진정성을 보여주기 위함이다. 7년이라는 세월을 통해 나는 건강한 삶이 얼마나 중요한 것인지 뼈에 사무치게 깨달았다. 그래서 나는 어느 곳에서도 늘 진정한 성공은 건강으로부터 비롯되며 지켜지는 것이라고 말한다.

"돈을 잃으면 일부를 잃는 것이고, 명예를 잃으면 반을 잃는 것이고, 건강을 잃으면 전부를 잃는 것이다."라는 속담이 있다. 우리의 인생에서 건강을 지키지 못하는 것은 우리의 삶의 모든 것을 잃는 것임을 명심하여야 한다.

### ●●● 성공을 부르는 향기

당신이 혹 흡연자라면 건강한 성공을 위해 무엇보다 금연해야 한다. 자신의 건강을 지키기 위해서라도 갖가지 암을 유발하는 담배를 끊는 것이 무엇보다 먼저 성공해야 할 목표로 삼아야 한다. 또한 흡연은 건강은 물론 이미지에도 많은 영향을 준다. 비즈니스를 할 때에도 흡연은 많은 불쾌감을 준다. 중요한 계약을 체결해야 하는 고객과 만날 때 온 몸에 담배 냄새를 풍긴다면 고객으로 하여금 당신으로부터 매력을 느끼지 못하도록 할 것이다. 세일즈 교육을 할 때면 난 잊지 않고 흡연 매너에 대해서도 강조한다.

부득이 금연에 성공하지 못하는 의지력이 부족한 세일즈맨이라면 고객을 만나기 전에 30분은 금연하라고 한다. 그리고 자동차나 몸에 밴 담배 냄새를 제거하기 위해 구강청결제나 섬유탈취제를 사용하라고 당부한다.

실제로 고객과 만나기 바로 직전에도 흡연을 하고 고객을 만나는 직원들이 종종 있다. 그들은 작은 자신의 행동으로 인해 상대에게 불쾌감을 주고 있다는 생각을 하지 못한다. 하지만 고객들은 간혹 내게 그런 직원에 대한 컴플레인을 해오며 기본적인 예절교육을 해달라고 언급한다.

성공적인 만남은 상대를 만나는 첫 순간 전해지는 향기로부터 시작한다. 기분 좋은 향기와 말끔한 외모는 상대로 하여금 함께 하는 대화 시간 동안 당신의 새로운 가치를 발견하게 한다. 하지만 정리되지 않은 외모와 유쾌하지 않은 당신의 체취는 다시 당신과의 만남을 갖게 하고 싶지 않도록 하며 자신의 가치를 떨어트리게 하는 직접적인 원인이 된다.

오프라 윈프리는 성공을 위한 자신의 10계명에서 "중독된 것들을 끊어라!"라고 말했다. 자신의 건강을 위해, 그리고 성공한 삶을 위해서 어떠한 것들보다 이제 금연을 권한다. 사실 금연을 통한 의지력 훈련은 성공에 대한 강한 의지력을 보여줄 절호의 기회이다.

자신의 삶에서 중독된 그 무엇인가를 끊어내지 못하는 나약한 의지력으로 거친 세상을 상대로 어찌 힘겨운 성공을 이루어내겠는가? 그는 성경에서 말하는, '바람에 나는 겨'와 같이 나약한 의지로 인해 이리저리 흔들림으로써 자신이 설계한 인생의 목표를 향해 달려가지 못하게 된다.

성공은 결국 의지력이다. 나약한 의지력을 가진 성공자는 결코 없다. 그들은 모두 자신과의 냉혹한 전투에서 모두 승리한 사람이며 그 승리의 전리품으로 주어지는 성공의 기쁨을 만끽하는 사람이다.

인간에게는 두 가지 모습의 아름다움이 있다. 하나는 외모로 드러나는 아름다움이고 다른 하나는 내면 깊숙한 곳에서 우러나는 아름다움이다.

요즘은 아름다운 외모가 좋은 스펙이 되는 시대이기도 하다. 이제는 토익 점수보다 새로운 스펙을 찾는 기업들도 늘어나고 있다.

전국경제인연합회에 따르면 "국내 주요 대기업 21곳 중 20곳은 이력서에 학점, 어학성적, 자격증, 가족관계 항목을 삭제하거나 간소화했다."는 조사결과를 발표했다. 기업들의 이런 변화는 회사 직무내용과 별로 관련되지 않는 스펙에 대해서는 보지 않겠다는 것이다.

「신동아」의 강지남 기자는 '샘표식품'에서 "지원자들의 실무능력을 알아보기 위해 요리 면접을 실시하고 있다. 토익 점수보다 실무능력을 중요하게 여기는 것이 요즘 추세라 식품회사들이 요리자격증 소지자를 선호하는 것으로 안다."고 말했다. 최근에는 이런 '탈 스펙' 채용이 확산되고 있는 추세다.

근래 많은 탈 스펙 중 손꼽히는 한 가지는 자신의 아름다움이다. 깔끔한 이미지와 자신감의 표현 그리고 첫 만남의 순간 가장 빠르게 자신을 어필할 수 있는 외모의 아름다움과 함께 내면 깊숙한 곳으로부터 우러나는 마음의 아름다움이 중요한 성공 조건이 되고 있으며, 성공을 위한 큰 스펙이 되고 있다.

## ●●● 아름다움에 대한 착각과 편견

기업들이 원하는 아름다운 외모의 기준은 무엇일까? 많은 사람들이 '아름다운 외모'라고 하면 선천적으로 타고난 외모만을 생각한다. 하지만 그것은 착각이다. 기업들이 원하는 아름다운 외모의 인재상은 자신이 가지고 있는 개성을 뚜렷하게 보여줌으로써 자신을 어필할 수 있는 매력을 가진 사람을 말한다.

'사람인'이 기업의 인사담당자들을 대상으로 조사에서 실제로 "인사 담당자 중 62.8%가 직원채용 중 지원자의 외모가 평가에 영향을 미친다."고 대답했다. 21세기는 자기 PR시대이다. 처음 만난 상대에게 가장 먼저 자신에 대해 알리게 되는 것은 바로 외모다. 때로는 외모 관리에 실패해 본의 아니게 자신이 가진 능력을 보여 줄 기회조차 얻지 못하는 이들도 있다.

지금까지 면접을 보면서 기억에 남는 한 사람이 있다. 오래전 마케팅 직원 채용을 위해 지원자를 살피던 중 사전 서류심사에 좋은 학벌과 경력, 이력을 기재한 한 지원자에게 눈길이 갔다. 사진으로 보는 그는 외모도 준수했고 인상도 너무나 좋아 보였다.

나를 포함한 면접관들은 지원자들 가운데 우선 채용할 사전 계획을 가지고 예비 합격자로 그를 점찍었다. 하지만 그를 처음 만난 순간 검은 양복 어깨 위에 수북하게 쌓인 비듬과 기름기가 흐르는 머리칼을 보고는 채용하려는 생각이 사라졌다.

그럼에도 겉으로 보이는 모습으로 사람을 판단해선 안되겠다 싶어 그와 잠시 대화를 나누었다. 잘 관리되지 않은 외모가 주는 실망감과 함께 그와 나눈 대화 역시 만족할 만한 시간은 아니었다. 우리는 그보다는 조금 못한 학벌과 경력을 가졌지만 외모가 깔끔하며 내면의 겸손함을 가진 지원자를 채용했다. 진정한 아름다움은 자신을 잘 관리하는 데 있는 것이다.

좋은 옷을 입지 않아도, 명품 시계와 벨트, 구두를 신지 않아도 상대에게 호감을 느끼도록 하는 완벽한 개성을 보여주는 외모는 그 사람이 가진 품격을 높여 준다. 아무리 좋은 스펙을 자랑해도 그와 함께하고 싶은 마음이 들지 않는다면 그 스펙들이 무슨 소용이 있겠는가?

대인관계에 있어서도 마찬가지이다. 세상에 그 누구도 자기관리가 되지 않는 사람과 좋은 인연을 맺고 싶지 않을 것이며 결코 그러한 사람과 사업에 대해 논하거나 중요한 구매 계약을 진행하려 하지 않을 것이다.

아름다운 외모는 자신의 노력으로 만들어지는 것이다. 아무리 훌륭한, 타고난 외모를 자랑한다고 해도 스스로를 잘 관리하지 않는다면 결코 다른 이들로부터 매력을 느끼게 하지 못한다. 그러므로 자신의 삶에 아름다운 성공을 위해서 스스로를 아름답게 가꾸는 노력을 쉬지 않아야 할 것이다.

## ●●● 또 다른 아름다움 노겸老傔

잘 정돈된 외형적인 아름다움과 함께 사람에게는 또 다른 내면의 아름다움이 존재한다. 사실 이 두 가지 아름다움이 잘 조화를 이루어야 완벽한 인간의 아름다움이 조화롭게 이루어진다. 세상의 모든 것들이 그렇듯 조화를 이루어 한쪽으로만 치우치지 않아야 하는 것은 인간의 아름다움에 대한 기준에 있어서도 예외가 아니다.

사람은 누구나 다른 이들에게 아름답게 보이고 싶은 욕구가 있다. 그럼에도 대부분의 사람들은 진정한 아름다움에 대한 올바른 시각을 가지고 있지 못하다. 근래의 청소년들이 생각하는 아름다움의 기준은 텔레비전에 등장하는 늘씬한 몸매를 자랑하는 아이돌이나 배우들이다. 결국 이런 잘못된 생각과 기준들이 사회문제로까지 비화되고 있는 외모 지상주의로 빠져들게 한다.

삶에서 성공하기 위해서는 내면의 아름다움을 갖추어야 한다. 아무리 멋진 외모를 갖춘 사람이라고 해도 내면의 아름다움이 느껴지지 않는다면 반쪽짜리에 그칠 뿐이다. 당신은 어떤 사람들과 함께 하고 싶은가? 아무리 아름답고 화려한 꽃이라고 해도 그 속에 정작 꿀이 없다면 벌도 나비도 모여들지 않는다.

영국의 영화배우 제인 세이모어는 이렇게 말했다. "아름다움은 마음으로부터 생기는 빛이고, 내면의 안정과 강한 인격에서 나오는 것이다." 그렇다. 진정한 아름다움은 내면의 겸손함과 깊이 있는 삶의 지혜, 인격으로부터 나온다. 우리는 내면의 아름다움을 성장시키기 위한 노력을 멈추지 말아야 한다. 내면의 진정한 아름다움의 성장은 겸손으로부터 이어진다.

세상에는 시간이 갈수록 만날 때마다 기대감을 높여 주는 사람이 있는가 하면 첫인상은 너무나 멋지고 매력적이지만 시간이 흘러갈수록 점점 거리감이 생기거나 상실감을 안겨 주는 사람도 있다. 성공을 원하는가? 그렇다면 진정한 내면의 아름다움을 발산해 만남을 더해 갈수록 자신의 진가를 드러내는 사람이 되어야 한다. 그리고 그런 사람이 되기 위해서는 우선 겸손한 삶이 바탕이 되어야 한다.

이런 겸손함에 대해 이야기할 때 나는 곧잘 산악인 엄홍길 대장에 관한 이야기를 한다. 그는 "저는 산을 정복한다는 표현을 사용하지 않습니다. 산이 허락을 해 주면 잠시 다녀올 수 있는 거지요."라고 말했다. 그의 말은 진정으로 프로다운 모습에서 나오는 최고의 겸손이라고 할 수 있다.

인간으로서 최고의 품격은 바로 겸손으로부터 나온다. 사람들은 겸손을 가리켜 낮춤이라고 표현하지만 진정한 성공은 겸손한 자에게 주어지는 신의 선물이다.

자신을 스스로 드러내려고 애쓰는 사람들을 만나면 그 자리에 함께 하는 것이 부담스럽다. 자신을 포장하기 위해 급급하고 스스로의 업적을 부풀려 남들로부터 인정받으려 하는 사람들은 결코 아름다운 성공을 이룰 수 없다.

『주역』에서는 '인간이 가진 최고의 덕은 노겸老傔'이라고 했다. 노겸은 "열심히 일해서 공을 세운 다음 그것을 자랑하지 않는 겸손한 마음을 갖는 것"을 말한다. 진정한 성공을 이룬 사람이 되고자 한다면, 내면의 아름다움을 지닌 노겸의 삶을 통해 스스로를 완성해야 한다.

치열한 경쟁을 뚫고 생존하기 위해 사람들은 자신을 드러내기 위한 좋은 스펙을 쌓기 위해 수많은 노력을 기울여 왔다. 하지만 이제 시대의 흐름이 바뀌고 있다. 기존에 중요하게 여겨왔던 스펙보다는 사람 냄새가 나는 삶의 스토리, 철저한 자기관리와 수양을 통해 그야말로 내외면의 아름다움을 조화시킴으로써 매력을 어필하는 사람을 원한다.

어쩌면 좋은 학벌과 토익 점수로만 사람을 평가하는 시대에서의 경쟁이 더 쉬웠을지도 모를 일이다.

하지만 시대는 변하고 있다. 단순히 무조건 머릿속에 지식을 집어넣은, 소위 공부벌레라고 표현되는 이들이 대우받던 시대에서 이제는 지덕체가 아름답게 조화를 이룬 사람에게 관심을 갖는 시대가 되고 있다. 그래서 기업들은 내면의 겸손함이 잘 정리된 외모를 통해 자신의 개성을 멋지게 표현하는 인재를 찾기 시작한 것이다.

아름다운 사람이 아름다운 성공을 이룬다.

인간은 생각하는 동물이다. 그 생각은 언제나 두 가지로 나뉜다. 하나는 가능성에 대한 긍정의 생각이고 다른 하나는 부정의 생각이다. 우리는 늘 긍정과 부정을 오가는 생각들 속에서 무언가를 선택하며 살아간다. 그리고 어떤 생각을 더 많이 선택하느냐에 따라 사람 또한 두 부류로 나뉘게 된다.

당신은 당신이 어떤 도전을 선택을 해야 할 순간, 긍정과 부정의 두 가지 생각 중에서 어떤 선택지를 고르는 사람인가? 마르쿠스 아우렐리우스는 말했다. "우리의 인생은 우리가 생각한 대로 이루어진다." 자신이 긍정과 부정 중에서 어떤 생각을 하느냐에 따라 전혀 다른 인생을 살게 된다.

## ●●● 성공을 부르는 긍정의 생각

최근 조엘 오스틴의 『긍정의 힘』이란 책이 인기몰이를 한 적이 있다. 성공의 발목을 붙잡는 부정적인 생각을 버리고 긍정의 생각으로 자신의 성공을 이루라는 내용이다. 그렇다. 현실에 굳건히 발을 붙이고 있으면서도 내일의 성공을 준비하기 위해서는 무엇보다 우리 내면에 긍정의 힘을 길러야 한다. 그런 긍정의 힘이 다가오는 고난과 역경의 순간, 위기의 순간에 당신을 구해 줄 힘이 된다.

성공한 사람들을 보고 "운이 좋아서…"라고 말하는 사람들이 있다. 하지만 세상에서 어떤 성공도 단순히 운이 좋아 얻어지는 것은 절대로 없다. 모든 성공은 의식과 무의식에 걸쳐 자신이 기울인 모든 노력과 땀의 결실이며, 그들은 늘 '피그말리온 효과(Pygmalion Effect)'의 결과를 얻었다.

피그말리온 효과란, "피그말리온이라는 조각가는 아름다운 여인을 조각하고 난 뒤, 자신이 조각한 여인을 사랑하게 되었다. 그는 그 조각이 생명을 얻었으면 좋겠다는 강한 바람을 갖게 되었고, 이에 감동한 여신 아프로디테가 조각에 생명을 불어넣어 조각가의 바람을 이루게 해 주었다."는 신화에서 나온 말이다. 즉 긍정적인 생각은 긍정적인 결과를 이룬다는 것이다.

나 역시 늘 이런 긍정적인 생각을 잊지 않으려고 애를 썼다. 그래서 기업에 강의를 나가면 늘 하는 말 중 하나가 되었다. 누구나 자신의 이야기를 글로 쓰자면 나름 소설 한 권은 충분하다. 나 역시 마찬가지다.

아버지의 외도로 태어난 나의 유년은 행복과 거리가 멀었다. 어머니 손을 떠나 아버지의 집으로 간 나는 낯선 환경에서 서러움을 겪으며 자랐고, 그러한 환경 속에서 영화 '록키'의 주인공 스탤론처럼 어린 시절을 가난과 원망 가득한 삶으로 채웠다.

군대를 다녀온 후에 정신을 차리고 시작한 내 첫 직업은 가락동 농수산물시장의 물미역 배달꾼이었다. 밤새 물미역을 나르다가 아침이 되면 온 몸이 미역 비린내와 소금기로 가득 배어서 집으로 돌아가는 버스를 타면 정장을 빼 입고 출근하는 직장인들은 코를 막고 나를 피했다.

그 뒤로는 건설 현장 일용직 노동자, 석면공장 노동자, 이삿짐센터 직원, 세차장 직원 등 하루하루를 일용직 인생으로 살아갔다. 하지만 그런 중에서도 내가 절대로 내려놓지 않았던 것이 있었다. 바로 미래의 내 가능성에 대한 긍정적인 생각들이었다. 나 자신에 대한 그런 긍정이 나를 포기하지 않도록 했고, 늘 배움의 자리로 이끌었으며, 고난과 역경이 찾아오는 순간이면 큰 위로를 주고 다시 힘을 내도록 격려했다. 불운한 환경과 처지에 좌절하고 부정적인 물결에 몸을 맡겼더라면 지금의 나는 절대로 없었을 것이다.

랄프 왈도 에머슨은 말했다. "인간의 모습은 그가 어떤 생각을 하는지에 따라 결정된다." 긍정은 생각은 이처럼 아름다운 미래를 만드는 귀한 삶의 에너지가 된다.

성경은 "심은 그대로 거둔다."라고 기록하고 있다. 당신이 오늘 무엇을 심는가에 따라 삶의 열매는 달라진다. 당신이 긍정을 심는다면 분명 삶의 열매는 가장 아름다운 긍정의 열매를 맺어 당신을 기쁘게 할 것이다.


### ●●● 긍정의 생각 만들기

그렇다면 긍정의 생각은 어떻게 이루어지는가? 그것은 긍정의 언어로부터 시작된다. 부정의 언어는 부정의 생각들을 만들어 놓는다. 근래 많은 이들이 말하는 것처럼 말의 힘이 여기서부터 시작되는 것이다. 말은 사람의 의식을 바꾸며 그러한 의식의 영역들은 곧이어 무의식 영역의 변화를 이룬다.

늘 부정의 말을 전하는 이들의 의식과 무의식의 영역은 늘 부정적인 생각을 만들어 놓으며 종국엔 자신의 삶의 영역에서 현실로 드러난다. 골프의 명언 중에서도 "하수는 걱정을 하는 대로 공이 간다."라는 말이 있다.

정말 신기하게도 골프장에 가서 라운딩을 하다 보면, 이제 막 골프를 시작한 이들은 꼭 걱정을 하는 대로 공이 간다. 눈앞에 해저드가 있거나 벙커가 있을 때면 영락없이 걱정이 밀려온다. 그리곤 열이면 열, "빠지면 어쩌지."라는 말을 한다. 재미있는 것은 말이 끝나자마자 마치 누군가가 빨아들이기라도 하는 것처럼 공이 벙커로 날아간다. 아마도 골프를 치는 사람들이라면 이 이야기에 공감을 할 것이다.

긍정의 생각은 긍정의 말로부터 시작된다. 그렇게 긍정의 언어와 생각이 연합해 긍정의 에너지를 만들며 개인에게 만들어진 긍정의 에너지는 긍정의 미래를 만드는 원동력이 된다. 성공하는 삶은 그렇게 만들어진 긍정을 원동력으로 이루어지는 것이다. 말의 힘과 생각의 힘은 우리의 상상을 초월한 능력을 가지고 있다.

얼마 전 한 방송에서 진행한 실험 다큐를 보았다. 유리병에 밥을 넣어 두고 각각 "고맙습니다!"와 "짜증나!"라는 단어를 적어 병에 붙여놓고 동일한 말을 녹음해 4주 동안 병에 들려주었다. 다섯 명의 실험 참가자들은 "짜증나"의 병에서는 검은 곰팡이가 보이고 부패한 냄새가 난다고 한 반면에 "고맙습니다"의 병은 하얗게 보이고 냄새 또한 나쁘지 않았다는 반응을 보였다. 이렇듯 말의 힘은 이미 과학으로도 증명이 된 것이다.

당신은 자신의 삶 가운데 어떠한 말들로 자신을 인도하고 있는가?

자신이 원하는 성공자로서의 삶을 위해서는 가장 먼저 긍정의 말로 스스로에게 아름다운 긍정의 에너지를 선물해야 한다. 하지만 모든 긍정의 말이 성공을 부르는 것은 아니다. 긍정은 무조건적인 "하면 된다."라는 무모한 도전과는 다르다.

때로 정확하고 객관적인 판단으로 부정을 택하여야 하는 경우도 반드시 있다. "부정적인 것의 긍정의 힘"이라는 말도 있듯이 긍정은 합리적이고 객관적인 판단이 기초가 되어야 한다. 잘못된 무조건적인 긍정은 실패의 결과를 이루어 내기도 한다는 것이다.

때론 객관적인 상황 판단을 기초한 부정적인 생각이 오히려 자신을 바른 길로 인도하기도 한다. 앞서 소개한 사례 중에서 '일만 시간의 법칙'을 무시하고 보쌈 프랜차이즈를 준비하였던 지인의 경우에는 오히려 그의 사업에 부정적인 반응을 내놓는 것이 옳은 것이다.

바른 긍정은 바른 판단력을 전제로 하는 것이다. 성공을 위해서는 현실을 냉정하고 올바르게 판단한 상태에서 긍정하는 힘이 있어야 한다. 그것이야말로 진정한 긍정이기 때문이다.

우리의 현재의 삶과 미래는 스스로 어떠한 말과 생각을 하는가에 따라 각기 다른 인생의 결말을 가져온다. 성공은 끊임없이 성공에 대한 긍정적인 말과 생각들로 이루어진다. 하지만 그런 긍정엔 합리적이고 객관적인 판단이 바탕이 되어야 한다. 결코 무모한 도전을 의미해서는 안된다.

미래의 성공은 자신의 생각에 의해 좌우된다.

# Chapter 7

또 다른
성공의
준비

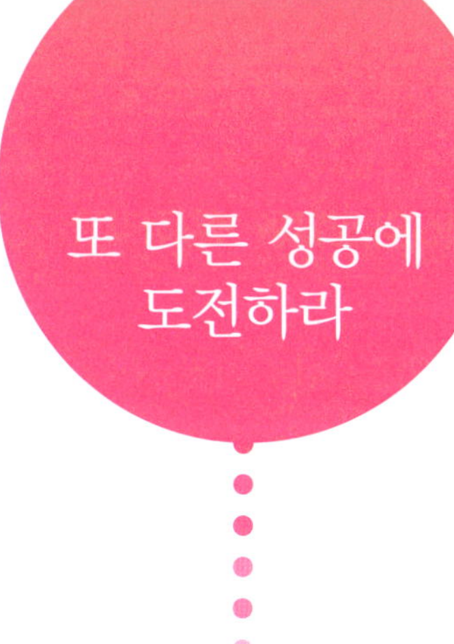

# 또 다른 성공에
# 도전하라

자신이 세웠던 목표를 달성한 뒤에 그 자리에 멈춰 안주하는 사람들을 종종 볼 수 있다. 현실에 만족해 더 이상의 도전을 멈추는 것은 인생에서 무료함을 안겨주며 성장과 발전에 도움이 되지 않는다.

백세를 살아가는 시대라고 말한다. 그에 반해 어떤 공동체, 직장에서 머무는 시기는 매우 짧다. 근래 사회문제로 대두되는 노인실업도 이런 데서 파생하는 문제에 속한다.

학계에 따르면 노인 인구가 전체인구 중에 7%를 차지하면 고령화 사회라고 하고, 14% 이상을 고령 사회라고 한다. 그리고 20% 이상을 차지하면 초고령화 사회라고 한다. 우리나라의 경우에는 "65세 이상 노인 인구는 약 377만 명으로 전체 인구의 7.9%이며, 오는 2019년에는 14.4%에 달해 고령 사회로 진입할 것으로 예상된다."고 통계청(2002)이 밝혔다.

일할 수 있는 열정과 힘이 있음에도 불구하고 생산적인 삶을 영위하지 못함으로써 사회구성원으로서의 역할에서 제외될 수밖에 없는 안타까운 현실이다. 개인과 사회의 전반적인 문제들 앞에서 이제는 또 다른 미래의 성공을 위해 준비를 해야 할 때인 것이다.

근래 노인 취업에 대해 관심을 가진 사람들이 많아졌다. 자식에게 노후를 의지하는 것도 마뜩치 않고, 그렇다고 연금에 기대기도 힘들기 때문일 것이다. 이런 요구들로 인해 사회적인 공통적인 관심사로 등장하면서 '실버 채용 박람회'와 같은 자리들이 만들어지기도 하며, 학계에서는 급기야 "고등학생의 성공적인 노후생활 준비교육"에 관한 한국교원대학교 2011년 이종희 박사의 박사학위 논문이 나오기까지 하였다.

얼마나 노후생활 문제가 심각하기에 10대에서부터 자신의 노후를 준비해야 한다는 연구논문이 나오는 것일까? 그저 남의 문제로 쉽게 치부하고 넘어갈 수 있는 문제는 아닌 것 같다. 이것이 우리가 지금까지 생각하고 고민해왔던 성공이라는 문제에서 또 다른 미래를 더 준비해야 한다는 의미다.

내 오랜 친구의 아버님은 5급 공무원으로 정년퇴직을 하셨다. 사실 현 시대의 노인들은 과거에 비해 너무나도 젊고 힘이 넘친다. 60대, 70대라 하여도 과거의 60대보다 젊은 육체와 정신을 가지고 살아간다.

친구 아버님 역시 정년을 맞아 퇴직을 하셨지만 현실적으로는 사회의 구성원으로 충분히 일할 수 있는 분이시다. 그분은 정년에 앞서 2년 전 부동산 중개사 자격증을 취득하셨다. 미리 자신의 노후를 준비하면서 연금이나 자녀들에게 의지하지 않고 스스로의 또 다른 미래를 준비하시기 위함이다.

사실 오랜 세월 공무원으로 근무를 하셨기에 별다른 직업을 갖지 않더라도 연금만으로 생활이 가능하신 분이다. 하지만 새로운 직업으로 다시 생산적인 사회구성원으로서 자신의 삶을 더욱 풍성하게 하고자 계획하신 것이다. 실제로 사회활동을 하는 이들은 그렇지 않은 노인들에 비해 더욱 건강하다고 한다.

보건복지부가 지난해 노인일자리 사업에 참여한 1만 8,379명을 대상으로 실시한 설문조사에 따르면 노인 일자리 사업 참여 뒤에 건강이 좋아졌다는 응답이 67.9%에 달했으며, 반면에 건강이 좋아지지 않았다는 반응은 1.4%에 불과했다고 한다. 또한 응답자의 78.5%는 노인 일자리 참여로 인하여 수입이 경제적인 많은 도움이 된다고 말하였고, 23.6%는 가족과의 관계도 더욱 좋아졌다고 조사되었다.

이제는 노후를 건강하고 유익하게 살아가기 위해 스스로가 미래의 또 다른 제2의 성공을 준비해야 한다. 그러기 위해서 우리 스스로가 현실에 안주하는 것이 아니라 자신의 적성과 능력에 맞는 제2의 성공 목표를 세워야 한다.


### ●●● 제2의 성공 찾기


또 다른 성공을 위해 당신은 무엇을 준비해야 할 것인가? 그것을 위해 계획하는 것은 너무나 중요한 문제이다. 백세를 살아가는 시대를 열어갈 준비를 함에 있어서는 자신이 해왔던 일과 전혀 다른 무언가에 도전하는 것보다 자신이 잘 알고 관심을 가져온 분야를 통해 계획을 세우는 것이 좋다.

지인 중 한 분은 현재 자신의 사업체를 경영하며 틈틈이 대학원에서 상담학 박사과정을 준비하여 이제는 대학과 기업체 강연을 통해 자신의 또 다른 미래를 준비하고 있으며 그러한 경험들을 토대로 사설 상담소까지 오픈했다.

또한 한 지인은 바쁜 하루의 일상을 마친 뒤 요리학원에 등록해 열심히 요리 강습을 받고 있다. 그는 현재 외투법인의 직원으로 퇴직을 한 후 캐나다 이민을 계획하고 있으며 그곳에서 식당을 경영할 계획을 세우고 있다. 아직 수 년이 남은 일이지만 그는 영어와 불어 일본어의 3개 국어의 학습을 게을리 하지 않았으며 이제는 또 다른 직업을 준비하는 배움에 최선을 다하고 있다.

누구에게도 보장된 미래는 없다. 그리고 아무리 미래가 보장된 여유가 있는 사람이라 해도 아무런 계획도 준비도 없이 맞는 노후는 얼마나 무료할 것인가. 백세를 바라보는 장수 시대에 60세 이후 건강하게 활동할 수 있는 기간만 해도 최소 20여 년의 세월이다. 그 시간을 그저 그렇게 보내며 산다는 것은 너무나 안타까운 일이 아닌가? 굳이 생계를 위해 돈을 버는 목적을 가진 준비가 아니어도 또 다른 인생의 즐거움을 위해서 무언가를 배우며 도전한다는 것은 스스로가 살아 있음을 느낄 수 있을 것이다.

윤성은 삼성생명 은퇴연구소 책임연구원은 '평생현역이라는 마음가짐'에 대해 말한다. 강창희 트러스톤 연금교육포럼 대표는 "우리의 수명이 70~80세이던 시절에는 공부, 취업, 은퇴라는 공식에 따랐지만 이제 백세 시대에는 공부, 취업, 공부, 재취업의 순환형 삶을 살지 않으면 안된다."라고 말했다. 더욱이 예전에는 자녀들이 부모를 모시는 부양기간이 짧았지만 이제는 노인이 노인을 부양하는 시대가 될 것이다. 이런 현실에서 무작정 자녀에게 은퇴 후 자신의 삶을 맡기려는 것은 너무나 비현실적인 착각이다. 이제 평생 배움의 시간을 통하여 끊임없이 자신의 미래를 준비하고 계획하여야 한다.

얼마 전 한 방송에서 축구선수 안정환이 했던 명언이 생각난다.

"승리하는 데는 90분까지만 주어지지만, 우리에게는 다음 경기가 있다."

인생의 모든 목표를 이루었다고 생각하는가? 하지만 우리에게는 제2의 경기인 노후의 삶이 당신을 기다린다. 미리 훈련하고 준비하지 않는다면 오늘의 승리는 내일의 패배로 이어질지 모르는 경기와 같다.

우리가 살아가야 할 시대는 백세를 살아가는 시대이다. 과거와는 달리 하나의 직업으로만 살아갈 수 없는 시대가 되었다. 생계를 위한 수단으로 또 다른 직업을 준비하는 것 외에도 무료하지 않게 살아가야 할 20~30년의 세월을 생각한다면, 사회구성원으로서 당당히 살아갈 준비를 해 두는 것이 현명하다.

은퇴한 후에도 자신의 일을 계획하고 매일 매일의 삶에서 스스로의 인생을 설계하며 살아가는 사람은 그러지 않은 또래의 사람들보다 더욱 건강하게 살아간다. 또한 스스로의 경제력으로 보다 자신 있는 노후를 살아간다.

과거와 달리 그저 한 가지 목적만을 위해 노력하고 그것을 달성한 뒤에는 은퇴를 맞는 시대는 지났다. 이젠 은퇴 후의 30년이라는 또 다른 자신의 미래를 위해 다시금 무엇인가를 향한 배움의 시간과 준비 시간을 가져야 한다. 그로 인해 당신은 더욱 건강한 미래를 맞이할 수 있으며 보다 행복한 은퇴 이후의 삶을 살아갈 수 있다.

인생은 마지막 순간까지, 자신이 할 수 있는 것을 최선을 다해 살아가는 것이다.

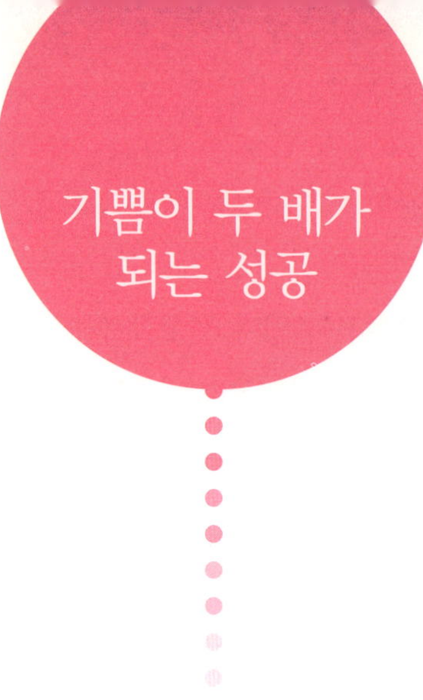

# 기쁨이 두 배가 되는 성공

성공의 기쁨은 두 가지가 있다. 하나는 자신을 만족시키는 성공이고 다른 하나는 주위의 모든 이들이 바라는, 모두의 염원이 되는 성공이다. 예를 들어, 2002년 월드컵 축구 4강 신화는 모두가 바라는 성공일 것이다.

후자의 경우처럼 개인의 성공 목표에 있어서도 다른 이들 모두가 바라는, 타인에게 기쁨과 희망이 되는, 조금은 남다른 의미를 갖는 성공이 있다.

## ●●● 진정한 성공은 나눔이다

목표를 향한 멋진 도전, 그리고 그 결과로 성공의 결실을 얻은 많은 사람들이 강조하는 것이 있다. 나눔이다. 방송인이자 행복 재테크 강사인 권영찬 교수는 "진정한 성공은 나눔, 봉사에서 시작한다."라고 강조한다. 미국의 기부 왕 빌 게이츠 역시 자신의 재산을 사회에 기부하는 것을 통해 기쁨을 얻고 다른 이들에게 기쁨을 선사한다. 이들은 모두 '진정한 성공은 나눔'이라 말한다.

왜 대표적인, 유명한 성공자들이 하나같이 나눔에 대해 이야기를 하는가? 자신이 가진 재산이 너무나 많기에, 아깝지 않아서 그냥 기부하는 것이라 생각하는가? 절대로 그렇지 않다. 인간의 욕심은 아무리 많은 것을 가져도 더 가지고 싶어 한다.

그것이 모든 인간들이 동일하게 가지고 있는 본성이다. 나눔의 진정한 기쁨을 알지 못하는 자는 아무리 많은 돈을 벌어도 절대 다른 이를 위해 사용할 줄 모른다. 자신의 삶에 조금 더 여유가 생기면 그때 기부하겠다는 말로, 자신을 변명하는 거짓을 늘어놓을 뿐이다.

몇 년이 지난 후에는 자신에게 여유가 생길 것이라 생각하는가? 지금 하지 못하는 것은 몇 년 후에 더 많은 연봉을 받는다 하여도 절대로 할 수 없다. 왜냐하면 그때는 그때 나름대로 분명 생활이 빠듯할 것이기 때문이다. 정약용 선생은 단언했다. "여유가 생긴 뒤에 남을 도우려 하면 결코 그런 날은 없을 것이다."

내 경우를 보아도 그러하다. 예전, 신입사원 시절 150만 원밖에 안 되는 돈을 벌 때는 200만 원 정도만 월급을 받을 수 있다면 정말 여유가 생길 것 같았다. 하지만 그 이상의 급여를 받아도, 연봉이 1억이 넘어도, 지나고 보니 절대 여유는 생기지 않았다.

모두 그 상황 나름의 지출과 어려움이 있었다. 나는 어려서부터 너무나 가난했기에 돈을 쓰는 것에 민감했다. 직장생활을 할 때 점심 값도 아까워 도시락을 싸가거나 아니면 고객과 함께 꼭 점심을 먹고 점심 값을 아꼈다. 그런 내 모습을 보면서 여유가 없어 그런다는 걸 아시는 몇몇 분들은 늘 점심을 사 주셨다. 지금 생각해도 너무나 감사한 분들이다.

난 그렇게 누구보다 돈을 아끼는데, 사실 그렇게 인색하게 살아가는데도 이상하게 큰돈이 모이지 않았다. 아무리 아껴도, 아무리 손에 쥐고 놓지 않으려 해도 정말 돈이 모이지 않았다. 늘 도대체 어디로 그 돈들이 줄줄 새어 나가는지 알 수가 없었다.

그러던 어느 날 삶의 가치관이 바뀌었다. 개인적으로 겪었던 몇몇 사건들을 통해 없는 돈이지만 조금씩 기부를 시작하게 된 것이다. 나는 비영리 단체들을 통해 선한 일들에 하나둘 동참하며 내 것을 나누는 일을 실천하였고 그것으로부터 오는 커다란 기쁨을 알게 되었다. 그런데 정말 신기한 것은 내 것을 나눌 때 더 나에겐 많은 부가 오기 시작했다는 것이다.

선하게 나의 것을 흘려서 보낼 때 나에게도 선한 도움의 손길들이 왔고 내 삶은 점점 누군가에게 늘 나누어 주는 삶이 되었다. 글쎄, 그것이 무엇인지 확실하지는 않지만 성공한 많은 이들은 모두 나눔을 이야기한다. 그리고 그러한 나눔을 실천하는 이들은 모두 삶의 여유를 가지고 살아간다. 돈의 노예가 되지 않고 그것을 지배하며 살아가는 이들에게는 늘 마음의 풍요가 있다. 그리고 신기하게도 돈의 노예가 된 그들은 늘 돈으로 인해 슬피 울고 돈의 노예로 살아간다.

돈을 벌고 싶다고 말하는 이들에게 난 과감히 말한다. 물질의 노예가 되지 말고 물질을 지배하며 살라고 한다. 절대 여유가 있어 물질이 많아 선한 목적으로 나눔을 실행하는 것이 아니다. 진정한 나눔의 기쁨을 아는 이들은 바로 물질을 다스리는 방법도 알고 있다. 그렇기에 그들은 작은 돈에 연연하지 않고 늘 이웃을 향해 구제와 사랑을 아끼지 않는다.

사람이 돈을 따르면 절대 돈은 오지 않는다. 돈이 당신을 따르게 만들어야 한다. 그것은 돈에 대한 욕심을 버리는 순간 가능하게 된다.

"사람 나고 돈 났지, 돈 나고 사람 났냐?" 너무나 많이 들어본 말이다. 이러한 말은 성공에 있어서도 마찬가지다. 당신은 왜 성공하려 하는가? 혹시 돈을 많이 벌기 위해 성공이란 것이 하고 싶은가? 돈이 당신의 유일한 목적이라면 뭐 굳이 성공까지 운운할 필요가 있겠는가? 자신의 꿈을 이루기 위해 수없이 자기 스스로와 싸우며 외롭고 험한 여정을 걸어갈 필요가 있겠는가? 당신의 성공의 가치관이 무엇인가? 진정한 성공은 절대 돈에 있지 않다.

돈을 많이 버는 것이 당신의 성공이라면 당신은 너무나 큰 착각에 빠져 있다. 돈을 벌기 위한 목적이 성공이 되어서는 안된다. 돈을 많이 벌고 싶다면 돈을 많이 버는 일을 찾아라! 그것이 빠르다. 자신의 꿈을 현실로 만들기 위해 불가능에 도전하고 수 없는 좌절 가운데 고민하며 또 다시 무엇을 계획하고 배움의 길을 찾아야 하는 그 시간에 차라리 나가서 돈을 벌어라. 아마 그것이 훨씬 빠를 것이다.

진정한 성공은 가치에 있다. 예전 '신사의 품격'이란 드라마를 기억하는가? 난 그 제목이 너무나 마음에 든다. "성공에도 품격이 있다." 내 오랜 기억 속에 남들보다 덩치가 크고 힘이 좋던 후배 한 녀석이 생각난다. 그는 군대를 전역하곤 수지에 있는 한 성인오락실에 취직을 하였다. 뭐 그것을 취직이라고 표현하기도 웃긴 것이지만 하여간 성인오락실을 찾는 이들 중에 말썽을 부리는 이들을 상대로 위압감을 주기 위한 일명 진상 처리를 위한 직원으로 일하였다.

나는 그 후배에게 제대로 된 직장을 가지라고 조언했고 그에게 알맞는 일자리가 생겨 그를 설득해 취직을 시켰다. 몇 달이 지난 뒤 그 후배가 내게 이렇게 말했다. "이 돈을 받고 이렇게 고생하는 것보다 차라리 다시 오락실 일을 하고 싶다." 그때, 나는 후배를 향해 딱 한 마디를 했다. "사람은 얼마를 버는가보다 무엇을 해서 버는가 하는 게 중요하다." 올바르지 않은 방법으로 많은 돈을 벌기보단 떳떳하게 적은 돈을 벌고 돈을 주고도 살 수 없는 명예를 사라고 조언했다. 결국 그는 몇 번의 고비를 넘기고는 몇 년 뒤 직장 생활을 하면서 자기개발을 위해 대학에 진학해 자신의 미래 가치도 높였으며, 지금은 나름의 바른 삶을 살아가고 있다. 성공에도 품격이 있는 것이다.

아니 어떠한 일은 비록 많은 돈을 벌었다고 해도 아무도 그를 두고 성공한 사람이라고 말하지 않는다. 직업의 귀천을 따지고자 하는 말이 아니다. 세상의 어떤 직업에 귀천이 있겠는가. 다만 옳은 일과 옳지 않은 일은 분명히 존재한다. "개처럼 벌어서 정승처럼 쓴다." 결코 그렇지 않다. 개처럼 버는 사람은 대부분 개처럼 쓴다. 절대 정승처럼 사용하지 못한다.

쉽게 돈을 버는 이들은 모두 쉽게 돈을 써버린다. 도박판에서 돈을 벌어 부자가 된 이들이 없으며, 남의 것을 도둑질해서 부자가 된 이들도 없다. 그들은 모두 외롭고 쓸쓸한 인생의 노후를 맞이한다. 우리는 간혹 뉴스를 통해 복권에 당첨되어 일확천금을 얻은 이들이 얼마 되지 않아 불행한 삶을 살아가는 이야기를 전해 듣곤 한다.

결국 물질의 여유가 행복을 선물하지 않으며 성공을 이야기하지 못한다. 돈을 위해 성공을 꿈꾸는 것은 어리석은 일이며 헛된 망상일 뿐이다. 진정한 성공은 바른 가치에 있다. 물질만능주의로 인한 성공의 가치가 아닌 올바른 가치관에서부터 비롯된 성공의 목표가 품격이 있는 성공이다.

성공이란 이름으로 불리고 있다고 하여 모두가 같은 성공일 수도 없다. 자신만을 만족하게 하는 성공이 있는가 하면 세상을 기쁘게 하는 성공도 있다. 우리는 우리 자신만을 위해서 살기보다 우리의 성공을 통해 다른 이들에게 더욱 기쁨이 되는 삶을 살아야 한다. 그것이 진정한 성공의 가치이다. 성공한 사람들은 한결같이 이 기쁨을 함께 나누는 진정한 성공을 이야기한다. 그것은 바로 나눔이다. 그들은 결코 많은 물질을 감당하지 못해 기부하는 것이 아니다.

그들은 진정한 성공의 기쁨이 나눔에서 완성됨을 알고 있으며 또한 물질의 노예가 아닌 물질을 다스리는 삶을 알기에 더욱 큰 부를 누리며 살아간다.

당신이 가진 성공의 가치 그것은 무엇인가? 이 시대에 팽배하여 있는 물질만능주의로 인한 가치인가?

진정한 성공은 내것을 먼저 추구하는 것이 아닌 내것을 다른 이들을 위해 나누어 주는 품격 있는 마음으로부터 시작된다.

진정한 성공의 기쁨은 나눔으로 완성된다.

고려청자 도자기를 만드는 기술은 전승되지 않았다. 여러 가지 원인들과 시대적인 배경들이 있지만 중요한 것은 그 아름다운 청자를 만드는 고려 도공들의 기술이 제대로 전수되지 않았기 때문이다. 그로 인해 후손들은 고려시대 때 만들었던 그 아름다운 청자를 더 이상 만들어 내지 못하게 되었다.

인생의 성공에 있어서도 그러하다. 우리 각자의 삶에 있어서도 자신의 분야에 대한 각자의 성공을 비밀 장소에 감춘 보문처럼 자기 혼자만 간직하는 것은 아름다운 성공이 확산되지 못해 많은 사람들이 누리도록 하지 못한다.

가르친다고 하면 우리는 보통 학교나 기타 교육 기관에서 전문적인 교육을 받은 것을 연상하기 쉽다. 하지만 우리 모두는 다른 이들에게 좋은 스승이 될 수 있다. "공자는 남녀노소를 가리지 않고 자신이 배울 것이 있다면 스스로 배우기를 주저하지 않았다고 한다." 그것은 저마다 각자가 가진 장점이 다르고 인생의 경험과 노하우가 다르기에 우리 모두는 서로에게 좋은 스승이 될 수 있는 것이다.

## ●●● 성공 전도사

우리 주위의 사람들은 크게 두 종류의 사람으로 나누어진다. 하나는 실패를 전도하는 사람과 또 다른 하나는 성공을 전도하는 사람이다. 우리가 어떠한 사람과 함께 하는가에 따라 우리의 무의식의 세계는 너무나 큰 영향을 받게 된다.

나와 함께 어린 시절을 보냈던 한 친구는 늘 실패를 전하는 전도사의 삶을 살아갔다. 그는 늘 우리와 만나기만 하면 어려움과 좌절과 낙담만을 늘어놓고 갔다. 그와 이야기를 하는 동안에는 너무나 가슴이 답답해지는 걸 느꼈다. 내 문제만으로도 힘든 세상에서 온통 그의 걱정과 염려와 좌절에 대한 이야기로 주위를 더욱 어둡게 하였다.

하지만 반면에 늘 우리에게 성공을 이야기하는 이들도 있다. 그런 성공의 전도사와 함께 시간을 보낼 때면 나도 모르게 가슴이 뛰고 힘든 일상 가운데서 사라졌던 내 안에 희망도 다시 꿈틀거리며 그의 이야기에 동기화되어 어느덧 내안에는 "할 수 있다! 해보자!"라는 아름다운 긍정의 에너지가 넘쳐나게 됨을 경험한다.

성공의 전도사는 성공의 에너지를 선물한다. 또한 그러한 성공의 에너지는 또 다른 이들에게 성공의 열매를 맺게 한다. 당신은 누군가 개인의 성공의 경험을 전하는 것을 운 좋게 성공하여 잘난 척 하는 것이라 생각하는가? 아니면 성공에 대한 희망의 메시지라고 생각하는가? 겸손을 바탕으로 전해지는 성공 전도사의 성공 스토리는 수많은 성공의 아름다운 도전을 꿈꾸는 이들에게 가장 귀한 희망의 메시지가 될 것이다.

진정한 삶의 성공의 가치는 또 다른 자신과 같은 이들을 성공의 길로 이끌어 주는 것이다. 그들에게 진정한 삶의 바른 가치관을 전하며 진정한 성공의 가치관을 가르치고 세계관과 인생관을 가르치는 것이다.

솔로몬은 「잠언서」 22장 6절에서 "마땅히 행할 길을 아이에게 가르치라. 그리하면 늙어도 그것을 떠나지 아니하리라."고 기록하였다. 성경의 구절처럼 누군가에게 바른 가치관과 인생관을 가르친다는 것은 너무나 중요한 것이다.

한 사람의 인생을 절망에서 희망으로 바꾼다는 것처럼 아름다운 일이 어디에 있겠는가? 아니 그것은 아름다움을 넘어 진정한 또 다른 성공이라 할 수 있겠다. 이 세상의 수많은 성공 중에 가장 아름다운 성공은 한 사람을 변화시키는 데 성공하는 것이 아닐까?

그렇다면 사람을 바꾸는 힘은 무엇에 있는 것인가? 그것은 바로 우리의 말과 상대를 향한 애정과 관심에 있다. 사람을 움직이게 하는 것은 물리적인 힘과 억압에 있지 않다. 사람은 자신의 마음을 읽는 사람에게 스스로 마음의 문을 열어 준다. 그리고 그의 진심 어린 격려와 긍정의 메시지가 한 사람의 인생을 변화시키는 것이다.

이 세상의 가장 쉬운 성공은 자기 자신만의 성공을 이루는 것이다. 하지만 가장 어려운 성공은 타인을 성공시키는 것이다. 난 인생을 살아가면서 나름의 성공을 꿈꾸고 그리고 그 멋진 상상을 이제 아름다운 현실로 실현시킨 이들에게 이제 사람을 변화시키는 멋진 스승이 되라고 말하고 싶다.

그것은 세상을 변화시킬 가장 아름다운 삶의 도전일 것이다.


### ●●● 글쓰기로 성공을 전하라

가장 빠른 시간에 많은 이들의 삶의 영향력을 줄 수 있는 것은 무엇보다 책을 통한 나눔이다. 독서를 통해 우리는 세상의 많은 것들을 간접적으로 경험할 수 있으며 귀한 배움을 얻을 수 있다.

근래에는 아이들로부터 어른에 이르기까지 자신의 책을 쓰는 데 대한 관심이 높아지고 있다. 자신의 경험과 지식들을 한 권의 책으로 출판해 많은 이들에게 또 다른 경험과 배움의 기회를 줄 수 있다는 측면에서 난 근래 이 책 쓰기에 대한 사람들의 관심을 좋은 변화라고 생각한다.

글을 쓴다는 것은 사실 개인적으로 너무나 큰 인생의 발전의 기회가 된다. 글을 씀으로 인해 얻는 유익은 가히 말할 수 없는 기쁨과 감격 이외에도 창의력과 풍부한 상상력을 선물한다.

성공을 꿈꾸는 많은 도전자들을 위해 그리고 자신의 또 다른 성공의 도전을 위해 나는 강의를 통해 늘 글을 쓰고 그것을 한 권의 책으로 출간하는 것을 목표로 갖자고 제안한다. 그것은 개인의 유익을 넘어 자신과 타인에게 또 다른 성공을 준비할 수 있는 수단과 동기부여가 되기 때문이다.

사람은 한 권의 좋은 책을 통하여 변화된다. 호러스 맨은 이렇게 말했다. "한 문장이라도 매일 조금씩 읽기로 결심하라, 하루 15분씩 시간을 내면 연말에는 변화가 느껴질 것이다." 또한 르네 데카르트는 "좋은 책을 읽는 것은 과거 몇 세기의 가장 훌륭한 사람들과 이야기를 나누는 것과 같다."라고 하였다.

그렇다. 책은 인간의 삶의 가치를 바꾸어 놓는, 그럼으로써 한 사람의 인생을 바꾸어 놓는 중요한 수단이 된다. 『책으로 변한 내 인생』에서 작가 이재범이 전하는 큰 교훈은 "책은 인생의 해답을 찾게 하며 운명을 결정짓게 한다."는 짧은 문구에 있다.

하지만 그 짧은 문구가 바로 책의 진정한 가치이며 역할이다. 이처럼 강한 힘을 이용해 성공자로서의 당신은 많은 이들에게 성공을 향한 도전과 희망을 가르쳐야 한다. 그것은 자신에게 있어도 의미가 남다른 도전이 될 것이다.

책은 가장 빠른 시간에 다수의 이들을 상대로 그들의 삶을 변화시키는 유일한 방법이기에 아름다운 성공을 가르침에 있어 가장 좋은 방법이 될 것이다.

내가 하는 또 하나의 말은 "이제 성공을 가르치는 스승이 돼라."는 것이다. 가르침은 학력과 경험, 배움의 차이에 있지 않다. 누구나 저마다가 가지고 있는 장점들이 있기에 우리 모두는 서로에게 스승이 된다.


누군가에게 가르침을 준다는 것은 자신의 겸손이 바탕에 있어야 한다. 성공을 전하는 성공 전도사로서 수많은 젊은이들과 자신의 꿈을 향해 도전하는 모든 이들에게 희망을 선물하는 세상을 변화시키는 자가 되어야 한다. 자기 자신만의 성공은 일차적인 성공에 불과하다. 가장 값지고 힘든 성공의 도전은 바로 사람을 변화시키는 것이다. 예수가 물고기를 잡는 어부 베드로를 "사람을 낚는 어부"로 변화시켰던 것처럼 사람을 변화시키는 것만큼 멋지고 귀한 일이 어디에 있겠는가? 누군가를 변화시킨다는 것, 그리고 변화된 이들을 멋진 성공으로 이끈다는 것, 그것은 이 세상에서 가장 멋진 당신의 또 다른 성공의 도전이 될 것이다.

사람을 변화시킨다는 것은 세상이 변화하는 시작이며 최고의 도전이다.

전 대우그룹의 김우중 회장의 저서 『세계는 넓고 할 일은 많다』
라는 책을 우연히 읽게 되었다. 그의 책 제목처럼 세상은 너무나 넓고
우리가 할 일 또한 너무나 많다.

가끔은 자신이 본 것, 자신이 아는 것이 세상의 전부인 것처럼 말
하는 이들을 만나게 된다. 그들과 잠시라도 함께 대화를 하다 보면 한
계에 갇힌 그들의 사고 세계가 보여서 나까지 답답함을 느끼게 된다.

우물 안의 개구리는 넓은 강과 바다를 알지 못한다. 그래서 늘 자
신이 살고 있는 우물이 세상 전부인 듯 생각하며 그 우물을 넘지 못하
는 작은 꿈을 꿀 수밖에 없다. 많은 것을 보지 못하였기에, 많은 것을
경험하지 못하였기에 폭넓은 사고를 할 수도 없으며 다양한 인생의
꿈을 꾸지 못하는 것이다.

인생의 다양한 경험들로 자신의 삶을 멋지게 만들어 가고 싶다면
우물 안 개구리의 모습에서 우리는 벗어나야 한다.

## ●●● 위가 아닌 옆으로의 삶

사람들과의 만남 속에서 또는 강의를 하면서 내가 늘 하는 말이 있다. "빚을 내서라도 해외를 여행을 하라!" 특히 어린아이를 가진 부모라면 저축을 하지 못한다 하더라도 아이들에게 돈을 주고 살 수 없는 인생의 경험들을 선물해 주라 말한다.

사람들은 늘 위로 올라가려고 한다. 모두가 위를 바라보지만 넓은 세상을 바라보는 것에는 익숙하지 않다. 위로 올라가기 위해서는 분명 넓은 세상을 가슴에 품고 그 안에서 또 다른 삶의 가치와 진정한 자신의 존재의 의미를 발견해야 한다.

아우구스티누스는 말했다. "세계는 한 권의 책이다. 여행하지 않은 사람은 그 책을 한 쪽밖에 읽지 못한 셈이다."

짧은 인생에서 가능한 많은 것을 보고 많은 것을 경험하려면 여행을 많이 해야만 한다.

난 2004년 12월을 잊을 수 없다. 나의 인생의 터닝 포인트가 되었던 첫 해외여행, 아니 여행이라기보다는 출장에 가까웠던 2주간의 스위스 방문이 내 사람의 가치관을 바꾸어 놓았다. 너무나 삶의 여유가 없던 내 일상에서 늘 인색함과 오로지 먹고 사는 문제를 앞에 두고 그 한계를 넘지 못하는 전형적인 우물 안의 개구리의 인생이었다.

처음으로 그 우물 안의 개구리가 강을 만났고 바다를 보았다. 전 세계에서 모인 다보스의 국제학회장에서 내 인생의 가치가 변했다. 참석한 이들의 배움에 대한 그 뜨거운 열정과 진정한 삶을 즐길 줄 아는 모습과 여유 그리고 순간순간 그들의 입에서 나오는 감사는 늘 얼굴에 불평과 불만을 달고 다녔던 나로 하여금 또 다른 삶의 가치를 발견할 수 있게 했다.

참석한 이들과의 만남을 통한 대화 가운데 난 새로운 삶의 가치를 전해들을 수 있었다. 내 주위에 나와 함께 하고 있는 이들과는 나누지 못한 전혀 다른 삶의 가치를 가진 다양한 사람들과의 만남을 통하여 내 스스로 얼마나 우물 안 개구리와 같은 삶을 살아가고 있는지를 알게 되었다. "태양을 본 사람은 촛불에 연연하지 않는다."라는 말이 있듯이 그동안 내가 겪지 못한, 내가 알지 못한 것들을 경험하고 알게 된 뒤에 내 삶은 방향이 바뀌었다.

인생의 성공 목표를 설계하는 이들이라면 가능한 보다 넓은 세상과 문화를 체험하길 바란다. 우물 안에서 세우는 목표는 그저 우물 안의 작은 목표일 수밖에 없다. 당연히 넓고 다양한 경험들은 당신이 큰 그림을 그릴 충분한 상상력과 표현력을 길러 줄 것이다.

또한 이미 성공을 이루었다고 생각하는 당신 역시 세상의 향해 다시 한 번 당신의 꿈을 꾸길 바란다. 우물 안의 삶이 그것이 세상의 전부인 줄 알고 살아왔던 이들은 분명 또 다른 세상을 경험함으로써 더 큰 삶의 목적을 발견할 수 있을 것이다.

평생을 자신이 아는 것이 전부인 줄 알고 이 넓은 세상 가운데 사소한 것들만을 바라보다 생을 마친다면 얼마나 안타까운 일인가. 이제는 더욱 커다란 자신의 미래를 준비하기 위해 우물 안 개구리의 삶이 아닌 더 넓은 세상을 가슴에 품는 깊이 있는 성공의 주인공이 되어야 한다.

## ●●● 성공을 보는 눈을 바꾸자

2012년 영국의 올림픽 경기, 뜨거운 응원 열기로 가득했던 대한

민국의 여름을 기억하는가? 모든 국민이 한마음이 되어서 늦은 밤에도 졸린 눈을 비벼가며 다음날 출근 걱정도 뒤로한 채 모든 국민이 한마음이 되어 국가대표 선수들을 열심히 응원했던 대한민국의 그 어느 여름보다 뜨거웠던 순간이 지금도 내게는 기억에 생생하다.

이것은 대한민국만이 아닌 전 세계의 60억 사람들이 각기 자신의 나라의 대표선수의 경기를 보며 손에 땀을 쥐었던 시간이었다. 그러나 올림픽 경기를 대함에 있어 어떤 이들은 전 세계의 축제로 순위와 상관없이 진정한 스포츠 정신을 가지고 도전하는 자국의 선수를 응원하는 이들이 있는가 하면 그렇지 않은 오로지 메달의 색깔에 집중하는 이들이 있다.

부끄러운 이야기이지만 유독 우리나라 사람들은 메달 색깔에 집착한다. 대부분의 사람들이 일등만을 기억하며 일등만을 인정한다. 어려서부터 온통 일등만이 성공이라 가르쳤던 우리의  교육 현실로부터 어느새 일등만이 성공의 목표가 되어 버렸다.

오죽하면 노회찬을 비롯한 공동저자들이 쓴 책의 제목이 『1등만 기억하는 더러운 세상』이었을까. 한동안 이러한 말은 한 개그맨의 유행어가 되어 씁쓸한 세상의 현실을 풍자하기도 하였다.

하지만 우리의 성공에 대한 가치관에서도 이러한 생각과 가치는 변하지 않는다. 무엇이 진정한 일등인가? 그럼 우리의 인생의 목표를 이루고 나름 성공이란 것에 만족하는 이들은 이제 일등으로 멋지게 시상대에 올랐으니 이제 내려올 준비만 하면 되는 것인가?

절대 그렇지 않다. 성공의 가치는 일등에 있는 것이 아니라 끊임없이 스스로의 목표를 향해 도전함에 있는 것이다. 그 도전정신이 바로 숭고한 올림픽정신이다. 우리의 인생의 성공의 가치관에 있어서도 자신이 정한 메달의 색깔에 집중할 것이 아니라 자신의 삶의 도전에 집중해야 한다.

우리에게 무엇인가 도전할 수 있는 힘이 있는 한, 그리고 의지가 있는 한, 아직 당신은 당신의 모든 성공을 이룬 것이 아니다. 그저 당신이 넘어야 할 첫 번째 산의 정상을 오른 것뿐이다.

최고의 인기를 누리는 예능 방송인 '무한 도전'이라는 프로그램처럼 도전은 유한한 것이 아니라 무한한 것이다. 우리의 삶에서 끝없이 계획하고 실행해야 하는 이유이다. 그것이 무엇이든 또 다른 삶의 목표를 정하여 도전하길 바란다.

그리고 그 도전에 있어 이제는 보다 넓은 세상을 바라보며 자신의 도전 과제를 계획하고 준비하기 바란다. 조슈아 J. 마린은 "도전은 인생을 흥미롭게 만들며 도전의 극복이 인생을 의미 있게 한다."라고 하였다.

지금 당신이 이룬 성공은 반쪽짜리 성공이다. 완전한 성공은 지속된 도전으로 더욱 완전해지며 그러한 도전은 당신의 인생을 더욱 의미 있게 할 것이다.

성공의 완성은 지속되는 인생의 도전으로 완전해지는 것이다.

실패를 딛고 올라가는 성공의 사다리
# TRY EVERYTHING

**지은이** 안성우
**발행일** 2016년 7월 14일
**펴낸이** 양근모
**발행처** 도서출판 청년정신 ◆ **등록** 1997년 12월 26일 제 10—1531호
**주  소** 경기도 파주시 문발로 115 세종출판벤처타운 408호
**전  화** 031)955—4923 ◆ **팩스** 031)955—4928
**이메일** pricker@empas.com
이 책은 저작권법에 의해 보호를 받는 저작물이므로
무단 전재와 무단 복제를 금합니다.